Simone Moro

Nanga

Fra rispetto e pazienza,
come ho corteggiato la montagna
che chiamavano assassina

Rizzoli

ISBN 978-88-17-09023-0

Prima edizione: novembre 2016
Seconda edizione: novembre 2016

Crediti dell'inserto fotografico:

Nanga Parbat 2011/2012 e 2015/2016 © Archivio Simone Moro
Nanga Parbat 2014/2015 © David Göttler

Nanga

Al quinto giorno eravamo dei mostri di ghiaccio.

Mangiammo appena e saltammo fuori dalla tenda perché il nostro unico pensiero era scendere, scendere, scendere. E volevamo farlo in giornata.

Non potevamo permetterci un'altra notte lontano dal campo base, non sapevamo se saremmo stati capaci di resistere senza conseguenze.

Ripiegammo i nostri sacchi a pelo, ormai pesavano il doppio rispetto all'inizio. È per la condensa: il ghiaccio che si trasforma in acqua durante il giorno per ritornare allo stato solido nella notte. Ghiaccio che ti si incolla addosso, formando una specie di sarcofago, un tutt'uno fra te e il tuo sacco a pelo.

Avevamo fretta, non volevamo perdere un minuto di più. Smontammo la tenda, ci suddividemmo equamente i carichi, anche quella mattina Tamara non chiese sconti.

Per fare più rapidamente, posizionai la talloniera del rampone in modo impreciso sull'inserto posteriore dello scarpone, tirai forte e sentii crack*.*

La talloniera si era spaccata, che è più o meno come

se si rompesse l'attacco posteriore dello sci. Niente di buono, insomma.

Scoppiai a ridere. Davvero, mi misi a ridere tanto che Ali mi guardò con la faccia interrogativa.

«Cos'hai da ridere?» mi chiese.

«No, niente, mi si è solo *spaccato un rampone!» dissi.*

«Ma hai una talloniera di ricambio?» mi domandò, vedendomi ridere.

«No, rido perché adesso devo assolutamente aggiustarla, e chissà cosa devo inventarmi... ma una soluzione la trovo, la devo trovare.»

Le mie soluzioni "da MacGyver" mi hanno sempre fatto molto ridere. Ma non era solo quello. Ridevo perché mi era andata bene. Quell'incidente tecnico mi era successo scendendo, a poco dalla meta finale: il campo base. Se mi fosse successo salendo? Se avessi dovuto scalare il Nanga Parbat con una talloniera legata allo scarpone con un cordino, ce l'avrei fatta? Oppure, per la quarta volta, il sogno di arrivare in cima alla montagna nuda sarebbe ancora sfumato? Per una talloniera?

Una cosa è certa, non avrei riso così di gusto.

UN DESIDERIO CHE CRESCE

1.
Sogni di carta

Quando incontrai per la prima volta il Nanga Parbat ero ancora un ragazzino, avevo forse dodici anni. Non lo conobbi di "persona", non lo vidi fisicamente: me lo presentarono le pagine dei libri che parlavano di lui – o di lei, visto che la chiamano "la montagna nuda" – e ne lessi con passione nelle storie di quegli eroi che mi ispiravano, nelle vicende che avevano legato per sempre il nome di quella montagna ad Albert Mummery, Hermann Buhl e Reinhold Messner.

L'alpinista inglese Mummery fu un vero precursore e osò sfidare un ottomila in tempi lontanissimi. Lo fece nel 1895, quando decise di salire sul Nanga Parbat ancora ovviamente vergine e inesplorato. Si immerse in quell'impresa in uno stile che lo rappresentava: senza l'uso di guide e con il metodo più pulito, e più sincero, possibile. Lo tentò inizialmente dal versante Rupal, la parete più alta della Terra, per scoprire che, da là, la montagna era inaccessibile; si spostò quindi sul versante opposto, il Diamir. Arrivò a 6100 metri con altri tre alpinisti, ma dovettero tutti rinunciare. Senza darsi per vinto andò a esplorare anche un terzo versante, il Rakhiot, lungo il quale cominciava a sognare quella linea che lo avrebbe portato fin sulla vetta, a 8126 metri.

Mummery, purtroppo, morì nel tentativo di trasferirsi dal Diamir al Rakhiot. Scomparve in un labirinto di crepacci e di seracchi: non si seppe mai di preciso se fosse caduto in uno di questi crepacci o se, nel tentativo di scendere dal versante Rakhiot, fosse precipitato lungo le pareti verticali che fanno da linea di confine tra i due fianchi della montagna.

Un altro grande mito che mi raccontò e mi introdusse il Nanga Parbat fu Hermann Buhl. Anche Buhl è stato un simbolo dell'alpinismo (e lo è ancora oggi, a quasi un secolo dalla sua nascita): rocciatore fortissimo, dimostrò di essere pure un grandissimo alpinista. Fu il primo a salire la nona montagna più alta del pianeta, il Nanga Parbat, compiendo un'impresa strepitosa: dai 6900 metri, infatti, proseguì in solitaria verso la vetta in una scalata che ancora oggi, settant'anni dopo quel 3 luglio del 1953, rappresenta una salita di massimo livello.

Una terza persona mi fece innamorare del Nanga Parbat, portandomi a sognare di poter essere in grado, un giorno, di salire la montagna più grande del pianeta. Sì, perché la montagna nuda, pur non essendo la più alta in assoluto, resta comunque la più grande del mondo se consideriamo il dislivello tra il campo base e la vetta, che corrisponde a quasi il doppio di quello tra il campo base avanzato e la vetta del monte Everest. Questa persona fu Reinhold Messner, l'uomo del Nanga Parbat. L'uomo che su quella cima scrisse le pagine più importanti e anche le più drammatiche della sua carriera. Nel 1970, Messner lasciò tutti a bocca aperta quando, con il fratello Günther, salì la parete inviolata del Rupal superando i suoi oltre 4500 metri di dislivello. Lessi della loro scalata strepitosa sui libri che furono scritti e capii quanto grande, difficile e complicata fosse la montagna nuda. L'impresa eccezionale, che lo aveva visto protagonista, aveva però aperto una grossa ferita nel suo animo e scatenato una polemica durata circa trent'anni.

Dopo aver raggiunto insieme la vetta e aver constatato che non c'erano più le condizioni per tornare indietro dalla stessa parete, Reinhold e Günther tentarono una discesa disperata dal versante opposto al Rupal, il Diamir. Quando ormai erano giunti alla base della parete, Günther fu travolto da una valanga e perse la vita. Reinhold era molto più avanti del fratello e riuscì, nonostante i gravi congelamenti, a trascinarsi verso valle. Fu trovato da alcuni pastori locali che lo aiutarono riportandolo sulla strada principale. Qui incontrò i suoi compagni di spedizione, già sulla via del ritorno, convinti com'erano che i due fratelli fossero morti. Per lungo tempo, Reinhold fu accusato delle peggiori nefandezze: di avere sacrificato il fratello per la sua ambizione e di aver mentito raccontando, come invece la storia ha confermato, che Günther fosse morto ai piedi del Diamir. Tutti i suoi detrattori erano infatti convinti che il fratello avesse perso la vita sul versante Rupal, ancora prima di raggiungere la vetta.

Con queste accuse Messner ha dovuto convivere a lungo, senza smettere mai di difendersi con i denti, cercando di gridare la verità che è venuta a galla trent'anni dopo, quando i resti del fratello, certificati da un esame del DNA, furono trovati sul ghiacciaio alla base del versante Diamir, proprio dove Reinhold aveva sempre sostenuto che fossero.

Nel 1978, lo stesso anno nel quale salì in prima assoluta la vetta dell'Everest senza ossigeno, Messner volle ritornare al Nanga Parbat e vi aprì in solitaria una via incredibile, ancora oggi irripetuta, sul versante Diamir.

2.
Davanti agli occhi

Arrivò finalmente il giorno in cui lo vidi con i miei occhi.

Il Nanga Parbat era stato fino ad allora una suggestione potente, alimentata dai libri che raccontavano le imprese dei miei miti. Leggendoli avevo cominciato a sognare di essere come loro, di diventare un giorno un esploratore verticale e di riuscire a ripetere le gesta di quegli inimitabili alpinisti del passato.

Il 1998 fu un anno particolare: ero appena uscito dalla tragica spedizione invernale all'Annapurna, dove, travolti da una valanga, avevo perso Anatoli Boukreev, il mio più grande amico e compagno di cordata, e Dimitri Sobolev, un altro compagno di scalata. Da quella spedizione ero tornato vivo solo io, di loro non trovai neppure i corpi. I mesi che seguirono furono delicati: dovetti seguire una lunga riabilitazione poiché avevo ferite importanti alle mani e ustioni sulle gambe. Uscito dal periodo di convalescenza, cominciai a pensare al mio futuro e capii che non poteva essere lontano dalla montagna, perché là avevo trovato la felicità. E quando individui l'ingrediente indispensabile della tua vita, fai di tutto per non mollarlo. Il mio era in montagna, nell'alpinismo, e decisi di continuare ad arrampicare e a capitalizzare tutto ciò che avevo imparato fino ad allora, anche gli insegnamenti che la tragedia all'Annapurna mi aveva impartito.

Nell'estate del 1998 decisi allora di tornare in spedizione; per la prima volta ero in Pakistan con l'obiettivo di salire il Broad Peak, nella catena del Karakorum. Per raggiungere la montagna dovevamo percorrere la lunga e tortuosa Karakorum Highway (KKH), una strada realizzata a metà degli anni Settanta che collega il Pakistan alla Cina snodandosi lungo le rive dell'Indo fino ad arrivare al Passo Khunjerab, a 4700 metri di quota. Sui libri che tanto avevano alimentato i miei sogni, avevo letto che nelle vicinanze dell'abitato di Jaglot si trovava il punto in cui era possibile osservare il Nanga Parbat in tutta la sua maestosità. Ero ansioso di raggiungere quel posto, tanto lo avevo impresso nella mia fantasia. Cercavo di immaginare come sarebbe stata quella visione ideale che mi ero costruito attraverso gli occhi di chi, la montagna nuda, l'aveva vista da quello stesso punto.

Eravamo in viaggio da ore, il sole cadeva a picco e la temperatura era torrida quando arrivammo a Jaglot. Sebbene fosse attraversato da quella strada importante, il posto era comunque molto selvaggio. L'autista fermò il mezzo sul quale viaggiavamo.

«Nanga Parbat!» esclamò, indicando lontano con il braccio.

Mi precipitai fuori dal minibus e guardai il gigante che si stagliava davanti ai miei occhi, proprio di fronte a me, distante decine di chilometri ma visibile nella sua immensità. Era veramente una montagna gigantesca, più grande ancora di quanto avessi immaginato. Una montagna bianca, lucente, che mi stava rivolgendo un invito decisamente esplicito. Ebbi, in quel momento, una visione molto forte, un misto tra desiderio e attrazione irresistibile, quasi ipnotica: un giorno su quella montagna ci sarei salito.

3.
Il Nanga Parbat

Il 2003 fu un anno importante per l'alpinismo. Ricorreva il cinquantesimo anniversario della prima salita all'Everest e al Nanga Parbat. Ma mentre i festeggiamenti erano concentrati sulla montagna più alta della Terra, con tutti i giornali e le riviste tecniche che ne parlavano, pochissima attenzione fu invece riservata alla strepitosa salita della montagna nuda, effettuata mezzo secolo prima da Hermann Buhl.

Da tempo avevo pensato di festeggiare i cinquant'anni della scalata di Buhl con una spedizione estiva che avesse un triplice obiettivo: il primo sarebbe stato proprio il Nanga Parbat, lungo una via nuova che mi ero studiato per mesi osservando le fotografie della parete; il secondo obiettivo sarebbe stato il Broad Peak, la cima di 8047 metri lungo il ghiacciaio Baltoro che avevo tentato nel 1998; e il terzo il K2, la seconda montagna più alta del pianeta.

Per la prima vetta, il Nanga Parbat, il gruppo della spedizione sarebbe stato internazionale, formato da tre italiani: il sottoscritto, Franco Nicolini e Mirco Mezzanotte; due spagnoli: gli amici Iñaki Ochoa e

Oscar Gogorza; un americano: il famoso Ed Viesturs, che stava per affrontare con noi il dodicesimo ottomila della sua carriera; e infine un francese: il fuoriclasse Jean-Christophe Lafaille, che ci avrebbe raggiunto al campo base della montagna nuda.

Al campo base ci sarebbe stata anche la spedizione kazaka, composta da otto alpinisti tra i quali Denis Urubko, amico e nuovo compagno di cordata, con il quale avevo cominciato la seconda fase della mia carriera alpinistica dopo la morte di Anatoli Boukreev. A capitanare questo team c'era un veterano, Ervand Iljinsky, alpinista che aveva effettuato numerose scalate da giovane, diventando successivamente coach nel gruppo sportivo militare di Almaty; come capo spedizione aveva seguito numerosi progetti nazionali, e nazionalistici, dell'alpinismo russo e kazako.

Oltre a queste due spedizioni, ce ne sarebbe stata una terza composta da quattro italiani: Kurt Brugger, atleta olimpico di slittino con una grande passione e un'esperienza alpinistica di alto livello, i fratelli Giampaolo ed Enzo Corona, guide alpine e membri del Soccorso Alpino, e Robert Gasser, un altro appassionato di spedizioni himalayane; avrebbe fatto parte del team anche la fuoriclasse austriaca Gerlinde Kaltenbrunner, che stava tentando l'impresa lunga e difficile di salire tutti e quattordici gli ottomila senza ossigeno.

I kazaki arrivarono al campo base con un acclimatamento diverso dal nostro, poiché avevano seguito un programma in camera ipobarica, simulando artificialmente, di settimana in settimana, quote progressivamente più alte, dai 4000 ai 5000, 6000, 7000, per finire a 8000 metri. Potenzialmente, erano già pronti a tentare la vetta o comunque a effettuare pochissime puntate verso l'alto prima di affrontare il balzo finale per arrivare agli 8126 metri.

Sul Nanga Parbat volevo fare qualcosa di particolare, non mi interessava solamente arrivare in cima. Assecondando la mia visione, volevo mettere in pratica ciò che avevo sempre desiderato fare, ossia un alpinismo esplorativo che aprisse vie nuove, mi permettesse di fare salite in velocità, di realizzare dei concatenamenti, delle traversate, di toccare con mano pareti inviolate. Non sempre mi era riuscito, ma era la traccia che volevo seguire lungo il mio percorso alpinistico. Era, insomma, l'etica con la quale volevo muovermi nella verticalità.

Per questo avevo pensato di aprire una via nuova lungo il Diamir, il versante ovest del Nanga Parbat: non ero alla ricerca di record, ma di scoperte su una parete già salita e percorsa più volte, che tuttavia riservava ancora angoli di avventura. E questa porzione di avventura l'avevo trovata, guardando le fotografie e leggendo dei tentativi passati, lungo uno sperone a sinistra della via Kinshofer, la via classica.

Il chiodo fisso non era solo il Nanga Parbat, ma il Nanga Parbat per questa via nuova: non tanto il "che cosa", ma il "come". Avrei voluto salirla senza ossigeno, in stile alpino, e pensavo di poterlo fare con il mio compagno di cordata Denis Urubko. A questo proposito, però, ci fu la prima sorpresa: Ervand Iljinsky, il capo della sua spedizione, non gli permise di venire con me. Gli impedì di lasciare l'alpinismo di squadra, quello di tipo nazionalista che esegue gli ordini del capo nel classico stile sovietico, e di fare quindi quell'alpinismo di libertà, apparentemente anche anarchico, che mal si conciliava con la disciplina militare alla quale sia Denis sia il suo gruppo dovevano sottostare.

Mi ritrovai in una strana situazione: avevo la montagna di fronte, un progetto chiaro in testa, una buona forma fisica, ma non il compagno con cui sognavo di aprire quella via nuova sul Nanga Parbat, sebbene fosse proprio là, a due passi da me.

4.
Lafaille è dei nostri

L'obiettivo dei tre ottomila consecutivi ci impose di arrivare al campo base all'inizio di giugno, abbastanza in anticipo rispetto alle spedizioni estive su queste montagne. Dovevamo fare economia sui tempi, cercare di essere veloci ma, arrivando per primi, non trovammo il campo attrezzato come invece sarebbe stato nei mesi successivi. Lo sapevamo e ci organizzammo a dovere.

Per raggiungerlo impiegammo tre giorni, un tempo relativamente breve. Seguimmo il percorso tradizionale: dalla strada dove si arriva con la jeep percorremmo una gola stretta e molto selvaggia, scavata da un torrente impetuoso; ci fermammo al villaggio di Ser, dove passammo la prima notte; il giorno successivo marciammo e dormimmo in un luogo riparato, sotto una grande parete rocciosa di granito rossastro, in prossimità dell'ampia spianata di Kutgali, un pianoro affacciato sull'imponente mole del Nanga Parbat.

Lo spirito del gruppo era alto, eravamo tutti di buon umore e scherzavamo sereni. Ogni cosa sembrava andare per il verso giusto: il forte desiderio di toccare la montagna nuda donava un ritmo più veloce al nostro passo e contribuiva a non farci sentire il peso di quelle prime fatiche che non ci apparvero neppure tali. Le marce di avvicinamento duravano dalle quattro alle cinque ore al giorno, non di più. Al nostro seguito c'erano tutti i portatori, con i carichi che avevamo mandato dall'Italia stivati dentro bidoni di plastica oppure in recipienti di alluminio, realizzati appositamente sul luogo. In quei contenitori c'erano le provviste, gli alimenti e tutto il necessario per sopravvivere un mese intero al campo base.

Dopo aver appurato che Denis non sarebbe potuto venire con me, ci mettemmo subito al lavoro lungo la via normale, la Kinshofer. Era importante cominciare a muoversi insieme verso l'alto, per iniziare le fasi di acclimatamento. La via Kinshofer, realizzata nel 1962, si snoda lungo la parte più vulnerabile della montagna: un corridoio iniziale di oltre mille metri di dislivello che dal campo 1, situato sotto una roccia a quota 4900, percorre un lungo e ripido canale fino ad arrivare al famoso muro roccioso chiamato da tutti Kinshofer. Questa è la parte più verticale e più tecnica dell'intera salita, superata la quale si accede a un piccolo terrazzino dove le tende vengono posizionate nei pochi spazi disponibili. Il canale andava però attrezzato con corde fisse: a più riprese e a turno, ascendendo il lungo corridoio, fummo impegnati nel trasporto delle pesanti bobine e nel fissaggio delle corde. Un lungo filo di Arianna che ci avrebbe facilitato non tanto la salita, quanto la discesa verso valle.

La velocità era il nostro imperativo di quei giorni: non avevamo abbastanza tempo per riposare e adattare lentamente il corpo all'alta quota. La fatica si faceva sentire, ma ogni operazione si svolse regolarmente e senza perdite di tempo. Al campo base, del resto, eravamo in molti – tante forze e tante esperienze in gioco – e questo permetteva rotazioni regolari.

Il 5 giugno ci raggiunse il settimo componente del gruppo: Jean-Christophe Lafaille. Arrivava dal Nepal, dove aveva salito in solitaria e senza ossigeno il Dhaulagiri, una montagna di 8167 metri, la settima più alta del pianeta. Anche lui si diede subito da fare: il 6 e il 7 giugno si portò prima al campo 1 e poi al campo 2, per poi rientrare direttamente al campo base. Era veloce e dimostrava di essere il più allenato del gruppo, proprio grazie all'acclimatamento guadagnato nella strepitosa salita che aveva compiuto il 20 maggio, solo quindici giorni prima di unirsi a noi.

5.
Tom e Martina

Tutti noi, ciascuno secondo le proprie capacità, il proprio stato di acclimatamento e la velocità personale, eravamo impegnati nella progressione verso la cima, cercando di adattarci alle alte quote. Il tentativo di raggiungere la vetta non poteva attendere troppo, poiché vi erano altre due montagne ad aspettarci: il Broad Peak e il K2.

La tabella di acclimatamento di Jean-Christophe Lafaille lo portò l'11 giugno al campo 2 e dopo soli cinque giorni già a 7000 metri. Insomma, appena dieci giorni dopo il suo arrivo era pronto per tentare la vetta.

Io decisamente no. Ci vogliono infatti almeno tre settimane di continua esposizione per permettere al corpo umano di adattarsi fisiologicamente alle alte quote e io, durante la fase di preparazione, non riuscii inoltre a portare a termine una tappa fondamentale del mio programma di acclimatamento. Ero arrivato al campo 2, dove avevo programmato di passare la notte per poi salire a 7000 metri. Con me, però, c'era Oscar Gogorza che non stava affatto bene: aveva una forte emicrania e una stanchezza eccessiva. Era anche in stato confusionale: stava in pratica manifestando i segni palesi di un inizio di edema cerebrale.

Sapevo che quello del giorno dopo sarebbe stato un passaggio chiave per me, era l'ultima delle tappe di acclimatamento, ma anche la più importante. Andare a 7000 metri e dormirvi una notte è praticamente imprescindibile se si vogliono poi raggiungere gli 8000 metri senza ossigeno.

Le priorità però cambiarono, divennero altre e più impellenti: Oscar stava male, rischiava di peggiorare e morire se non lo avessimo riportato in fretta a una quota più bassa. Con Iñaki Ochoa decidemmo di aiutarlo. Anziché dormire al campo 2, ridiscendemmo per accompagnarlo al campo base. Fu una faticaccia, ma sicuramente gli salvammo la vita. Arrivammo in piena notte, sudati, infreddoliti, ma soddisfatti per aver portato a casa la pelle del nostro amico che aveva iniziato a dare segni di ripresa appena 500 metri più in basso rispetto al punto in cui aveva manifestato i primi sintomi. Al campo base, a una quota inferiore di 2000 metri, si rimise rapidamente.

I giorni passavano veloci e i kazaki macinavano metro su metro. Il loro acclimatamento artificiale in camera ipobarica stava dando risultati strepitosi. Il 17 e il 18 giugno, infatti, arrivarono sorprendentemente già in vetta Sette alpinisti su otto raggiunsero in due gruppi gli 8126 metri e per loro la prima parte della spedizione poteva già considerarsi conclusa: erano pronti per trasferirsi al Broad Peak.

Due giorni dopo, il 20 giugno, raggiunsero la vetta anche Gerlinde Kaltenbrunner e Iñaki Ochoa. Nella stessa data, tentammo anche io e Jean-Christophe Lafaille, che aveva accettato con entusiasmo di salire con me attraverso la nuova via.

«Simone, io mi sento pronto, il tempo è buono, però dobbiamo partire prima che si deteriori» mi disse il 19 giugno.

Seppur consapevole di non essere ancora acclimatato e sperando comunque di riuscire ad arrivare fino in vetta, decisi di prendere la palla al balzo e partire l'indomani per sfruttare la finestra di bel tempo. Furono due giorni di salita fantastici, in puro stile alpino, lungo una via vergine mai toccata prima, in cui le difficoltà erano serie, le pendenze sostenute e il terreno un misto di roccia, ghiaccio e neve.

Per evitare il pericolo del grande seracco che sovrastava l'inizio del canale Kinshofer e sotto il quale dovevamo passare, partimmo all'imbrunire. Già quella sera ci eravamo portati a 4900 metri; avevamo dormito qualche ora e poi, in piena notte e a tutta velocità, eravamo passati sotto il mostro di ghiaccio che avrebbe potuto cedere da un momento all'altro. Il primo giorno coprimmo quasi 2000 metri di dislivello e posizionammo il nostro bivacco a quota 6900, ben oltre il punto e l'altezza che ci eravamo proposti di raggiungere in quella prima tappa.

La notte passò tranquilla, dormimmo il necessario dentro la nostra piccola tendina di colore rosso e blu. Eravamo in contatto radio con il campo base dal quale ovviamente ci stavano seguendo con il binocolo. Il giorno dopo ci alzammo presto e ripartimmo. Ma la progressione cominciò a rallentare: c'era sempre più neve e bisognava battere la traccia. In più, si faceva sentire anche il peso dei 2000 metri compiuti in un sol fiato il giorno precedente. Eravamo concentrati a mettere un piede davanti all'altro, cercando di rendere consistente la neve sotto i nostri scarponi, lavorando a rotazione, dandoci il cambio alla testa della cordata. Fu un lavoro durissimo, la neve arrivava a volte fino alle cosce. Dopo mezza giornata di sforzi ininterrotti, sbucammo finalmente su una spalla innevata vicina al plateau situato nella parte superiore della parete. Da lì scendemmo circa un centinaio di metri di dislivello e incrociammo le corde fisse della via normale. Avevamo terminato la nostra nuova via ritrovandoci sull'itinerario classico, quello battuto dai kazaki nei giorni precedenti.

Dopo aver posizionato la tenda a quasi 7000 metri, incontrammo Ed Viesturs, che era partito il nostro stesso giorno lungo la via normale e con il quale ci eravamo accordati sul luogo nel quale avremmo potuto trovarci. Fu un appuntamento incredibilmente rispettato e ne fummo quasi stupiti: ci abbracciammo calorosamente e ricevemmo i graditi complimenti di Ed.

In quel momento, lo ricordo come se fosse oggi, io e Jean-Christophe ci stringemmo la mano, ci congratulammo l'un l'altro e decidemmo il nome della via. La chiamammo Tom e Martina, in onore di suo figlio e di mia figlia.

6.

Solo un arrivederci!

Il 22 giugno sarebbe stato il giorno in cui io, Jean-Christophe e Ed avremmo voluto andare dai circa 7000 metri del nostro campo 3, situato esattamente nel luogo utilizzato allo stesso scopo lungo la via normale Kinshofer, fino al campo 4 della medesima via. Avevamo pensato di posizionare la nostra tenda dove si erano fermati i kazaki qualche giorno prima, ossia a 7400 metri, in corrispondenza di una roccia di forma triangolare sotto la quale ci saremmo riparati. Sarebbe stata l'ultima sosta e il 23 avremmo tentato la vetta.

La notte a 7000 passò abbastanza bene, ma sentivo l'affaticamento, sentivo che non ero assolutamente acclimatato. Per me era la prima volta a quella quota e tra l'altro ci ero arrivato dalla nuova via che mi aveva richiesto uno sforzo, non solo fisico ma anche di concentrazione, assai maggiore del consueto. La mattina seguente ci mettemmo in marcia: sin dai primi passi sentii le gambe pesanti. Era il classico segno che, seppur in forma, non ero preparato per quelle quote e tantomeno per tentare la vetta. Stringevo i denti durante il cammino, ma sentivo la fatica farsi sempre più evidente; capii che presto sarebbe diventata insopportabile. Forse quel giorno sarei anche riuscito a trascinarmi fino ai 7400, ma poi? Non ero per nulla convinto che sarei stato anche in grado di tentare la vetta; anzi, avrei potuto manifestare gli stessi sintomi che Oscar aveva mostrato nei giorni precedenti.

Quando ti colpisce un affaticamento del genere occorre prendere una decisione, e quella decisione spetta solo a te: continuare e giocarti tutte le energie per salire il più in alto possibile, oppure gestire quelle che ti rimangono per tornare nell'unico punto dove sai che potrai recuperare, ossia abbassarti di quota.

Rimasi con Ed e Jean-Christophe fino a 7250 metri, dopodiché capii che il momento era arrivato: dovevo fermarmi e coscientemente tornare indietro per arrivare al campo base. Era la decisione giusta da prendere, lo sapevo benissimo, ma mi lasciò ugualmente un sapore amaro in bocca. Avevo la consapevolezza che la via nuova, o la variante come la si vuole chiamare, che partiva dai 5000 per arrivare fino ai 7100 metri, era un grande risultato, ma non era l'unico che avrei voluto raggiungere. L'obiettivo era anche di arrivare in vetta. In quel tentativo, però, insieme a Ed e a Jean-Christophe, non ci sarei stato.

Feci una discesa di quasi 3000 metri di dislivello in un solo fiato. La scelta si rivelò azzeccata, perché, a mano a mano che procedevo, sentivo ritornare le forze e la notte che passai al campo base mi rigenerò completamente.

Il 23 giugno, come da programma, mentre io ero fermo a recuperare, Ed e Jean-Christophe raggiunsero la vetta. Per Viesturs era il dodicesimo ottomila, per Lafaille il decimo, realizzato a poche settimane dal Dhaulagiri! Dopo i kazaki, dopo Gerlinde e Iñaki, anche loro avevano raggiunto la cima; l'unico del gruppo a non aver conseguito il risultato sperato rimanevo io. È vero, c'era la via nuova di cui andare soddisfatti ma, oltre all'apertura di quella bella via di 2100 metri, volevo anche la cima.

Avrei potuto ritentare, però sarebbe stato in solitaria. I miei due connazionali erano infatti dovuti rientrare in Italia a causa del congelamento ai piedi di Franco Nicolini contratto durante una delle fasi di acclimatamento, mentre Oscar Gogorza era fuori uso per l'edema cerebrale che lo aveva colpito al campo 2. Ero solo, ma avevo una voglia incredibile di arrivare in vetta; decisi allora di aspettare la prima finestra di bel tempo e provare nuovamente. Ma quella finestra, purtroppo, non arrivò mai; riuscii a fare un solo tentativo di portarmi in alto, poi dovetti capitolare. Ormai tutti mi aspettavano al campo base, i giorni passavano e non potevo pretendere di fermare l'intero team per raggiungere la cima. Non sono mai stato quel tipo di persona, e non avevo voglia di cominciare a esserlo proprio quel giorno.

7.
Il Broad Peak

Salutai il Nanga Parbat con un arrivederci.

Lasciammo il campo base per dirigerci verso i nostri due altri obiettivi: il Broad Peak e il K2. In un solo giorno ridiscendemmo tutta la valle che separa il Nanga Parbat dalla sterrata del villaggio di Diamiroi e da lì in jeep arrivammo a Chilas, da dove avremmo preso la Karakorum Highway. Fu una bella camminata, molto veloce. La nostra forma fisica era decisamente diversa rispetto all'inizio: grazie all'acclimatamento ci sembrava tutto più facile, tanto che scendevamo come se fossimo capre, senza nessuna fatica, saltando da un masso all'altro e canticchiando lungo il sentiero. Eravamo tutti contenti, persino io! Ormai la rabbia di non avere salito il Nanga Parbat mi aveva abbandonato e dentro di me avevo fatto tesoro della grande soddisfazione per la via aperta con Jean-Christophe.

Prima di affrontare la nuova impresa ci fermammo due giorni a Skardu, la cittadina che avevamo raggiunto in un giorno di viaggio in auto da Gilgit e dalla quale si parte per raggiungere la catena montuosa del Karakorum di cui fanno parte quattro ottomila: il K2, il Broad Peak, il Gasherbrum I e il Gasherbrum II.

Ci fermammo allo Shangrila, un resort di proprietà di un generale dell'esercito pakistano composto da tante casette uguali disposte a cerchio attorno a un laghetto alpino, con tanto di pedalò e barchette a disposizione degli ospiti. Facemmo pure il bagno: sembrava quasi di essere al mare, ma con le montagne, una più bella dell'altra, a fare da perimetro a quella specie di arena nella quale ci trovavamo.

Durante quella breve pausa, l'agenzia incaricata di organizzare la spedizione aveva provveduto a recuperare il cibo e i portatori e a prenotare le jeep per gli spostamenti. Fummo quindi trasferiti nell'abitato di Askole, da dove iniziammo il lungo trekking che ci avrebbe portato al campo base del Broad Peak.

Arrivammo alla nostra meta il 12 luglio, impiegando pochissimo tempo, segno che il Nanga Parbat ci aveva davvero fatto bene. Sebbene non avessi raggiunto la cima, mi ero acclimatato anch'io al punto che nel giro di tre giorni, sorprendendo un po' tutti, ero già in vetta al Broad Peak, a 8047 metri. Mi presi una sorta di rivincita: salii in meno di ventiquattr'ore, partendo il pomeriggio del 14 luglio per ritrovarmi sulla vetta principale alle 11 di mattina del giorno successivo. Ed Viesturs e Jean-Christophe Lafaille erano partiti il giorno prima di me dopo una notte al campo 3: li raggiunsi sulla cresta sommitale quando stavano iniziando la discesa, un quarto d'ora dopo che avevano raggiunto la vetta. La loro espressione quando ci incrociammo fu un misto tra stupore e gioia. Ed Viesturs si congratulò, mi incitò a salire ancora per qualche minuto e continuò a scendere. Il vento e il freddo di quella mattina avevano reso più difficile per tutti percorrere la cresta lunga ed esposta che dall'anticima porta alla vetta principale della montagna.

Una spedizione non si può mai dire conclusa fino a che non hai riportato la pelle a casa, ovvero al campo base. Così al Broad Peak, una volta raggiunta la vetta, l'impresa non era ancora terminata. Dopo l'incontro sulla cresta, mentre io affrontavo faticosamente gli ultimi minuti di scalata per raggiungere la vetta, Jean-Christophe e Ed continuarono a scendere assieme. Il primo, come mi fu poi raccontato da Ed, cominciò però a procedere sempre più fiaccamente, manifestando i primi sintomi di un chiaro edema cerebrale. Strano, o apparentemente inspiegabile, visto che aveva appena scalato il Dhaulagiri e il Nanga Parbat e doveva quindi essere molto acclimatato. Probabilmente lo sforzo intenso di quella triplice scalata stava presentando il conto da pagare.

La precarietà delle sue condizioni trovò conferma quando cadde in un crepaccio, vicino al campo 3. In seguito a quell'episodio Lafaille, esausto, decise di fermarsi lì a riposare. Ed rimase con lui nella tenda e l'assistette per tutta la notte.

Io non sapevo nulla di quanto stesse accadendo, non avevo visto né sentito niente. Non avevo ricevuto comunicazioni dal campo base e dunque ridiscesi direttamente al campo 2: non mi accorsi che i miei due compagni di spedizione si erano fermati al campo 3 per la notte. Avevo visto le tende montate all'ultimo campo, ma sapevo anche che c'erano altri alpinisti che stavano salendo e che avrebbero pernottato lì. Per questo continuai il mio tragitto verso il basso.

Tra gli alpinisti presenti al campo 3 quella notte c'era Denis Urubko che il giorno dopo, anziché proseguire verso la cima, decise di aiutare Lafaille a scendere. Iniziò una vera e propria operazione di soccorso: Ed si fece carico per quanto possibile dei materiali di Jean-Christophe e così cominciarono la discesa.

Quello stesso giorno, al campo 2 era arrivata la mia ragazza, Barbara. Stava molto bene fisicamente ed era intenzionata a fare un tentativo di salire in vetta. Quando ci eravamo sentiti, dalla cima le avevo detto di non portare nulla con sé, che avrebbe utilizzato la mia attrezzatura da campo e di venirmi incontro solo con una bella bottiglia di Coca-Cola, poiché ero decisamente disidratato dopo quella corsa di ventiquattr'ore da 4900 fino a 8047 e ritorno.

Barbara fu puntuale e generosa nell'assecondare la mia richiesta. Ci incontrammo al campo 2 e con indescrivibile piacere mi scolai la deliziosa bibita gassata portata fin lì. Poco dopo ripartii per il campo base. Barbara rimase invece nella tenda per proseguire la salita. La notte arrivarono al campo 2 Ed e Denis, che avevano continuato ad aiutare Lafaille a scendere. Era un'impresa disperata, le condizioni del francese erano decisamente peggiorate: nonostante si fosse abbassato di quota e riposato al campo 3, si mostrava sempre più spossato e i segni dell'edema cerebrale erano sempre più evidenti. Era esausto, sul punto di crollare da un momento all'altro, ma resisteva e teneva duro, perché sapeva che sarebbe stato salvo solo all'arrivo al campo base. Barbara rinunciò alla salita e si aggiunse al gruppo che lo stava soccorrendo. Fecero a Jean-Christophe un'iniezione di desametasone e subito dopo ridiscesero tutti.

Arrivati alla base della parete c'era ancora il ghiacciaio da attraversare, e fu veramente uno strazio per Jean-Christophe riuscire a trovare le forze per trascinarsi lungo l'ultimo tratto del percorso. Al campo base, intanto, erano stati già allertati i soccorsi e l'agenzia che seguiva la spedizione aveva richiesto urgentemente un elicottero per l'evacuazione immediata. Di edema cerebrale, infatti, si può morire: l'unico rimedio per sopravvivere all'*altitude sickness*, come si chiama in inglese questa patologia dovuta all'altitudine, è la ridiscesa immediata a bassissima quota, con qualsiasi mezzo.

All'arrivo dell'elicottero salutammo Jean-Christophe che non poté più continuare quell'esperienza con noi. Con lui mi ero trovato bene. Tutte le polemiche che seguirono sulla nuova via aperta insieme sul Nanga Parbat, di cui si attribuì la paternità esclusiva avendo io mancato la vetta, furono, a mio parere, alimentate da pressioni esterne. E ho anche qualche idea riguardo al possibile artefice... Mi ricordo molto bene quanto era cambiato il suo atteggiamento dal periodo del Nanga Parbat a quello successivo. Comunque siano andate le cose io conservo un bel ricordo di lui e dei momenti che abbiamo vissuto insieme. Ricordo anche le cose che ci siamo detti e tutto il resto. Le opinioni altrui e le diverse versioni scritte e riportate sulla nostra scalata al Nanga Parbat, su chi aveva scelto l'itinerario della via nuova e sulla strategia, sono opera di persone che al campo base non c'erano, e tantomeno durante la salita.

8.
La strada delle esplorazioni gelide

Al K2 andò male per tutti: nessuno arrivò in cima. Riuscimmo solo a raggiungere il campo 4 e un'altitudine massima intorno ai 7700 metri. Le condizioni meteorologiche e l'innevamento della montagna furono pessimi e contribuirono al fallimento del terzo obiettivo della spedizione, che si dovette concludere così. Nella stagione 2003, tra l'altro, nessuno riuscì a scalare il K2, esattamente come era successo l'anno precedente.

Nel mio bilancio di quell'esperienza c'erano la nuova via aperta con Jean-Christophe Lafaille e il Broad Peak in meno di ventiquattr'ore; per contro non avevo raggiunto la vetta del Nanga Parbat e, come tutti, avevo fallito al K2. Per la prima volta, però, avevo toccato con mano la montagna nuda, mi ero relazionato con il Nanga Parbat, ne avevo capito e assaggiato le dimensioni, la roccia, il ghiaccio. Mi ero davvero divertito e innamorato del Nanga Parbat, ma dovetti aspettare ben otto anni prima di incontrarlo di nuovo, da vicino.

Negli anni successivi lo rividi nel corso degli spostamenti che feci lungo la Karakorum Highway, in altre spedizioni in Pakistan. Tutte le volte che passavo di là non potevo evitare di far fermare il furgone o la jeep su cui viaggiavo e ammirare con il binocolo e fotografare da lontano quella montagna così imponente. Quando potevo, e quando le condizioni meteorologiche lo permettevano, invece di percorrere l'infinita sequenza di curve e tornanti della pericolosa strada pakistana, volavo con l'aereo di linea direttamente da Islamabad a Skardu: una rotta e un volo magnifici, proprio perché passavano sopra il Nanga Parbat. Portandomi alla sua stessa quota, o ancora più in alto nel cielo, la montagna anziché più piccola appariva ancora più maestosa, gigantesca, imponente, infinita.

Con l'alpinismo invernale, che ho sempre considerato la forma più severa e solitaria di scalata, mi ero confrontato molto presto durante la mia carriera, tanto che, delle oltre cinquanta spedizioni compiute fino a quel momento, già la seconda l'avevo portata a termine proprio in un inverno australe, nell'agosto del 1993, sull'Aconcagua a 6962 metri. A pochi anni dall'inizio delle esperienze himalayane, nel 1997 decisi di intraprendere la strada dell'alpinismo invernale anche oltre gli ottomila metri, ma si trattò della più tragica, drammatica ed estrema esperienza della mia vita: l'Annapurna, la montagna che fu teatro della drammatica vicenda che si concluse con la morte dei miei due compagni di spedizione, Anatoli Boukreev e Dimitri Sobolev. Una vicenda di cui ho più volte parlato e di cui ho narrato nel mio primo libro, *Cometa sull'Annapurna*.

Dopo la spedizione conclusa quell'estate in Pakistan, mi ributtai con slancio nel cammino che mi avrebbe portato alle esplorazioni gelide e verticali oltre gli ottomila.

Nell'inverno a cavallo tra il 2003 e il 2004 affrontai quindi il Shisha Pangma, montagna rimasta ancora inviolata nella stagione invernale. Con me c'erano tre alpinisti polacchi, provenienti dalla grande scuola che aveva inventato questo tipo di salita, un alpinismo difficile, duro e assoluto. Mi verrebbe da aggiungere anche la parola "estremo", sebbene non mi piaccia molto.

Quel primo tentativo non andò bene, ma quando con Piotr Morawski ci fermammo a 250 metri dalla vetta ebbi la conferma che il mio sogno, ovvero quello che avevo nella testa, era proprio ciò che stavo facendo in quell'istante. Volevo continuare a scrivere la storia delle esplorazioni verticali d'inverno, che si erano interrotte quasi vent'anni prima! L'ultima invernale era stata infatti realizzata nel 1988 dal polacco Krzysztof Wielicki, mostro sacro di questo tipo di alpinismo, che era salito in solitaria sulla quarta montagna più alta della Terra.

Così, dopo diciassette anni di silenzio dell'alpinismo invernale sulle grandi montagne, il 14 gennaio 2005 fu portata a termine la prima salita invernale del Shisha Pangma. E a realizzarla fui io, a un anno dal precedente tentativo.

Anche Jean-Christophe Lafaille era riuscito a salire la stessa montagna, giusto un mese e una settimana prima della mia spedizione, l'11 dicembre del 2004, ma la sua non poteva considerarsi una salita invernale. L'11 dicembre, come tutti sanno, non è inverno, e partire a novembre, secondo il calendario astronomico e le regole alpinistiche, non ne fa un'impresa invernale. Lafaille compì un'impresa in solitaria grandiosa, tutta la comunità alpinistica internazionale non ebbe dubbi, ma non poteva essere considerata un'invernale, come tutte le salite sulle Alpi e su qualsiasi catena montuosa dell'emisfero boreale compiute prima del 21 dicembre.

Il Nanga Parbat continuava a rimanermi nella testa. Lo avevo sbirciato in inverno anche nel 2007 e nel 2008, quando tentai il Broad Peak, per due anni consecutivi. La prima volta arrivai fino a 7000 metri: eravamo solo in due, una spedizione che durò tre mesi, senza ossigeno e senza portatori; la seconda volta la feci in solitaria e mi fermai a soli 198 metri dalla vetta, al colle che separa il Broad Peak principale dal Broad Peak centrale. In entrambe le occasioni, ebbi la fortuna di vedere non solo il Nanga Parbat in un cielo limpido (persino dall'alto, visto che in quelle spedizioni ero riuscito a sorvolarlo per ben due volte), ma anche i colori invernali del Broad Peak, completamente diversi da quelli estivi che conoscevo.

Dentro di me maturava, di giorno in giorno, la voglia di tornare sul Nanga Parbat per chiudere quel capitolo rimasto a metà con la via nuova senza la vetta. Non solo: volevo salirlo in un modo ancora diverso, in grado di appagare la mia voglia di esplorazione, il desiderio di fare un alpinismo che guarda al "come" e non solo al "che cosa" scalare.

9.
La tripletta non basta

Con il Shisha Pangma e il raggiungimento dei suoi 8027 metri avevo aperto un capitolo importantissimo della mia storia personale e alpinistica. Da quel momento mi sarei dedicato molto a quel tipo di spedizioni, leggere e dannatamente difficili, ma nelle quali mi sentivo anche dannatamente a mio agio. Dopo il Shisha Pangma in quattro anni riuscii in altre due prime salite invernali su altrettanti ottomila: il Makalu in Nepal nel 2009 e il Gasherbrum II in Pakistan nel 2011.

Il Makalu, 8485 metri, lo feci con Denis Urubko in stile leggero. Era la prima volta, nella storia dell'alpinismo, che un'invernale di 8000 metri veniva realizzata per intero da un team che non includesse nessun alpinista polacco, fino ad allora indiscussi specialisti in materia. Il Gasherbrum II, 8036 metri, lo raggiunsi invece con Denis Urubko e l'americano Cory Richards. Facevamo tutti e tre parte del team di The North Face, uno sponsor comune che aveva creduto in questo tipo di esplorazioni.

I tre ottomila invernali che ero riuscito a scalare

sino in vetta rappresentavano già un risultato che mai avrei pensato di realizzare: lo avevo sognato, lo avevo desiderato, avevo voluto conquistare quella tripletta ma ero stato sufficientemente lucido e consapevole da sapere che le potenzialità di successo erano bassissime, per molti nulle. Solo Jerzy Kukuczka e Krzysztof Wielicki, i due giganti dell'alpinismo invernale e non solo degli anni Ottanta, non a caso polacchi, potevano vantare lo stesso risultato, mai raggiunto fino a quel momento nella storia.

Io però volevo andare oltre nella strada che mi ero tracciato, volevo continuare l'esplorazione, proseguire sul percorso che forse avevo aiutato a riaprire anche per le nuove generazioni di himalaysti del freddo. Nel 2012 rimanevano inviolati d'inverno il Gasherbrum I, il Broad Peak, il Nanga Parbat e il K2. Facile immaginare su quale puntai le mie mire: il Nanga Parbat. Il quarto ottomila invernale, se mai ci fosse stato, se mai fossi riuscito nel mio intento, sarebbe stato dunque sulla montagna nuda. E con me volevo ci fosse il compagno fedele delle due invernali precedenti e di oltre dieci anni di spedizioni, Denis Urubko.

Quando avevo volato sul Nanga Parbat nel 2011, durante il tentativo invernale al Gasherbrum II, avevo filmato la montagna in una giornata incredibilmente limpida. Pur rimanendo concentrato sulla sfida diversa che mi attendeva, la mia mente era scappata via per un attimo alla ricerca di particolari, di possibili informazioni, idee. Avevo anche scattato fotografie che avrebbero successivamente alimentato il mio sogno.

Guardai e riguardai quelle immagini tantissime volte. La cosa si rivelò utilissima, perché l'anno successivo il mio sponsor, The North Face, decise di finanziare la spedizione invernale al Nanga Parbat. Denis accettò di partecipare senza battere ciglio e nel team coinvolgemmo anche Matteo Zanga, un fotografo di Bergamo che aveva raccolto l'invito e la sfida a documentare il nostro tentativo. Lui non sarebbe venuto sulla montagna: avrebbe seguito tutto l'avvicinamento, la vita al campo base, le prime fasi della salita in cui sarebbe potuto venire con noi, dopodiché ci avrebbe immortalati grazie a un potente teleobiettivo. La sua presenza si rivelò molto utile: oltre a fotografare si trasformò infatti in una sorta di *base camp manager*, mandando report giornalieri in tutto il mondo tramite le connessioni satellitari di cui disponevamo.

La richiesta del visto per entrare in Pakistan fu il pretesto e l'occasione per conoscere personalmente Tariq Zameer, console di quel Paese in Italia. Lo incontrammo a Milano, dove ci invitò tutti e tre a cena nella sua dimora privata. Gli raccontammo il nostro sogno e gli mostrammo le immagini delle montagne del Pakistan che avevo scattato in tanti anni di viaggi e spedizioni. Ne rimase impressionato e con lui nacque una bella amicizia, che iniziò con i suoi più sinceri auguri per la nostra spedizione e una foto in posa davanti alla bandiera pakistana, in bella mostra all'entrata di casa sua.

L'attenzione mediatica sul nostro tentativo da poco annunciato crebbe velocemente. Fu una sorpresa piacevole scoprire che anche un quotidiano sportivo nazionale, «La Gazzetta dello Sport», aveva sposato l'idea di seguire la nostra avventura: per le pagine di quel giornale non era decisamente un affare di ordinaria amministrazione. Il nostro, infatti, non è uno sport, e per di più riscuote un certo interesse giornalistico solo quando ci scappa il morto o c'è una tragedia di qualche genere. Insomma, gli alpinisti sono considerati degli eccentrici, o peggio dei pazzi, più che personaggi da ascoltare, intervistare e, perché no, ammirare.

La conferenza stampa organizzata dal quotidiano per presentare l'iniziativa fu indimenticabile, soprattutto per le persone che vi parteciparono. Oltre al sognatore bergamasco che provava a salire gli 8126 metri della nona montagna più alta della Terra (io!) c'erano il "signor Nanga Parbat" ovvero il mio mito personale Reinhold Messner, il direttore della «Gazzetta» Andrea Monti e Mario Curnis, un signore dell'alpinismo, classe 1936, che aveva partecipato alla spedizione sulla parete sud del Lhotse con Messner. Per me lui è sempre stato come un grande saggio, capace di darmi consigli e ispirarmi in virtù della sua lunga esperienza, essendo stato uno specialista dell'alpinismo invernale sulle cime di casa, le alpi Orobie, ma anche su altre montagne, dal Perù alla Patagonia all'Himalaya, alcune delle quali affrontate in inverno. Per moderare la conferenza stampa era stato coinvolto Sandro Filippini, giornalista esperto di alpinismo e di montagna nonché collaboratore sia di Messner sia della «Gazzetta dello Sport». Insomma, ero onorato da tutte quelle grandi personalità che riponevano in me e nel mio tentativo la speranza di poter realizzare l'invernale sul Nanga Parbat.

LA PRIMA VOLTA
(2011-2012)

10.

Buon anno!

27 dicembre, aeroporto di Islamabad. L'atterraggio era stato perfetto, i momenti successivi il solito caos: un'ora di fila per farsi controllare e timbrare il visto, due ore ai nastri in attesa dei bagagli, altrettante per farsi largo tra la folla che si accalcava all'uscita dall'aeroporto. Eravamo in Pakistan! Fummo accolti dallo staff dell'agenzia di trekking che avrebbe organizzato la parte logistica della spedizione. Questa volta, mi ero affidato alla Hunza Guides, diretta dell'amico Amir Hullah Khan.

Nella capitale rimanemmo solo due giorni, caotici e chiassosi, e il 29 dicembre le condizioni meteorologiche ci permisero di volare direttamente a Skardu, dove avevo una parte della mia attrezzatura conservata nel magazzino dell'amico Ashraf Aman, capo di un'altra agenzia di trekking in buoni rapporti con Amirullah. Evitare il lungo ed estenuante viaggio attraverso la Karakorum Highway era sempre un lusso e la notizia portava una boccata aggiuntiva di buon umore. Durante il volo, appiccicato al finestrino dell'aereo, vidi di nuovo il Nanga Parbat dall'alto, esattamente come lo avevo ammirato l'anno prima con Cory Richards e Denis Urubko mentre ci dirigevamo al Gasherbrum II. Quella vista mi emozionò ancora di più, poiché la vetta che stavo scrutando dal finestrino a 8000 metri di quota era proprio l'obiettivo del nostro viaggio.

Arrivammo presto a destinazione, impiegando quarantacinque minuti di viaggio contro le solite ventiquattr'ore lungo i seicento chilometri di tornanti e polvere della KKH. Ogni volta, in Pakistan è un terno al lotto: spero sempre che il tempo sia buono per evitare la sfacchinata e per godere in volo della vastità delle catene montuose e delle valli così incontaminate.

Quella strada l'ho percorsa tante, tantissime volte. Non capita mai di riuscire a fare sia l'andata sia il ritorno verso o da Skardu o Gilgit in aereo; quando sei fortunato, voli per una delle due tratte, perciò la Karakorum Highway è quasi sempre da mettere in conto. Eppure ha un suo fascino del quale, in effetti, non ci si stanca mai: è veramente una delle strade più belle e selvagge del mondo; sotto certi punti di vista, anche la più pericolosa, per la conformazione e il traffico che vi circola. Ma lungo la Karakorum ci sono villaggi, c'è gente che vive, che cresce, che muore, ci sono autisti che la percorrono incessantemente, avanti e indietro, avanti e indietro, per una vita intera. E quando li incontri sono sempre sorridenti, pronti a sfoderare i propri tempi record di percorrenza. C'è un carico di merci, di persone, di sogni e speranze legato a loro.

Nel viaggio non ci si ferma solo per i propri bisogni fisiologici o per mangiare qualcosa. Alcuni paesaggi sono così incredibili che la sosta per ammirarli è necessaria: i colori sono forti, le luci creano effetti mozzafiato e quando riguardi le foto che hai scattato ti sembrano tutte elaborate al computer; invece è la pura realtà, la perfezione della natura. In inverno, poi, ho sempre trovato impressionante il colore dell'acqua dell'Indo: anziché marrone diventa turchese, producendo un armonioso contrasto con il grigio e il liscio delle rocce erose da millenni di passaggi dell'acqua. Le acque del Pakistan, insomma, sono come le sue montagne: selvagge, uniche, inesplorate, inaccessibili, severe, pericolose, rumorose, vive.

Nella mia testa e nei miei pensieri associo sempre questa strada al *tandoor*, che è il forno in cui si cuoce una sorta di piadina, usata come il nostro pane. Sulla KKH, a distanza regolare l'uno dall'altro, ne trovi sempre uno con una persona che impasta farina e acqua per produrre questo cibo tipico. L'impasto viene poi cotto e sfornato con bacchette di metallo che servono per staccare la piadina dalle pareti del forno e per afferrarla e riporla in un cesto: in pratica, servono a non ustionarsi. È un pane buonissimo e semplice, che mangio spesso con le classiche lenticchie, oppure con un pezzo di pollo, o ancora con le verdure. Ed è semplicemente perfetto!

A Skardu rimanemmo solo un giorno e poi ci rimettemmo subito in viaggio con un minibus alla volta di

Chilas, praticamente tornando indietro rispetto alla direzione da cui eravamo arrivati in aereo il giorno prima. Nell'Hotel Shangrila giungemmo nella giornata del 31 dicembre 2011, un capodanno silenzioso, freddo, dentro un hotel vuoto dove eravamo solo in tre: io, Denis Urubko e Matteo Zanga. Un piccolo panettone tutto schiacciato e mezzo sbriciolato che avevo portato da casa fu la nostra delizia su quel tavolo spoglio e triste, senza neppure la tovaglia, dove ci facemmo un video di auguri che inviammo ai nostri cari e ai follower.

Nei due giorni passati a Chilas incontrammo la nostra guida, Faquir, originario del vicino villaggio di Bunar Das. Avere una guida, un *sirdar*, è obbligatorio in una spedizione: non è solo e semplicemente la persona che ti accompagna e ti aiuta con la lingua, ma è quello che risolve qualsiasi tipo di problema, gestisce i portatori, ha in carico l'intera carovana, formata da persone ma anche da animali, muli in genere, usati per trasportare i materiali che servono. È la guida della spedizione a prendere contatti, pagare e organizzare le persone che ti assisteranno al campo base.

A Chilas, insieme a Faquir, incontrammo il fratello di Amirullah e Saijan, lo stesso cuoco che avevo avuto l'anno prima durante la prima invernale al Gasherbrum II, una persona che mi aveva decisamente portato fortuna. È stata una delle pochissime volte senza il mio cuoco di fiducia, "fratello" Didar Ali, come lo chiamo da sempre, che mi ha accompagnato in tutte le spedizioni in Pakistan.

11.
Scarpe di gomma

Il primo gennaio partimmo da Chilas. Coprimmo la parte iniziale del percorso con la jeep: attraversammo Bunar Das e arrivammo su quattro ruote fin dove potemmo. Al villaggio di Diamiroi ci aspettavano i portatori. A loro riservammo una bella sorpresa: scarpe, calze, guanti e indumenti per tutti. Se in estate la marcia di avvicinamento poteva non essere così impegnativa, con la neve, il freddo e il vento poteva invece rivelarsi decisamente ardua, soprattutto se affrontata con un equipaggiamento inappropriato. I portatori hanno sempre lo stesso vestiario e la stessa attrezzatura, sia d'estate sia d'inverno. Mi è capitato di vederli in ciabatte, una volta addirittura a piedi nudi! Quelle tipiche dei portatori sono scarpe di gomma prodotte in Pakistan, che costano un paio di dollari... Noi però non volevamo farli lavorare così, perciò li attrezzammo tutti e sessantuno con indumenti e scarpe più adeguate alla stagione.

Il dislivello tra Gilgit e la cima del Nanga Parbat è di 7000 metri, sette chilometri: 1500 metri li superammo in jeep e 2500 li facemmo in marcia con l'intera carovana, vivendo e mangiando assieme, inerpicandoci lungo la stretta gola della prima parte della valle del versante Diamir.

Per arrivare ai 4000 del campo base impiegammo due giorni e mezzo di cammino. Durante il percorso, ci fermammo nel villaggio di Ser, a 3000 metri di quota. Una volta lì, una costruzione si impose alla nostra vista poiché, a dispetto delle altre, era costruita in legno, molto simile alle baite alpine. Era la scuola fatta realizzare da Reinhold Messner, dedicata al fratello Günther, l'unica in tutta la valle. Si tratta di una *primary school*, una sorta di scuola elementare, dove i bambini del posto possono imparare a leggere e a scrivere. A noi può sembrare un'ovvietà, ma quello che per noi è scontato, non lo è in Pakistan, dove la presenza di una scuola con un insegnante è una grandissima fortuna. La stessa cosa vale per gli ospedali, i dispensari medici o i centri di pronto soccorso.

Passammo la notte in quella struttura senza creare intralci alla normale vita scolastica. In inverno, infatti, non si va a scuola. Il calendario è leggermente diverso dal nostro poiché le temperature, la durata della luce solare e l'assenza di riscaldamento sono tali che i bambini sarebbero costretti a fare lezione in un frigorifero.

Quella sera, fuori dalla scuola, a una distanza di sicurezza che non mettesse in pericolo la baita, i portatori accesero un falò attorno al quale ci riunimmo tutti per mangiare le pietanze che erano state cucinate da Saijan.

Il giorno successivo partimmo di buon'ora, l'aria era ancora molto fredda e il sole non sarebbe arrivato prima di metà mattina. Arrivammo a Kutgali, a solo due ore di marcia dal campo base, in una bellissima spianata dove si trovano le ultime baracche, abitate nel periodo estivo dai pastori del posto. Sebbene siano formate da quattro muri di pietra con un tetto fatto di fango, di rami e di arbusti, rappresentano comunque un buon riparo, soprattutto dal vento e dal freddo. Al centro è collocato un focolare in corrispondenza del quale, nel tetto, c'è un piccolo buco che dovrebbe permettere al fumo di uscire. Dovrebbe... In realtà, quando accendemmo il fuoco per riscaldarci, la nebbia invase la stanza e i nostri indumenti, dopo solo due giorni, avevano perso i loro colori scintillanti per lasciare il posto a un "bel" fumé.

Il terzo giorno arrivammo al campo base, lo stesso nel quale ero stato quasi dieci anni prima, nel 2003, durante la spedizione con Ed Viesturs, Jean-Christophe Lafaille e gli altri amici. Montammo la cucina a ridosso di un grosso masso strapiombante, sotto il quale i pastori, anni prima, avevano costruito un vecchio muro a secco di quasi due metri. Quel rifugio divenne la nostra tenda-cucina, ma anche la base dove passammo la maggior parte delle ore, spesso lunghe giornate, in attesa delle condizioni meteorologiche più favorevoli per poterci muovere e salire sulla montagna.

La nostra carovana era numerosa e il campo organizzato per resistere alcuni mesi. Di fronte a noi, il "gruppo" che arrivò il 4 gennaio destò molta curiosità. Tomek Mackiewicz, l'amico Marek Klonowski e una terza persona di cui non ricordo il nome formavano la spedizione polacca che avrebbe tentato la cima come noi. Facevano un po' tenerezza quei tre ragazzi armati solo di enormi zaini; dietro il loro obiettivo non c'era una vera e propria logistica – non ricordo nemmeno se avessero dei portatori – e la loro sembrava più una gita o una scalata in giornata che non una spedizione con la pretesa di resistere per lunghi mesi, quelli necessari per la salita al Nanga Parbat. Una volta sul posto, montarono una tendina un po' più grande rispetto a quelle che si usano in parete nei campi alti. Ne avevano forse un altro paio, insieme al resto del materiale che era costituito dal classico fornelletto da campeggio, qualche bomboletta di gas, cibi liofilizzati, materiale alpinistico e null'altro che non si potesse trasportare a spalla. Oltre a questa attrezzatura basica, intuivamo che ovviamente erano muniti di una grande voglia di provare ad andare in cima.

12.
La via Messner

Io e Denis volevamo salire in prima invernale il Nanga Parbat, ma non lo avremmo fatto dalla via normale, giacché il nostro desiderio era quello di provare a raggiungere la cima lungo la "via Messner", chiamata così anche se è l'unica che l'alpinista altoatesino non abbia completato su quella montagna.

Dopo la salita sulla parete Rupal del 1970 e la nuova via tracciata sul versante Diamir nel 1978, Reinhold, nel 2000, tentò una terza via insieme a Hanspeter Eisendle, al fratello Hubert Messner e a Wolfgang Thomaseth. Posta all'estrema sinistra sul versante Rakhiot del Diamir, si trattava di una via molto logica, già provata nel 1991 da alcuni tirolesi. Nessuno però era mai riuscito a completare il percorso; anche per il team di Messner il tentativo era finito senza la vetta a quota 7200.

Sebbene nessuno ci fosse mai riuscito, con Denis avevamo studiato attentamente il percorso e la via Messner ci era apparsa meno complicata rispetto alla normale. L'idea di aprire una nuova via rappresentava per noi una motivazione in più, ma la scelta fu determinata anche da questioni di ordine tecnico. Quella era infatti la linea che a noi appariva più logica: sebbene la via normale fosse più corta, necessitava però di essere interamente attrezzata con corde fisse. Si trattava di un'impresa laboriosa che avrebbe richiesto molti giorni di bel tempo – in inverno rari, anzi rarissimi. Giorni che, invece, andavano sfruttati per progredire in alto il più velocemente possibile.

Prima di arrivare alla via Messner, quella che volevamo percorrere, c'era però da attraversare tutto il Diama Glacier, un ghiacciaio alla base della parete del Nanga Parbat sul suo versante occidentale. Anche trovare la via di accesso in quello che è un vero e proprio labirinto di crepacci non era un affare da poco. Basti pensare che il ghiacciaio in questione è stato percorso solo tre volte nella storia: la prima volta nel 1895, quando l'inglese Albert F. Mummery fece la prima esplorazione alpinistica a questa montagna tentando di salirla in tempi decisamente pionieristici, visionari direi; la seconda volta, nel 1991, quando ci provò la spedizione tirolese; e infine nel 2000, quando la percorse Messner con il suo team. Una quarta volta era stato percorso per metà dalla spedizione di Gerfried Göschl che, con la sua squadra, nell'estate del 2009 – quindi due anni prima di noi – aveva aperto una nuova via al Nanga Parbat. In inverno, però, nessuno si era mai avventurato su quel ghiacciaio, nonostante ventiquattro anni di tentativi invernali iniziati nel 1988.

Attraversare un ghiacciaio himalayano è sempre una minaccia insidiosa. Il riscaldamento del pianeta degli ultimi decenni, l'aumento delle temperature e gli scioglimenti conseguenti sono la causa del loro assottigliamento e del loro movimento costante. Cambiano di anno in anno, vi si aprono continuamente nuovi crepacci e crollano interi seracchi. Trovare la via attraverso quel labirinto pericoloso non era perciò facile, tanto più che per inserirci nel ghiacciaio saremmo dovuti passare sotto il gigantesco seracco sospeso, posto a circa 6000 metri sul fianco sinistro del Kinshofer, il canale nel quale si trova la via normale. In poche parole: dovevamo arrivare al campo 1 della via Kinshofer (la classica), e poi fare una diagonale velocissima sotto questa spada di Damocle rappresentata da milioni di metri cubi e di tonnellate di ghiaccio che potevano cadere da un momento all'altro.

Ci serviva molta tecnica e anche un po' di fortuna. Non a caso Denis aveva un piccolo portafortuna, un pupazzetto di peluche chiamato Limur. Lo avrebbe portato con sé durante la scalata, sì, anche sulla montagna; non si sarebbe separato da lui fino alla cima, tanto che lo consideravamo il terzo componente della spedizione. La sera o il pomeriggio, quando saltavamo nella tenda e ci infilavamo nei sacchi a pelo, Denis tirava fuori Limur e si divertiva a fare il ventriloquo: muovendogli la testa e parlando con le labbra pressoché immobili, faceva riassumere al peluche gli avvenimenti della giornata e annunciare il programma dell'indomani.

Quale poteva essere l'aspetto della montagna? C'era tanta neve a coprire il ghiacciaio, i pendii intorno al campo base (che in estate invece sono erbosi) e la parete che avremmo affrontato. Capimmo subito che l'impresa ci avrebbe richiesto molta fatica. Le racchette da neve che avevamo portato si rivelarono indispensabili per poter procedere sia lungo i pendii iniziali sia lungo il ghiacciaio.

Matteo venne con noi nelle prime ricognizioni. Immortalò così le fasi di quel lavoro per nulla semplice che consistette nel trovare il percorso e creare la traccia calpestando ripetutamente e a più riprese la neve, calzando le racchette sugli scarponi. Con noi avevamo i GPS da polso, un metodo moderno e affidabile per orientarsi, che ha margini di errore quasi nulli e che permette di muoversi anche nella nebbia a patto che si conoscano le coordinate geografiche dell'itinerario o nel caso lo si voglia percorrere a ritroso dopo averne registrato la traccia. A questo sistema, come sempre, avrei affiancato il metodo tradizionale delle bandierine, ovvero le classiche canne di bambù che si usano negli orti per farvi arrampicare i pomodori, sulla cui cima viene fissato un nastrino o del cerotto generalmente di colore rosso. Il GPS è decisamente più preciso di un tracciato di bandierine viste da lontano, ma può capitare di trovarsi a corto di batterie, poiché l'esposizione al freddo intenso ne riduce l'autonomia, e di non essere nelle condizioni di poterle ricaricare o sostituire. In Italia avevo quindi acquistato un centinaio di canne di bambù e le avevo spedite in Pakistan con il resto del materiale necessario, a bordo di un aereo cargo. Erano arrivate al campo base con i portatori e le avevamo preparate con i nastrini rossi.

Le bandierine furono conficcate nella neve a una distanza variabile tra i cinquanta e i cento metri, segnando lentamente la progressione delle nostre ricognizioni. Fu bello quando le vedemmo tutte disseminate lungo il Diama Glacier: un pezzo importante del lavoro era stato fatto.

13.

I campi 1 e 2

Tra l'11 e il 12 gennaio posizionammo il campo 1: dapprima lo avevamo stabilito a 4900 metri per poi spostarlo, il giorno successivo, a 5400 metri. Tra le due quote, ci fu la grande corsa a perdifiato per traversare perpendicolarmente e il più velocemente possibile la lingua di ghiacciaio che ci esponeva al pericolo del grande seracco sovrastante la via Kinshofer. Il cuore batteva in gola, i polmoni si riempivano disperatamente d'aria, affamati d'ossigeno. Eravamo piegati sulle ginocchia dopo quella corsa fatta con i ramponi ai piedi e lo zaino in spalla. In seguito, attraverso prove ed errori, evitando crepacci o cadendoci dentro ogni tanto, trovando la strada nei labirinti dei pinnacoli ghiacciati, riuscimmo a portarci su una posizione sicura, sotto le pendici del Ganalo Peak. Fu una prima tappa importante, perché da quel momento sapevamo di poter utilizzare un percorso in sicurezza, segnalato anche con le bandierine, che collegava il classico campo 1 della Kinshofer a quello che divenne il nostro campo 1 della via Messner.

Questo però non toglie che, ogni volta che ci trovammo ad attraversare quella lingua di ghiaccio, lo facemmo senza mai guardare in alto neppure un attimo, ossessionati come eravamo dalla paura di perdere tempo e vedere il mostro caderci addosso. Perciò correvamo, quattro o cinque minuti a perdifiato, con le orecchie tese, la voglia di fare più in fretta possibile e con il battito cardiaco al massimo. Dopo il primo scatto, ci rifugiavamo dietro un grande blocco di ghiaccio che si era staccato dal mostro e che era precipitato chissà quando; lì riprendevamo fiato e poi via, con un'altra piccola corsa ci portavamo in zona sicura fuori dalla traiettoria di caduta. Da lì procedevamo con le racchette che, per il tratto di corsa, sarebbero state del tutto inutili visto che la neve veniva continuamente spazzata via dalla caduta dei blocchi di ghiaccio lasciando dunque solo neve dura e ghiaccio.

Il 13 gennaio ritornammo indietro e il meteo peggiorò. Era il classico brutto tempo dell'inverno: concede spazi di manovra davvero limitati che si possono concentrare in due o tre finestre di bel tempo nell'intero arco stagionale. Sono dunque mesi molto avari nella possibilità di vedere il sole, godere del suo irraggiamento e del suo calore, beneficiandone anche moralmente per organizzare tentativi di salita.

Al campo base comunque l'umore era buono. Ogni volta che rientravamo, ne approfittavamo per guardare il lavoro di Matteo al quale raccontavamo quello che avevamo fatto e com'era la situazione in alto. Lui raccoglieva anche le nostre fotografie e i video, li guardava velocemente, li archiviava e con qualche foto e qualche piccolo video aggiornava il sito internet dedicato alla spedizione.

Matteo ci aveva fotografati dal campo base con il suo potente teleobiettivo: per noi quella era l'occasione per vedere e capire quanto piccoli e fragili apparivamo: due puntini nell'immensità della montagna delle montagne. In questa prima parte della spedizione, era riuscito a documentare solo la parte della salita prima dell'attraversamento sotto il seracco, poiché dopo, coperti dalla cresta del Ganalo Peak, scomparivamo dalla vista diretta. Il percorso sarebbe poi stato visibile a quote più alte quando, lungo la via Messner, avremmo dovuto riattraversare il grande plateau chiamato valletta o balcone Bazin a 7000 metri, per dirigerci sotto il trapezio sommitale del Nanga Parbat.

Dopo solo quattro giorni di attesa al campo base, decidemmo di ripartire. Le condizioni atmosferiche non erano ottimali, ma ci consentivano comunque di muoverci. Era importante mantenersi allenati, ma soprattutto cercare di avanzare di quota per acclimatarci: la nostra intenzione era di salire senza ossigeno e per farlo dovevamo esporre il nostro fisico a quote progressivamente sempre più alte. È una delle maggiori difficoltà che si incontrano nelle spedizioni invernali, quando le finestre di bel tempo rallentano ogni operazione necessaria e fondamentale. Proprio per questo, non potevamo pretendere di avere il cielo limpido e l'assenza completa di vento per muoverci, e quindi ci coprivamo per bene, ci armavamo di buona volontà e tentavamo di salire. Il 17 gennaio raggiungemmo il nostro campo 1 dove dormimmo una notte, l'indomani smontammo la tenda e ripartimmo. Quel giorno riuscimmo a posizionare il nostro campo 2, quasi al termine del lunghissimo ghiacciaio Diama.

Il posto era decisamente selvaggio: di fronte a noi si parava la grande seraccata che avremmo dovuto attraversare, una barriera di ghiaccio alta quanto un palazzo di dieci piani attraverso la quale correva la via che aveva tentato Messner; alle nostre spalle avevamo la vetta del Ganalo Peak, che ci sovrastava con i suoi 6400 metri. Eravamo un puntino giallo, la nostra tenda, in un mare immensamente bianco, esattamente in mezzo a una conca. Posizionammo la tenda vicino al Ganalo, in un punto più sicuro rispetto alla base della parete vera e propria del Nanga Parbat, dove i crolli di seracchi e le valanghe erano costanti e frequenti.

Passammo una notte a 5800 metri circa, poi il peggiorare delle condizioni meteorologiche ci impose di tornare direttamente al campo base con una discesa non-stop che ovviamente contemplava anche l'attraversamento di corsa della pericolosissima sezione sotto il grande seracco, con l'aggravante che al ritorno andava fatta in salita e con i muscoli affaticati...

Seguirono tre giorni di vento pazzesco, che creava pennacchi di neve alti alcune centinaia di metri sopra il filo delle creste. In quelle fasi di brutto tempo ne approfittammo anche per conoscere meglio i nostri vicini di casa Tomek e Marek. Sembravano davvero dei naufraghi: non mancavano loro la voglia, la passione e l'abilità, ma l'organizzazione, troppo basica e minimale per un progetto così ambizioso, stava influenzando in maniera negativa anche la semplice permanenza al campo base.

Era piacevole stare in loro compagnia, scherzavamo e ci facevamo un sacco di risate, ma evitavamo di andare a trovarli troppo spesso. Tomek e Marek erano molto gentili e a ogni nostra visita ci offrivano tè e biscotti. Sapevamo però che le loro scorte erano limitate e non volevamo approfittarne, o peggio fare la figura degli scrocconi. Anche rifiutare di condividere un tè sarebbe stato d'altronde scortese e, per evitare ogni imbarazzo, limitavamo le visite oppure li invitavamo a venire da noi. Piano piano, con discrezione e cercando di non urtare la loro sensibilità, cominciammo a offrire loro un po' delle nostre cene che facevamo preparare abbondanti anche a questo scopo. Non erano dunque avanzi dei nostri piatti, ma il semplice frutto di grandi padellate preparate da Saijan che resero più confortevole la vita al campo base dei nostri nuovi amici.

14.
Il campo 3

Il 24 gennaio ripartimmo alla volta della nostra montagna, ma non eravamo solo io e Denis. Era una giornata limpida e vuoi perché al campo base cominciavano ad annoiarsi, vuoi perché avevano voglia di muoversi, ci accompagnarono fino al campo 1 anche Matteo Zanga, Saijan, l'aiuto cuoco e il fratello di Amirullah. Per loro quell'uscita fu un'avventura. Ovviamente si misero dietro di noi a seguire la traccia che avevamo riaperto con le racchette da neve. Matteo Zanga ne approfittava per lavorare e, dopo aver valutato le posizioni più adatte, ci richiamava indietro e ci fotografava dove lo riteneva più opportuno. Saijan e l'aiuto cuoco si sentivano un po' degli eroi: di fatto, il luogo e la stagione rendevano la loro un'impresa quasi eccezionale. Il tragitto non era però pericoloso e nei pochi punti in cui ci potevano essere dei crepacci legavamo loro quattro tutti assieme.

Per via delle foto scattate durante il percorso e dello scarso allenamento dei nostri compagni, la velocità di marcia fu tale da consentirci di arrivare, per quel giorno, solo al campo 1 anziché al 2, ma lo avevamo ampiamente messo in conto. Quando fummo sul posto, scattammo con i nostri "eroi" le classiche foto di rito: in tutte il cuoco e l'aiuto cuoco avevano le mani alzate in segno di vittoria. Per loro arrivare a 5000 metri, in inverno, su quella che chiamavano la "montagna mangiauomini", era un traguardo di cui andare fieri, praticamente un sogno che si realizzava. Là ci salutammo: i nostri compagni di escursione rientrarono in giornata al campo base, mentre io e Denis passammo la notte in quel punto, al campo 1.

Il giorno seguente affrontammo la solita corsa a perdifiato con i ramponi ai piedi e lo zaino pesante in spalla, stessa pausa dietro il grande blocco di ghiaccio e nuovamente di corsa fino a toglierci dai guai che sarebbero potuti cadere dall'alto. Da lì, seguendo le bandierine che avevamo piazzato in precedenza, iniziava il lavoro per trovare il nostro esatto percorso verso il lembo sinistro del ghiacciaio. La salita continuò poi senza interruzioni fino al campo 2, quello che avevamo attrezzato sotto il Ganalo Peak. Sebbene avessimo preso tutte le cautele necessarie, il luogo ci sembrò ancora potenzialmente pericoloso. Le valanghe che si staccavano dal Nanga Parbat avevano un fronte così esteso e potevano essere talmente veloci da investire tutta la valle, noi compresi. Decidemmo allora di spostarci in una posizione ancora più riparata. Trovammo un minuscolo spazio lungo un crinale roccioso del Ganalo Peak e ci costruimmo una specie di terrazzino con delle pietre sui bordi per riparare la tendina. Era un posto sospeso, sembrava più un nido che un campo, però là dentro ci sentivamo davvero sicuri, poiché le valanghe non ci sarebbero mai arrivate. Per raggiungerlo avevamo dovuto salire un centinaio di metri di dislivello dalla parte opposta rispetto alla nostra direzione, ma almeno sapevamo di poter dormire più rilassati.

Una volta sistemati, il lavoro più complicato fu recuperare la neve per preparare la cena, il tè e la colazione del giorno dopo. Presi allora il sacchetto contenitore della tendina, scesi fino al ghiacciaio sottostante per riempirlo di neve dura e di ghiaccio e poi risalii alla tenda. Quella era la nostra riserva d'acqua, o meglio di ciò che dovevamo sciogliere per ottenerla. Fu una notte abbastanza ventosa, ma tutto sommato sopportabile. Karl Gabl, il nostro meteorologo di fiducia, sempre in contatto con noi da Innsbruck, aveva previsto buon tempo per il giorno successivo e questo ci lasciava ben sperare.

E così fu: il 26 gennaio rifacemmo il percorso che a fatica avevamo trovato la volta precedente e riuscimmo a portarci velocemente fino al grande crepaccio che sbarrava la strada alla via Messner. Lo superammo nello stesso punto che avevamo identificato e marcato con una bandierina. Quel crepaccio era mostruosamente grande e profondo, sembrava una bocca pronta a inghiottire tutto e tutti. Il suo superamento dava subito accesso a un pendio che permetteva la salita al seracco, dove restammo sempre legati, dato che anche in quella sezione c'erano altri crepacci molto spesso nascosti e infidi che richiedevano tutte le misure di sicurezza possibili. Fu una sequenza di tratti a zig zag, poi di alcuni piccoli canali e gole tra un blocco e l'altro di ghiaccio. Riuscimmo poi a oltrepassare anche alcuni muri verticali finché, quasi all'improvviso, ci ritrovammo sopra il bordo sommitale del seracco. Il nostro arrivo in quel punto coincise con il primo raggio di sole che ci deliziava di luce e calore, e la felicità fu doppia. Da quel punto, infatti, le condizioni ambientali avrebbero reso più sopportabile il grande freddo e il vento che non mancava mai e che incrementava di intensità con l'aumentare della quota.

Sfruttando il più possibile quella giornata, arrivammo sotto un altro piccolo seracco, nel bel mezzo del grande pendio superiore. Posizionammo in quel punto la nostra tendina e sistemammo all'interno i sacchi a pelo e tutto il materiale. Eravamo a quota 6700 metri, quello era il nostro campo 3.

15.

Dieci giorni di stop

Il campo 3 fu per noi una tappa importante. La consapevolezza di essere in grado di superare tutto il ghiacciaio del Diama, di salire sopra il seracco e di individuare la parte superiore della via rappresentava un risultato fondamentale dal punto di vista strategico ed emotivo.

L'umore nella nostra tendina era quindi buono: ci filmammo, parlammo, cucinammo e facemmo i piani per l'indomani, avendo ben presente che il tempo sarebbe cambiato, in peggio ovviamente... Il giorno seguente avremmo voluto salire il più possibile e poi cercare di tornare subito al campo base, per evitare di farci sorprendere dal vento forte o da una bufera di neve come in realtà era stato predetto. L'obiettivo di quella salita era stato comunque raggiunto: avevamo dormito a quota 6700, 1000 metri più in alto rispetto alla sosta precedente, e dal punto di vista dell'acclimatamento avevamo fatto un passaggio decisivo.

Quando ci svegliammo e uscimmo dalla tenda, la situazione si presentò ancora peggiore del previsto: le nubi all'orizzonte non facevano presagire nulla di buono, ma quello che ci preoccupava di più era la nebbia. Con una visibilità scarsa avremmo potuto perderci e non trovare l'imbocco in discesa dell'unica lingua di ghiaccio che ci avrebbe permesso di attraversare la seraccata, arrivare in fondo al plateau di neve, superare il crepaccio, giungere alla tendina del campo 2 per lasciarvi un po' di materiale e ridiscendere fino al campo base. Insomma, il labirinto che avevamo già imparato a conoscere, fatto al contrario, con la nebbia, il brutto tempo e un po' di stanchezza accumulata nei giorni precedenti era un'impresa tutt'altro che facile. In più, non eravamo molto riposati: sebbene ci provassimo, la tensione costante provocata dal luogo esposto nel quale ci eravamo accampati e le insidie del tempo non ci avevano fatto recuperare completamente le forze. Decidemmo di ridiscendere direttamente al campo base, senza tentare di salire nemmeno di un solo metro.

Seguirono dieci giorni di tempo orribile: vento, nubi, ma anche copiose nevicate che ci imposero una lunga sosta forzata. Anche i polacchi erano fermi al campo base, ma non era stato solo a causa del tempo. La strumentazione tecnica che possedevano era scarsa e il loro tentativo non stava dando frutti: fino a quel momento non erano andati oltre il campo 1, dove erano arrivati anche Saijan e l'aiuto cuoco, e si limitavano a fare avanti e indietro fino a quel punto, un percorso tutto sommato breve che si faceva in 3 o 4 ore, non di più.

Quando si presenta una situazione di questo genere, è impossibile pensare di poter restare con le mani in mano ad aspettare che là fuori il tempo migliori. In un campo base, durante gli stop che sono indipendenti dalla nostra volontà, occorre sempre inventarsi qualcosa da fare per passare il tempo e mantenere il morale alto. Si può leggere, scrivere, chiacchierare, fare fotografie... oltre a tutto questo, io passai molto del mio tempo a battere con le racchette da neve una piazzola per l'atterraggio dell'elicottero. Non ce n'era immediato bisogno, ma la mia esperienza mi ha insegnato che è sempre utile individuare e rendere utilizzabile un posto che consenta ampio spazio di manovra. In quel caso, oltre che una necessità si rivelò un prezioso passatempo: camminare e muoversi, anziché stare sempre seduti nella tenda cucina oppure in quelle private dove si dorme, era comunque un diversivo.

Cominciai da solo, ma poi si aggiunsero anche gli altri. Ci mettevamo la giacca in goretex, i pantaloni impermeabili e andavamo fuori, anche sotto la neve, per battere con le racchette una piazzola grande come mezzo campo da tennis, nella quale sarebbe potuto atterrare un enorme MI17 di fabbricazione russa, l'unico mezzo a disposizione dell'esercito pakistano per le operazioni di trasporto materiale e soccorso in alta quota.

Io e Denis cercammo di scacciare la noia e di renderci utili, andando anche più volte verso valle per aprire la traccia in discesa, indispensabile ai portatori quando avrebbero dovuto trasportare altre provviste o venire da noi a fine spedizione. Con il tragitto verso Kutgali che ci impegnava per quattro ore tra andata e ritorno, riuscimmo in qualche modo a tenerci pure allenati.

Anche le riparazioni al generatore di corrente erano un diversivo che ci aiutava a colmare i vuoti. Per caricare le batterie, i computer e i modem satellitari avevamo un piccolo generatore di dieci chili che produceva un kilowatt di potenza consumando solo due litri di benzina, per un totale di otto ore di elettricità. A causa del freddo e della qualità della benzina pakistana non erano rari i casi in cui occorreva smontare il carburatore e pulire con cura i filtri. In situazioni normali sarebbe stata una scocciatura, ma nel campo base anche l'operazione più noiosa viene presa con allegria e filosofia! Tutto è relativo, visto da prospettive, o quote, diverse.

I polacchi, invece, erano alle prese con il loro piccolo generatore eolico. L'avevano fissato all'estremità di un palo di legno che si erano portati dietro e che era andato distrutto già il primo giorno, nonostante fosse stato ancorato a terra con delle corde. Cercarono di ripararlo ma non ci fu nulla da fare. Dopo pochi giorni decisero di interrompere la loro avventura e rientrarono a casa.

16.

«Ha vinto la Natura!»

Nell'unica giornata in cui il tempo fu un poco più clemente, il 6 febbraio, raggiungemmo nuovamente il campo 1 dove i polacchi avevano lasciato le tende e il loro materiale. Fummo molto veloci ma al nostro arrivo non trovammo nulla; le tende erano sepolte sotto qualche metro di neve. Spalammo per alcune ore e liberammo il campo. Alcuni materiali riemersero danneggiati anche se non in maniera irreparabile. Capimmo che se avessimo tardato a toglierli dalla neve, questa si sarebbe indurita e solidificata, rendendo impossibile recuperare tutto ciò che era stato sepolto.

Il lavoro fatto era stato prezioso e il bivacco si poteva ancora considerare accessibile e utilizzabile. In tutto il mare di insicurezze legate al tempo, quell'unica certezza rappresentava comunque una consolazione. La sera stessa rientrammo al campo base, stanchi ma senza aver perso la speranza che il cielo si aprisse per noi.

Il tempo passava, l'inverno stava scivolando via, insieme al nostro ottimismo. Dopo i primi dieci giorni di brutto, ne vennero altri dieci di nevicate continue, vento e bufere: sentivamo anche i tuoni e vedevamo il bagliore dei lampi in lontananza. La neve che cadeva si sommava a quella del giorno precedente che si sommava a quella del giorno precedente ancora ma, diversamente dall'estate, quella non si sarebbe sciolta. Il vento la spazzava e la trasportava anche sulle pareti del Nanga Parbat, dove si creavano accumuli pericolosi; regolarmente vedevamo partire o sentivamo, quando le nubi coprivano la vista della montagna, valanghe gigantesche, interminabili, che spazzavano il pendio e travolgevano tutto ciò che si trovava sul loro percorso. Fortunatamente non arrivarono mai sino al campo base.

Oltre che con i nostri cari, eravamo costantemente in contatto con Karl Gabl, il meteorologo, che continuava a ripetere il solito ritornello: «*Bad weather, bad weather, bad weather*...». Brutto tempo! Giustamente, cosa altro avrebbe dovuto dire? Non poteva addolcire la previsione e darci un contentino per farci piacere. Quella era la situazione che, realisticamente, doveva riferirci.

«Brutte notizie, Simone...» esordì Karl al telefono. Era il 14 febbraio e fino ad allora non è che ne avessimo ricevute di buone sulle condizioni meteorologiche.

«Dimmi tutto, Karl» risposi, preparandomi al peggio.

«Per quindici giorni la perturbazione non si sposterà da lì.»

«E dopo?» chiesi con un filo di speranza, ma sapevo benissimo che era improponibile poter fare delle valutazioni.

«Dopo? Dopo lo vediamo, lo sai.»

Era inutile insistere, Karl non faceva pronostici basati sulle stelle, ma previsioni basate sui numeri, sui rilevamenti meteorologici, su modelli matematici da cui elaborava le sue interpretazioni. Se diceva che il vento non sarebbe cambiato per almeno quindici giorni, non sarebbe cambiato, così come la frequenza delle nevicate che continuavano a essere incessanti e copiose.

A voler pazientare, dopo due settimane così quale situazione avremmo trovato? Anche nell'ipotesi che la perturbazione si fosse placata, sarebbe dovuta passare almeno un'altra settimana prima che tutte le valanghe spontanee si fossero staccate dalla parete. E sarebbe arrivato marzo.

«Ragazzi, qui non smette di nevicare, noi teniamo duro, teniamo duro, teniamo duro, ma è più dura la Natura di noi.

«Ci è arrivato appena adesso il bollettino meteorologico e dice che per i prossimi quindici giorni, più o meno, sarà così.

«La chiudiamo qua, abbiamo deciso di approfittare delle uniche due giornate che il bollettino dà buone per smontare tutto e provare a scendere. Sono previsti dai 100 ai 150 centimetri di neve e questo blocccherebbe non solo noi qua, ma impedirebbe ai portatori di arrivare al campo base.

«Ci siamo presi tutte le nostre responsabilità, abbiamo corso anche dei rischi che vanno al di là di quelli che corriamo di solito, ma la situazione non si smuove.

«Karl Gabl è un cecchino, non sbaglia mai, aveva detto che sarebbe stato così già una settimana fa e infatti... Ci ha sempre salvato la pelle ascoltarlo, e lo ascoltiamo anche questa volta.

«È stata una bellissima avventura, ma ha vinto la Natura, com'è sempre da quando l'uomo è su questo pianeta. Ogni tanto ci concede i nostri piccoli successi, e noi ne abbiamo avuti parecchi, ma questa volta non è così. Questo però è soltanto un arrivederci!»

Arresi alla Natura, all'evidenza dei fatti, realizzammo un video nel quale, con queste precise parole, annunciammo la fine della spedizione. Io, Denis e Matteo ne avevamo discusso a lungo e avevamo preso insieme la decisione che andava presa, l'unica sensata. Anche Denis, che è uno che non molla mai fino all'ultimo secondo, era stato subito d'accordo con noi, come aveva confermato intervenendo nel video. La montagna ci aveva chiaramente fatto capire che il 2012 non sarebbe stato l'anno della prima salita invernale del Nanga Parbat.

I pericoli erano troppo alti, gli sforzi fatti altrettanto; le valanghe e i seracchi si staccavano da tutte le parti, ormai. Dopo quel giorno riuscimmo solo a recuperare il materiale lasciato nel campo 1 più basso. Quello più avanzato, in condizioni simili, era follia anche solo pensare di raggiungerlo.

Il mio primo tentativo invernale al Nanga Parbat si chiuse così. Per la seconda volta me ne andavo senza essere riuscito a salire la montagna nuda. Non ero infelice o triste, non mi sentivo neppure sconfitto. Sapevo di aver imparato ancora qualcosa dall'esperienza appena vissuta: ora mi sembrava di conoscere di più quella montagna, che non mi sembrava affatto un'"assassina" o una "mangiauomini". Quell'esperienza mi aveva fatto capire quanto grande e quanto potente fosse.

17.

Alpinismo invernale: un nuovo capitolo

L'alpinismo invernale conobbe un nuovo slancio a partire dal 2011. La grande scuola polacca, dopo un lungo silenzio e dopo le mie salite invernali del 2005, 2009 e 2011, riprese a misurarsi in inverno con le vette di 8000 metri che ancora mancavano. Seguirono alcune stagioni di grandi successi, funestati però da altrettante tragedie.

Negli stessi mesi che avevano visto me e Denis impegnati sul Nanga Parbat, una spedizione interamente polacca era stata organizzata per scalare il Gasherbrum I, cima rimasta ancora inviolata nella stagione fredda. Il 9 marzo del 2012, dopo 49 giorni di attesa e di lavoro sulla parete in condizioni simili a quelle che avevamo trovato noi, Adam Bielecki e Janusz Gołąb arrivarono in cima agli 8068 metri di quella montagna. Vi giunsero alle 8:30 di mattina, con una temperatura percepita di 53 gradi sotto zero. Fu un successo storico, che arrivava dopo ventiquattro anni dall'ultimo trionfo di una spedizione completamente polacca ovvero da quando, nel 1988, Wielicki aveva salito il Lhotse in solitaria d'inverno. Dopo questa, nel 2005, c'era stata la mia spedizione con Piotr Morawski, Darek Załuski, Jacek Jawień e Jan Szulc al Shisha Pangma, ma il team, proprio per la mia presenza, non si poteva considerare al cento percento polacco.

Rispetto alle salite precedenti, quella di Bielecki e Gołąb aveva una sua particolarità: fu la prima della storia a toccare la vetta in marzo, undici giorni prima della fine dell'inverno. Nell'ambiente dell'alpinismo c'è chi sostiene che le vere salite invernali siano quelle che si concludono tra la fine di dicembre e quella di febbraio; da parte mia e della comunità alpinistica, invece, vale il calendario astronomico, l'inverno inizia il 21 dicembre e finisce il 20 di marzo. Nessun dubbio quindi che quella al Gasherbrum I fosse una salita invernale, anche se conclusa quasi in primavera ma in condizioni tutt'altro che facili.

Lo stesso giorno in cui i due giovani polacchi festeggiavano il loro traguardo, poco lontano si consumava però una tragedia: tre alpinisti che stavano aprendo una via nuova sul Gasherbrum I, sempre in invernale, furono dati per dispersi. Si trattava di Gerfried Göschl, un austriaco molto forte che dirigeva la spedizione, del pakistano Nisar Hussain e dello svizzero Cedric Hahlen. Erano stati visti per l'ultima volta a 250 metri dalla cima, quasi al termine di una bellissima via nuova aperta anche grazie alla collaborazione di Alex Txikon, un alpinista basco, che proprio a causa delle condizioni meteorologiche aveva preferito rinunciare prima dell'ultimo tratto di salita. I tre alpinisti non furono mai più ritrovati, nonostante fossero stati allertati gli elicotteri militari che fecero un volo ad altissima quota nei giorni successivi, quando le condizioni meteorologiche erano ritornate favorevoli.

Anche l'anno seguente, il 2013, fu segnato da un successo e da una tragedia. Un'altra spedizione completamente polacca, guidata da Krzysztof Wielicki, si era posta l'obiettivo di chiudere definitivamente i giochi invernali con gli 8047 metri del Broad Peak, la stessa montagna che avevo tentato due volte d'inverno, nel 2007 e nel 2008. L'ultimo di questi miei tentativi si era concluso a 7845 metri, a circa 200 metri dalla cima.

La vetta fu raggiunta il 5 marzo, quindici giorni prima della fine dell'inverno, dopo una lunga attesa e lavori estenuanti fatti in condizioni veramente proibitive. A completare la salita furono il veterano Maciej Berbeka, Adam Bielecki (lo stesso del Gasherbrum I), Tomasz Kowalski e Artur Małek. I quattro arrivarono in cima alle 17.30, molto tardi, forse troppo; in inverno, è un orario ormai prossimo all'imbrunire, dopo il quale le temperature precipitano ancora più velocemente e drammaticamente. In due non ce la fecero e a tornare vivi furono solo Adam Bielecki e Artur Małek. Il veterano Maciej Berbeka e Tomasz Kowalski rimasero per sempre sulla montagna. Pare che fino all'ultimo, stremati e in preda a un freddo insopportabile, cercarono di aiutarsi l'un l'altro e di resistere a un bivacco a oltre 8000 metri, in condizioni inumane.

La storia del Broad Peak, già legata al nome di Maciej Berbeka che vi aveva scritto una pagina importante, avrebbe da allora contemplato anche la sua tragica fine. Già nell'inverno del 1988 Berbeka era infatti riuscito ad arrivare sulla Rocky Summit, un'anticima a 8027 metri di altezza. Non era però quella ufficiale del Broad Peak, ma dal campo base, dove lo stavano osservando col binocolo, gli comunicarono che era arrivato sul punto più alto e che poteva scendere. Solo dopo, tutti si resero conto che la vetta raggiunta era l'anticima. Era andato vicinissimo alla prima vera salita invernale di quella montagna già venticinque anni prima, e il risultato del 2013 doveva rappresentare per lui il completamento di un sogno, che gli era sfuggito solo per un'imprecisione conoscitiva di quella montagna e della sua sommità, non certo per sua incapacità alpinistica. Il ritorno al Broad Peak del primo vero protagonista di quella montagna ebbe però quell'epilogo tragico.

Dopo le mie salite invernali del 2005 con Piotr Morawski, del 2009 con Denis e nel 2011 con Denis e Cory Richards, l'iniziativa era passata decisamente in mano ai polacchi, che però pagarono un prezzo altissimo in termini di vite umane, un prezzo mai pagato in precedenza in una prima invernale.

LA SECONDA VOLTA
(2013-2014)

18.
L'avventura nell'avventura

Squadra nuova e versante nuovo! La mia terza volta sulla montagna nuda fu caratterizzata da questi due elementi di novità.

Due anni prima con Denis ero salito dal versante Diamir fino a 6700 metri, nel 2014 scelsi invece quello che non avevo mai provato prima: il Rupal, il versante più ostile della montagna. Si tratta di una parete mitica, la più alta del pianeta, che ha sempre evocato paura e rispetto, quella che era stata salita per la prima volta nel 1970 da Reinhold e Günther Messner. Insomma, la parete delle pareti.

La scelta di affrontare gli oltre 4500 metri di dislivello in inverno su quel muro verticale non fu determinata né da un azzardo né dalla necessità di attirarmi addosso un maggiore interesse mediatico, che è piacevole fino a quando tutto va bene, ma nel caso di un fallimento non fa altro che amplificarlo e renderlo decisamente più noto. Dietro la mia decisione non c'erano quindi strategie di comunicazione o marketing, né considerazioni di altro genere che non fossero strettamente alpinistiche.

Anche nella formazione del team non furono le ragioni commerciali a prevalere. Mi feci guidare da valutazioni tecniche e dal feeling che avevo con alcuni compagni di viaggio, un ingrediente che può avere un peso significativo e spesso determinante. Anche questa volta volevo con tutto me stesso salire il Nanga Parbat, così come per le altre montagne che avevo già salito o che avevo provato a scalare, ma non volevo farlo a tutti i costi. Desideravo seguire i canoni che mi hanno quasi sempre guidato: niente ossigeno, nessun portatore d'alta quota e neppure gruppi d'assalto, numerosi e pseudo militari, che permettono rotazioni continue, incessanti, aumentando le potenzialità di successo a scapito di un'etica onesta e pulita che prevede di rispettare i canoni e la tradizione alpinistica esplorativa. Non a caso, mi sono sempre piaciuti i gruppi piccoli, veloci, snelli, con un impatto minimale, con un approccio il più pulito possibile e con uno stile leggero.

Il team che mi scelsi era composto da me e da altre due persone. Però ad affrontare la vetta saremmo stati principalmente in due, io e il tedesco David Göttler, mentre il terzo componente del gruppo sarebbe stato Emilio Previtali, un amico di lunga data, snowboarder, alpinista e giornalista. Come nel 2012 al Nanga Parbat e nel 2009 al Makalu, eravamo tutti sponsorizzati da The North Face e questo evitò complicazioni legate a questioni di marketing o di visibilità. In più, oltre allo sponsor, ci legava il rapporto umano, in particolare con il compagno italiano del gruppo. Emilio lo conoscevo sin da piccolo: avevamo frequentato la stessa scuola media, la nostra passione per l'arrampicata era nata insieme, quando eravamo adolescenti, e poi aveva viaggiato in parallelo. Sempre insieme ci eravamo allenati, avevamo fatto gare di arrampicata, frequentato la stessa università, facoltà di scienze motorie; insomma, da sempre avevamo sognato entrambi di poter fare gli avventurieri, gli esploratori, gli arrampicatori a tempo pieno. L'interesse di Emilio, dopo l'adolescenza, si era rivolto al mondo dello sci, del telemark, dello snowboard, allo scivolare con questi attrezzi verso il basso dopo aver raggiunto la vetta. Per me, invece, si era focalizzata sull'apertura di vie nuove, sulle montagne d'altissima quota, sulle traversate... un'evoluzione diversa, partita per tutti e due dall'arrampicata sportiva. Sebbene avesse già partecipato ad alcune spedizioni sulle montagne più alte della Terra, prima di allora Emilio non aveva mai salito una cima di 8000 metri.

David Göttler invece aveva già esperienza d'alta quota; al suo attivo contava alcuni ottomila, ma non aveva mai fatto un'esperienza invernale in altissima quota. Il rapporto di amicizia e la frequentazione che ci legava anche per via dello sponsor comune giocò la sua parte nella formazione del team, ma fu anche il mio fiuto a influenzare la scelta. Con Emilio e David c'erano feeling e sintonia! L'amicizia e la fiducia sono elementi chiave, fondamentali, irrinunciabili durante una spedizione alpinistica di questo genere ed era per questo che ero stato molto attento e avevo riflettuto molto prima di scegliere i compagni di viaggio.

Oltre che sull'amicizia, improntai il lavoro del team anche sulla franchezza e l'onestà. Sin dall'inizio, in modo molto chiaro, furono stabiliti i ruoli di ognuno. Mentre io e David avevamo l'unico compito di pensare alla salita alpinistica del Nanga Parbat, Emilio era stato ingaggiato con il principale obiettivo di fare da *story teller*, ossia di raccontare la spedizione alpinistica che avrebbe avuto noi come protagonisti. Non gli era stato imposto nessun limite, e se avesse voluto, sarebbe potuto venire con noi sulla montagna, scegliendo lui la quota e il luogo dove fermarsi.

La sua presenza e il suo ruolo rappresentarono un altro tocco di novità nel modo di fare comunicazione e di narrare le avventure di montagna. In genere, a raccontare l'impresa è sempre stato chi la stava compiendo, oppure persone che seguivano la spedizione dal campo base senza mai salire o addirittura conoscere profondamente, da dentro, il mondo, la realtà e le difficoltà alpinistiche. Emilio invece era perfetto! È un alpinista e un atleta, sapeva quindi di cosa avrebbe parlato; avrebbe raccontato dal suo punto di osservazione ciò che accadeva e lo avrebbe fatto anche con un'abilità e una competenza acquisite negli anni in cui si era dedicato alla narrazione e alla scrittura frequentando master e corsi specifici.

Il Nanga Parbat del 2014 fu una sorta di avventura nell'avventura, quella alpinistica e quella della sua comunicazione.

Tanto per non smentirci, il percorso scelto per salire la montagna non fu uno facile o diretto. Ci avremmo provato attraverso la via Schell, una via lunghissima aperta nel 1976 dai tedeschi Hanns Schell, Siegfried Gimpel, Robert Schauer e Hilmar Sturm. Era la via più semplice, se così si può dire di una parete dove la parola "semplice" in realtà non esiste. Anche se tecnicamente meno impegnativa, era tuttavia la più lunga in assoluto, perché la spedizione tedesca nell'aprirla aveva cercato di evitare tutte le zone direttamente esposte alla caduta di valanghe e di pietre e i tratti più verticali e difficili da salire. La via Schell si snoda fino a 7300 metri lungo il versante Rupal, quello interamente esposto al sole, per poi andare nel Diamir. Quest'ultimo tratto della salita rappresentava per noi il suo limite principale: significava salire gli ultimi 700 metri di dislivello dopo aver fatto una lunga traversata sul versante opposto, il Diamir, per poi innestarsi sulla via Kinshofer negli ultimi 500 metri. Accettammo questa complicazione perché comunque il percorso aveva i suoi vantaggi nel livello di difficoltà e nella sua buona esposizione al sole. Ovviamente avremmo dovuto intraprendere lo stesso percorso a ritroso: vetta, tratto iniziale del versante Diamir, lungo traverso, passaggio sulla cresta che divide il versante Rupal dal Diamir e, infine, discesa dal Rupal.

19.
Un nuovo inizio

Partimmo tutti insieme da Milano due giorni dopo Natale. David si era fatto accompagnare a Malpensa per poter condividere sin dall'inizio tutte le fasi del viaggio, anche il trasferimento intercontinentale.

A Islamabad si unirono a noi Didar Ali, il mitico cuoco che da molti anni fa parte delle mie spedizioni e che nella precedente al Nanga non aveva potuto partecipare. Assieme a lui ci sarebbe stato anche Mohamed Amin, una sorta di papà per Didar e un amico fidato, che avrebbe fatto da *base camp manager*. Insieme, formano una coppia perfetta: sono allegri e gioviali, e rappresentano per me una specie di talismano nelle spedizioni in Pakistan. Il *sirdar*, che si aggiunse più avanti nel viaggio, si chiamava Aquil, abitava nella valle del Rupal e ci avrebbe aiutato a comunicare con i portatori e a risolvere gli eventuali problemi che sarebbero potuti nascere sul posto.

Per questa spedizione ci appoggiammo all'Adventure Tours Pakistan di Ashraf Aman, il primo pakistano a salire il K2 nel 1977, divenuto famoso nell'ambiente proprio per questa impresa. Ashraf è un ex alpinista, chiamiamolo così, che ha cominciato a organizzare spedizioni in tempi non sospetti e oggi rappresenta ancora la punta di diamante e il leader di tutto il sistema organizzativo e logistico di trekking, viaggi e spedizioni nelle aree remote del Pakistan.

A Islamabad, seguendo un programma collaudato, rimanemmo due giorni per preparare il materiale reperito sul posto e quello arrivato via cargo nelle settimane precedenti. Lo stipammo nell'autobus che avevamo noleggiato e ci mettemmo in viaggio lungo la Karakorum Highway. Come già avevo potuto osservare negli anni precedenti, il paesaggio si rivelò nuovamente affascinante, unico. Le temperature invernali impediscono infatti ai ghiacciai di sciogliersi e la portata diminuisce, cosicché il corso del fiume è meno impetuoso e le acque perdono quel tipico colore marrone di terra e di tutto ciò che erodono lungo il percorso, per diventare azzurre, cristalline, più tranquille e morbide. Il contrasto con le rocce scavate dal fiume forma un paesaggio incantato, che non sembra neppure di questo pianeta. Invece siamo in Pakistan, un Paese che conserva bellezze naturali indescrivibili e che non ci si stanca mai di vedere, ammirare e fotografare.

La destinazione del primo giorno di viaggio fu nuovamente Chilas, la stessa località dalla quale eravamo partiti nel 2012 per raggiungere il versante opposto rispetto a quello che ci eravamo prefissati in questa spedizione. Dormimmo nello stesso albergo, lo Shangrila, ovviamente vuoto e gelido. In altri tempi non ci avrebbe fatto molto effetto, ma quella volta guardavamo tutti con fare sospetto, stavamo più attenti del solito. Eravamo in una località con una forte tradizione fondamentalista e solo sei mesi prima i terroristi avevano preso di mira il Nanga Parbat. La nostra era la prima spedizione dopo l'attentato.

Il 31 dicembre attraversammo la Astore Valley fino all'ultimo centro abitato raggiungibile con i mezzi a motore. A Tarashing, il villaggio all'inizio del Rupal, organizzammo il trasporto del materiale che ci avrebbe permesso di vivere tre mesi al campo base.

Sebbene la presenza di alcuni insediamenti, abitati regolarmente durante l'estate e sorvegliati d'inverno da alcuni pastori, renda il campo base del Rupal forse il più confortevole in assoluto degli ottomila del Pakistan, sapevamo che ogni eventuale mancanza di carburante, cibo o qualsiasi altro bene di prima necessità avrebbe richiesto un trasporto ad hoc, e quindi un ulteriore ingaggio di portatori o di mezzi di trasporto se i beni da recuperare fossero stati a Islamabad o a Chilas. Se poi avesse nevicato in modo copioso, quel trasporto sarebbe stato ancora più complesso. In poche parole, il materiale che avevamo doveva bastarci e non doveva mancare nulla.

Per quanto la spedizione fosse in stile leggero e formata solo da tre persone, il carico da trasportare arrivò a quasi una tonnellata. Ma il conto era presto fatto: la metà del peso era costituito dalle taniche di cherosene che sarebbero servite per alimentare i fornelli e cucinare, sciogliere la neve e riscaldare l'acqua per lavarsi. Era impensabile usare la legna poiché è proibito: è un divieto assoluto che riguarda tutta la vegetazione della valle per evitare problemi di deforestazione. Il resto del carico era rappresentato dalle provviste per tutto l'inverno, dai bagagli personali, dalle attrezzature alpinistiche e dal materiale tecnologico – computer, macchine fotografiche, cineprese, il necessario per i collegamenti satellitari – che ci avrebbe permesso di raccontare la vera e propria scalata che rimaneva ovviamente la cosa più importante.

Festeggiammo il capodanno a Tarashing: il passaggio di consegna del vecchio anno al nuovo fu salutato in modo ancora più spartano, rispetto alla spedizione del 2011-2012. Questa volta la cornice fu offerta dalla stanza fredda e scarna del Rupal Lodge, una struttura rudimentale dove in estate vengono ospitati i trekker che vogliono fare il giro intorno al Nanga Parbat o partire dal versante Rupal. Riuscimmo a malapena e con grandi sforzi ad aspettare la mezzanotte, per poi rannicchiarci dentro i nostri sacchi a pelo e cadere in un sonno profondo.

Dopo aver radunato il materiale, era tempo di ingaggiare i portatori. A Tarashing e nei villaggi vicini si era sparsa la voce che serviva manodopera: le spedizioni invernali in questo territorio sono una vera e propria manna dal cielo, rappresentano infatti un'ottima occasione per lavorare in una stagione altrimenti morta. Quella dei portatori è un'occupazione che dura al massimo tre mesi in estate, quando si concentra il maggior numero di spedizioni. In inverno, l'attività alpinistica è praticamente assente e i pochi che provano le salite fanno gola a tanti tra agenzia, guide e portatori. Infatti, il primo gennaio i portatori si presentarono in massa, un centinaio di persone, troppi rispetto alle nostre esigenze. La situazione poteva rischiare di degenerare in litigi e inimicizie che sarebbero durate anche mesi dopo la fine della spedizione. Decidemmo quindi di affidare la scelta alla fortuna: scrivemmo tutti i loro nomi su bigliettini ed estraemmo a sorte. Così ne "selezionammo" sessantacinque. Alcuni di loro avevano anche un asino di proprietà, mezzo preziosissimo che avrebbe consentito di trasportare la merce più pesante o scomoda.

Il tempo di suddividere i carichi e la carovana si avviò. Era una fila lunghissima di uomini e di bestie che, in allegria, aveva iniziato il suo cammino verso il campo base. C'era poca neve e questo permise a noi di marciare spediti e agli animali di procedere senza sprofondare e arrancare. A mano a mano che le ore passavano e che salivamo di quota, il nostro sguardo si rivolgeva in maniera costante verso l'immensa parete Rupal, che sembrava sempre più alta, mastodontica, infinita. Raggiungemmo il campo base in un solo giorno, arrivando a metà pomeriggio. Quel luogo sarebbe stato la nostra residenza per i tre mesi successivi, perlomeno nei giorni di attesa o di riposo, quando non saremmo stati sulla montagna.

20.

Una presenza insolita

Il campo base del versante Rupal è un posto davvero favoloso, da cartolina. Rispetto a quelli degli altri ottomila, si trova a una quota molto più bassa, a soli 3500 metri, e ha l'aspetto del classico villaggio incastonato alla perfezione alla base delle pareti. Le sue case rudimentali hanno muri a secco costruiti con le pietre del posto e tetti ricavati intrecciando arbusti cosparsi poi di fango, sorretti da alcune travi di legno portanti: i loro colori si intonano perfettamente a quelli del paesaggio e della vegetazione alla base della montagna più grande del pianeta.

Ad attenderci al nostro arrivo, oltre al silenzio e alla bellezza semplice e incantata del posto, trovammo delle vecchie conoscenze. Al campo, infatti, era già presente una spedizione polacca formata da Jacek Teler, Paweł Dunaj, ma soprattutto da Tomek e Marek, gli stessi che avevamo conosciuto nel precedente tentativo al Nanga Parbat e con i quali avevamo condiviso lunghi giorni e settimane di attesa al campo base del versante opposto. Appena ci videro spuntare, i due alpinisti con i loro amici ci vennero incontro e ci diedero il benvenuto con un vigoroso abbraccio.

Sebbene il team fosse più numeroso, le condizioni non erano migliorate rispetto al 2012: poche risorse e poco materiale. Avevano economizzato persino sulle tende per il campo base, collocando la loro "residenza" in una di quelle casette di pietra dei pastori. Per cucinare, anche se proibito, bruciavano la legna. Pur non abusandone, di tanto in tanto, quando le temperature erano troppo alte, la adoperavano anche per riscaldarsi. In quei ripari non c'erano normalmente camini o sfiatatoi, e il rischio sarebbe stato di affumicarsi. Una piccola e rudimentale stufa nella loro porzione di casetta riusciva però a limitare di molto la fuoriuscita di fumo e l'aria era decisamente respirabile.

Oltre al focolare, i polacchi avevano assecondato anche un'altra usanza del loro Paese. In un angolo del rifugio avevano organizzato una vera e propria sauna sistemando, attorno a un secondo focolare, una piramide di pietre tonde prese dal fiume che, scaldandosi a contatto del fuoco, diventavano roventi. La temperatura delle pietre (e della stanzetta) dunque si alzava moltissimo, e dopo aver rovesciato con un mestolo l'acqua sulle pietre veniva prodotto il classico vapore. A gruppi di due alpinisti per volta, si rimaneva completamente nudi a sudare il tempo necessario per rilassare il corpo, ma anche per "lavarsi". In quella piccola stanzetta avevano messo anche due bidoni in plastica, dai quali era possibile con lo stesso mestolo prendere l'acqua gelata per buttarsela addosso di tanto in tanto... L'ingegno dei polacchi era davvero incredibile. L'unico limite di quella sauna improvvisata era "l'effetto barbecue": per quanto la legna bruciata e la brace venissero in gran parte portate via prima di versare l'acqua sulle pietre, l'affumicatura provocata da qualche pezzo di carbonella bagnata era impossibile da eliminare e faceva parte integrante del "trattamento benessere".

Come noi, i polacchi avevano scelto la via Schell. Erano però arrivati molto tempo prima, il 12 dicembre, e avevano iniziato a salire il 21 dicembre, perciò quando ci impiantammo al campo base loro avevano già installato il campo 1 e posizionato un po' di corde.

Ai piedi della montagna non eravamo soli. La nostra spedizione e quella polacca erano le prime che si svolgevano dopo il terribile attentato terroristico al campo base del versante Diamir: sei mesi prima, a giugno, un commando legato ad al-Qaida, per la prima volta nella storia, aveva preso di mira un gruppo di alpinisti di diverse nazionalità. Agli occhi degli integralisti, quelli erano gli stranieri infedeli da sacrificare alla "causa". L'imboscata si era svolta durante la notte: i terroristi avevano fatto irruzione, depredato le vittime dei soldi e di ogni valore e, dopo averli fatti inginocchiare, li avevano freddati uno dopo l'altro con un colpo alla nuca. Morirono in undici. Sopravvissero solo coloro che erano nei campi alti del Nanga Parbat, impegnati nel tentativo di scalata.

La notizia della tragedia fece in breve il giro del mondo, se ne parlò ovviamente su tutte le televisioni del pianeta; per la prima volta anche il nostro mondo verticale, quello che guarda al cielo con speranza, un ambiente apparentemente incantato e idilliaco, fu colpito da un fenomeno che pensavamo lontano da noi. Ecco perché il ritorno di una spedizione, anche alla luce di quei fatti, fu accolto con sollievo dalla popolazione locale, che con i terroristi non aveva ovviamente nulla da spartire. L'ombra del terrorismo rischiava anzi di rendere *off limits* quelle mete per gli occidentali: un vero e proprio dramma per un territorio in cui l'economia è in parte basata su questo turismo specializzato e sulle spedizioni in montagna.

I primi permessi di scalata, dopo gli attentati di giugno, furono di fatto rilasciati a noi e ai polacchi, ma solo a patto che accettassimo una scorta armata fino al campo base. Qui i militari sarebbero rimasti per tutto il tempo della spedizione. Fortunatamente, riuscimmo a convincere i nostri a fermarsi a Tarashing, così avrebbero evitato i disagi legati alle temperature estreme e alle bufere. Le probabilità di attentati in inverno era minore e chiunque, anche un terrorista, sarebbe comunque dovuto passare dal villaggio, unico punto di accesso per arrivare al campo base. La scorta dei polacchi passò invece l'intera stagione al campo base, una presenza insolita alla quale ci dovemmo abituare.

21.
Dove sta la felicità?

Dopo gli attentati, la nostra spedizione e quella polacca segnarono un nuovo avvio per la stagione alpinistica del Nanga Parbat. Il tentativo invernale che stavamo per compiere si aggiungeva a quelli che, numerosi, si erano svolti nei tre decenni precedenti, a partire dall'inverno 1984-1985 a opera del giapponese Hasegawa. Insieme al K2, la cima della montagna nuda era infatti rimasta la sola inviolata in inverno, e attorno a questi due ottomila si era naturalmente concentrato l'interesse della comunità alpinistica e di molte spedizioni: una conferma di quanto forte fosse il sogno di salire il Nanga Parbat nella stagione fredda.

Era un'ambizione diffusa, difficile da ignorare: la presenza di Tomek e Marek ne era una evidente conferma. Proprio in virtù di questa comune ambizione e del rapporto che ci legava dalla passata esperienza, decidemmo sin da subito di collaborare anziché muoverci indipendentemente. La montagna di 8126 metri che stava sopra di noi necessitava di tutte le nostre energie e di una strategia comune. Cercammo per questo di eseguire delle rotazioni distribuite tra noi e loro, che potessero aiutare entrambi a progredire su un lunghissimo itinerario di neve, roccia e ghiaccio misto che, lungo interminabili canali, picchi e pendii, ci avrebbe condotti fino alla cresta Mazeno, lo spartiacque tra il versante Rupal e Diamir. Da lì ci sarebbe stata la famosa traversata sul versante opposto che sarebbe durata almeno un paio di giorni, i più ombrosi e difficili, e quelli decisivi per raggiungere la vetta.

Come noi, neppure i polacchi utilizzavano ossigeno o portatori d'alta quota, ma avevamo deciso di utilizzare le corde fisse per i punti più pericolosi e ripidi, come pure di marcare il tracciato con le classiche bandierine in bambù, una sicurezza in più nel caso una forte nevicata avesse coperto le corde e la traccia. Lungo il percorso erano infatti presenti sezioni di ghiaccio vivo, parti non coperte dalla neve, lungo le quali la progressione sarebbe stata molto più tecnica e difficoltosa e la discesa sarebbe stata effettuata calandosi sulle corde.

Sapevamo che, più dell'ascesa, sarebbe stato complicato ritornare a valle: in salita avremmo affrontato quei pezzi con piccozza e ramponi; in discesa, complice la stanchezza, sarebbe bastato un piccolo errore per porre fine alla spedizione e probabilmente anche alla nostra vita.

Per poterci acclimatare e scaldare muscoli e polmoni per poi muoverci più velocemente sulla montagna dei sogni, cominciammo a effettuare escursioni ed esplorazioni lungo il canale iniziale della via, senza puntare subito al campo 1, che tra l'altro era stato già attrezzato dai polacchi. Installammo così un primo campo deposito, a poche ore di cammino e di salita dal campo base, all'inizio del canale che ci avrebbe portati poi al vero campo 1. Con David Göttler trasportammo quanto più materiale possibile per avere poi un luogo fornito di tutto ciò che ci sarebbe servito sulla montagna. Al campo deposito, collocato a una quota di circa 4100 metri, passammo anche la notte, perché un buon programma di acclimatamento oltre alle puntate in alto richiede anche la permanenza. Magari le prime notti non sarebbero state confortevoli per il mal di testa o per altri malesseri legati all'altitudine, ma rappresentavano passaggi importanti al fine di stimolare il nostro corpo a produrre un maggior numero di globuli rossi, incaricati del trasporto di ossigeno a tutti gli organi vitali e periferici.

Dal nostro arrivo le condizioni meteorologiche erano cambiate rispetto alle giornate di sole di cui ci avevano parlato i polacchi. Con noi erano giunte le prime nubi e le prime nevicate, ma tutto sommato c'era un'alternanza, definiamola "fisiologica", tra le fasi di attesa e le fasi di azione, che ci permettevano di procedere.

Le attese al campo base erano decisamente meno noiose che negli altri accampamenti in cui ero stato durante la mia attività alpinistica. Quello dove ci trovavamo noi, proprio per il fatto di essere sul versante soleggiato, rendeva possibile ai pastori svolgervi la loro attività quotidiana anche in inverno. Questi uomini si svegliavano presto la mattina e portavano al pascolo pecore e capre nei luoghi in cui c'era un minimo di vegetazione o nelle chiazze verdi dove la neve sciolta aveva lasciato affiorare qualche filo d'erba o arbusto. La loro presenza rendeva il campo base incredibilmente vivo e le attese meno pesanti. Con alcuni nacque un bel rapporto di amicizia: erano tutte persone positive e serene, sebbene vivessero in un ambiente poverissimo, che noi potremmo addirittura definire disumano. E invece loro avevano tutta l'aria di aver raggiunto l'equilibrio perfetto tra uomo e natura. Anche quella volta ebbi la dimostrazione che il confine della felicità è davvero labile e che non c'è un ingrediente speciale per ottenerla. La felicità non è una destinazione ma un percorso, quello che ognuno di noi sceglie o in cui si trova, da affrontare comunque con il sorriso anziché come un castigo. Quei pastori erano la testimonianza di questo concetto e sapevano viverlo pienamente.

22.
Le "distrazioni" del campo base

Emilio si era messo subito all'opera con la narrazione delle prime fasi della spedizione: la sua non era solo una descrizione cronologica delle tappe, ma si soffermava pure sugli aspetti umani, sui dettagli di ciò che vedevamo e scoprivamo, sulle relazioni con i pastori e i polacchi. Dai suoi resoconti emergevano anche impressioni personali, ne veniva fuori il suo stato d'animo, spesso combattuto tra il desiderio di salire con noi e il rispetto dei compiti che gli erano stati assegnati e che aveva accettato. Prevalse ovviamente il suo senso di responsabilità e la priorità fu data al racconto con il quale aggiornava il blog della nostra spedizione. La lettura dei suoi post e dei commenti che generava metteva chiaramente in luce quanto fosse innovativo il modo di raccontare quell'esperienza. Emilio era veramente un occhio sopra di noi, un occhio sensibile, autentico, vero e competente che non si lasciava mai tentare dai tecnicismi quanto piuttosto corteggiare dagli aspetti più romantici, che a volte a noi potevano apparire banali o scontati, ma che invece piacevano moltissimo alle persone, sempre più numerose, che da casa seguivano la nostra avventura.

Seppure esposto a sud, il campo base precipitava in un freddo intenso appena i raggi del sole se ne andavano e lasciavano spazio al buio e alle tipiche temperature invernali dell'Himalaya. Durante il giorno stavamo relativamente bene, ma di notte sembrava di essere in un congelatore. Avevamo un termometro all'esterno della tenda e uno dei nostri passatempi era controllare regolarmente l'andamento della colonnina: quando andava a meno 15 o 17 potevamo dirci "fortunati", ma il più delle volte superava abbondantemente i 25 gradi sotto lo zero; e queste sarebbero rimaste le temperature più calde, dato che sulla montagna le cifre riportate dal termometro sarebbero state molto più severe.

Le giornate erano corte e, a mano a mano che ci inoltravamo nel cuore del primo mese dell'anno, cominciarono a essere più frequenti le nevicate o le giornate di vento forte, che impedivano qualsiasi tipo di azione se non quella che definirei "domestica". La vita al campo base si svolgeva principalmente nella tenda Dome, lo spazio destinato alla mensa e al lavoro. L'alternativa era stare nelle tende private, nel magazzino, nel bagno oppure uscire a fare due passi per andare a trovare i nostri amici pastori e i polacchi. Era comunque un grande lusso poter avere a che fare con altre persone ed essere accolti nelle baracche dei pastori che, con il passare del tempo, ci apparivano sempre più lussuose e invidiabili.

Un'altra possibilità per rompere la monotonia delle lunghe attese era la tenda cucina e la compagnia di Didar e Amin. Molto spesso questi due personaggi sembravano più Stanlio e Ollio che il cuoco e il *base camp manager*. Scherzavano in continuazione: sentire le battute che si scambiavano, sempre naturalmente spontanee, e vederli in azione, era come guardare la scena di un film. Se serviva fare il pieno di allegria, era assolutamente consigliabile trasferirsi nella loro tenda. Lì si sarebbe assistito a una rappresentazione di puro cabaret, ragione per cui spesso e volentieri ci fermavamo a mangiare là invece di trasferirci nella nostra tenda Dome.

Attaccata alla tenda cucina c'era quella del magazzino, nella quale avevamo riposto la maggior parte del materiale. C'era veramente di tutto, ma la cosa più importante era che si trattava di uno spazio coperto e riparato che ti permetteva di scegliere con calma e cura le attrezzature. Non era tanto scontato: in genere il magazzino è all'aperto e la fase di preparazione della salita, in attesa che il cielo dia buoni segnali, si svolge in condizioni meteo improponibili che ti portano a fare tutto di fretta con la paura che la neve si infili ovunque.

In un angolo di quella tenda c'era anche la nostra doccia. Doccia... il termine è decisamente azzardato. Si trattava in realtà di un angolo allestito con un materassino al suolo sul quale salivamo a piedi nudi, ci spogliavamo e alla velocità della luce provavamo a lavarci con l'acqua calda preparata da Didar. Per versarcela addosso e riuscire a insaponarci usavamo dei pentolini o dei mestoli, ma non bisognava ovviamente perdere tempo poiché il calore dell'acqua durava pochissimo e c'era il pericolo di ritrovarsi nudi, a parecchi gradi sottozero, insaponati e con acqua gelida da rovesciarsi addosso... Era una doccia, certo, ma da campo, di stampo militare, anzi probabilmente ancora più minimalista ed estrema nella forma!

23.
Il campo 1

La finestra di bel tempo che stavamo aspettando arrivò: io e David ripartimmo per salire sulla montagna. Con lui mi trovavo bene, avevamo un modo di vedere le cose simile, così come quello di intendere lo stile e la tecnica di arrampicata e l'alpinismo in generale. Tra noi c'era una sintonia ottima, ingrediente che poteva rivelarsi prezioso per la riuscita del nostro tentativo.

La ripresa dell'attività ci portò decisamente più in alto rispetto al posto dove avevamo sistemato il primo deposito. Dal campo base andammo direttamente al campo 1, a 5100 metri, compiendo un dislivello di 1600 metri con gli zaini pesanti, carichi di tutto il materiale per poter attrezzare i campi superiori e per mangiare. Avevamo con noi la tenda, il sacco a pelo, il fornelletto, il materassino, le bombolette di gas, il cibo, indumenti di ricambio e attrezzature alpinistiche.

Come d'accordo, i polacchi ci permisero di utilizzare le tende che avevano sistemato al campo 1, dove arrivammo nel tardo pomeriggio. Il luogo che loro avevano scelto era molto riparato, poiché si trovava in una nicchia, sotto uno strapiombo, e le loro due tende erano attaccate come a formare una sorta di tunnel. Sospeso sul lungo canale che bisognava percorrere per arrivarci, il campo 1 permetteva di avere un'ampia panoramica verso il basso, così come di individuare tutta la linea di salita che da sopra il campo deposito si snodava all'interno di un canale molto largo.

L'indomani fissammo il nostro campo 1, posizionando la tenda che avevamo portato, e continuammo la salita in direzione di quello successivo, dove nessuno era ancora arrivato. Il percorso della via Schell, dopo il primo tratto, passava in un canale parallelo lungo il quale bisognava sistemare corde fisse. Una parte di questo lavoro era già stata eseguita nelle settimane precedenti dai polacchi e noi riuscimmo ad arrivare nel punto più alto da loro attrezzato. Là lasciammo gli zaini con alcune centinaia di metri di corde per attrezzare l'itinerario fino al campo 2, che sarebbe stato poi installato a 6100 metri di quota.

Quel giorno arrivammo a 5900 metri; seppure non fosse un punto altissimo in termini di quota, era tuttavia 2400 metri di dislivello sopra il nostro campo base, un dislivello che in un qualsiasi altro ottomila rappresenta già la distanza tra il campo base e l'ultimo campo. In alcuni ottomila, addirittura, è ciò che serve per raggiungere la vetta. E invece al Nanga Parbat, sul versante Rupal, con 2400 metri di dislivello fatti non eravamo neppure al campo 2!

Una volta lasciato il materiale, rientrammo direttamente al campo base; eravamo molto soddisfatti di come stavano andando le cose e ottimisti sui passi successivi della spedizione.

24.
Il campo 2

Quando eravamo al campo base, spesso i polacchi salivano sulla montagna anche con condizioni meteorologiche non ottimali. Raggiungevano il campo 1, dove magari passavano qualche giorno, e poi, in maniera molto determinata, alcune volte stoica, cercavano di progredire e di fissare le corde. Ovviamente l'efficienza di questi lavori, svolti in condizioni di tempo avverso, non era il massimo, come pure la progressione che non riduceva di molto i metri del percorso ancora da compiere. L'unico vantaggio era il miglior acclimatamento; lavorare e muoversi il più in alto possibile apportava benefici al fisico, che sarebbe stato più preparato al potenziale balzo verso quote e campi decisamente superiori rispetto al punto che avevamo raggiunto.

Le finestre di bel tempo nelle spedizioni invernali, come ho già scritto, sono poco frequenti e brevi: possono durare da qualche ora a un paio di giorni e, per una montagna grande come il Nanga Parbat, spazi temporali di questa portata sono decisamente insufficienti, quasi ridicoli.

Ci rendevamo sempre più conto di quanto grande fosse la montagna e di quanto severe fossero le condizioni invernali: ci ricordammo perché la scelta di quella stagione significasse far crollare la percentuale di successo al 15 percento. Questa considerazione l'avevo sentita fare una volta da Krzysztof Wielicki, specialista delle invernali, che si era preso la briga di fare un calcolo statistico reale.

Karl Gabl ci teneva costantemente aggiornati con le sue previsioni. Quando arrivò il suo nuovo ok, io e David ripartimmo subito; il primo giorno passammo direttamente dal campo base al campo 1, il secondo arrivammo nel punto in cui avevamo lasciato il nostro materiale. Proseguimmo ad attrezzare la parete con le corde fisse, dal punto in cui si era interrotto il lavoro dei polacchi; guadagnammo a fatica altri metri, ci infilammo in uno stretto canale che diventava poi un diedro di roccia e ghiaccio fino a intravedere finalmente il filo di cresta e il luogo dove posizionare il campo 2.

Quel campo si trovava in un posto davvero poco confortevole, proprio in cresta e molto esposto alle raffiche di vento. Da lì, volendo, si poteva anche accedere alla famosa grotta della via Schell, che avrebbe dovuto farci da riparo. Più che una grotta era fondamentalmente una sorta di crepaccio, una fenditura che si immetteva in una grande sala. Era un posto claustrofobico: un budello dentro al ghiaccio con una volta di decine di tonnellate di altro ghiaccio in costante movimento.

Vi entrammo per capire se potevamo accamparci.

Crack!

Il suono fu violento e secco. Era ovviamente il ghiaccio che si muoveva sopra la nostra testa.

Io e David ci guardammo e ci capimmo al volo. Quel posto aveva indubbiamente il vantaggio di essere riparato, di offrire temperature più sopportabili rispetto all'esterno, ma la tensione ci avrebbe impedito di dormire e di riposare tranquillamente.

«Ci piazziamo fuori?» chiesi a David immaginando già la sua riposta.

«Forse è meglio, almeno si dorme!»

Martellando per un'ora con le piccozze e scavando nel ghiaccio riuscimmo a ricavare un terrazzino, proprio all'imbocco dell'entrata della grotta: la nostra mini piazzola andava benissimo per la tendina che avevamo portato con noi. Eravamo a quota 6100 metri e decisamente contenti del risultato raggiunto in quella lunga giornata di duro lavoro. Molto meno entusiasti invece di quello che ci si era parato di fronte all'arrivo. Dal punto in cui eravamo potevamo osservare tutta la parte superiore della nostra via: non si presentava come nelle foto realizzate in estate, quelle che avevamo studiato. Il pendio regolare coperto di neve che ci eravamo immaginati era stato sostituito da una placca di ghiaccio vivo e durissimo, sul quale sarebbe stato impossibile progredire in camminata. Quel tratto era una specie di cascata di ghiaccio, che andava affrontato sulla punta dei ramponi e delle piccozze.

Andammo a dormire con la consapevolezza che il giorno successivo sarebbe stato impegnativo. E che, rispetto a quanto avevamo ipotizzato, lo sarebbero state anche le altre tappe della salita e della preparazione.

Nonostante la “sorpresa”, riuscimmo a riposare bene. La nostra piazzola, sebbene all'esterno della grotta, era riparata naturalmente da un lembo di cresta, una sorta di muretto sul lato ovest dal quale, molto spesso, proveniva il vento.

L'indomani, anziché scendere immediatamente, decidemmo di provare a salire i primi pezzi ghiacciati. All'altezza del nostro campo la via abbandonava il canale, si inerpicava attraverso la lunghissima cresta che ci avrebbe portati prima al campo 3 e poi a incrociare la cresta Mazeno, dove la via Schell sarebbe terminata sul versante Rupal, per continuare nel Diamir.

La progressione con i ramponi e le piccozze, perlomeno nella fase in cui fissammo le corde, fu lenta; la parte tecnica del nuovo percorso richiedeva un ritmo diverso rispetto a quello tenuto nei giorni precedenti. Riuscimmo ad attrezzare una sessantina di metri, dopodiché rientrammo direttamente al campo base per riposare. Dopo la prima notte passata al campo deposito, quelle successive al campo 1 e l'ultima al campo 2, ci potevamo ritenere soddisfatti dal punto di vista dell'acclimatamento. Il nostro corpo aveva in quel momento necessità di riposare, dovevamo rigenerarci dalle fatiche sostenute. In più, Karl Gabl ci aveva preannunciato che il bel tempo ci stava lasciando. E come sempre ci azzeccò.

corre [illegible] qui [illegible] necessario al corpo [illegible] ed [illegible]
[illegible] ?, [illegible] del
[illegible] vita dell'accumulatore. Il nostro corpo
[illegible] di riposare, dove
[illegible] 16 [illegible]
[illegible] che il bel tempo [illegible]
[illegible]

25.

Dare tempo al tempo

Durante quella nostra rotazione, i polacchi rimasero al campo base a recuperare le energie dopo gli sforzi dei giorni precedenti. La loro vita a 3500 metri si svolgeva seguendo ritmi tranquilli, senza nessun affanno. Del resto, non avevano limiti di tempo: il loro rientro in Polonia era infatti previsto alla fine dell'inverno, a metà marzo. Il loro tentativo al Nanga Parbat aveva tempi del tutto ragionevoli e sensati.

Ho sempre sostenuto che una spedizione invernale dovrebbe contemplare una data precisa di partenza, ma essere sempre molto flessibile su quella di ritorno, che non dovrebbe mai essere fissata prima del 20 marzo. Un'esperienza invernale su un ottomila richiede tutti e tre i mesi dell'inverno, poiché le condizioni meteorologiche consentono di lavorare effettivamente solo in una minima parte. Avere dunque i giorni contati mette ansia e affanno, che ti vengono dal non dare tempo al tempo, dal non saper aspettare quanto necessario. Solo la montagna e la natura possono imporre il loro *timing*; gli impegni e le scadenze personali rischiano invece di compromettere l'esito dell'impresa. Quante volte ho visto alpinisti andarsene dal campo base perché il tempo era avverso quando poi, dopo una settimana o pochi giorni, tornava il sole tanto atteso! Sarebbe bastato avere pazienza, rispettare il ritmo della montagna per non aggiungere limiti e variabili negative a quelli naturalmente imposti dalla stagione.

Consapevoli di avere tutto il tempo possibile, i polacchi erano molto tranquilli nella casetta dei pastori dove si erano installati; ciclicamente compivano le loro ricognizioni per raccogliere la legna dato che, seppur proibito, non avevano alternative se volevano mangiare e riscaldarsi.

Una o due volte la settimana, in maniera regolare, facevano la loro sauna e non mancavano di invitarci. La sera in cui rientrammo dal campo 2 accettammo volentieri. Come al solito ci offrirono anche il tè e i biscotti, le loro "leccornie", le accettammo e poi ci infilammo nella stanzetta della sauna che era davvero efficiente: non mancavano né il caldo né il vapore né il grande contenitore di acqua ghiacciata, che versavamo addosso a noi e poi sulle pietre calde per generare il vapore. Non soffrimmo il freddo nemmeno un attimo; anzi, ci sarebbe sembrato di essere in una sauna vera e propria, se non fosse stato per l'aspetto angusto della stanza e per le sue pareti impolverate.

Alla loro gentilezza cercavamo di rispondere offrendo il cibo cucinato sempre in abbondanza da Didar Ali. I polacchi non lo disdegnarono mai, e nemmeno gli inviti a cena nella nostra tenda mensa, dove poi discutevamo le strategie dei giorni successivi.

Le finestre di bel tempo, come sapevamo, erano dannatamente rare: quando anche si verificavano brevi schiarite che ci permettevano perlomeno di vedere il Nanga Parbat, subentrava il vento, impetuoso e tremendo, a sbarrarci il cammino sulla montagna.

Dopo le nevicate abbondanti, nella parte bassa della parete, quella più riparata dal vento e irraggiata dal sole, cominciarono a staccarsi enormi valanghe spontanee. Non arrivarono mai fino al campo base, ma le sentivamo schiantarsi fragorosamente non molto lontano. In alcuni casi, riuscivamo a vederle, perlomeno la grande nube di neve che sollevavano tutto intorno.

Approfittammo dei giorni di brutto tempo o nei quali il pericolo di valanga era troppo elevato per fare delle escursioni sulle montagne più piccole e sicure intorno al campo base. Ogni uscita era l'occasione per ammirare quanto imponente e quanto bella fosse la parete Rupal. Continuavamo a scattare fotografie, ammirando la linea di salita di Messner del 1970 e quelle di Kukuczka e Carsolio del 1985, come pure la più recente di House e Anderson del 2005. Provavamo a ipotizzare altre linee e a tracciare idealmente la nostra. Viaggiavamo insomma con la fantasia al cospetto di una parete alta quasi dieci volte un grande grattacielo degli Stati Uniti e larga come il tracciato di una mezza maratona.

26.
Il campo 3

«Vento a velocità moderata e cielo sostanzialmente libero, per tre giorni siete tranquilli, via libera!»

Le parole di Gabl furono accolte con molto entusiasmo, come sempre quando portavano notizie come questa.

Nei giorni precedenti non c'erano stati molti progressi: noi eravamo rimasti al campo base, mentre i polacchi avevano fatto qualche tentativo di spingersi in alto. Erano saliti anch'essi fino al campo 2 e poi, seguendo le nostre corde fisse, si erano spinti un po' più in su di qualche manciata di metri, perché avevano sfruttato le ore meteorologicamente migliori per raggiungere il campo 2. Il tempo si era poi guastato e non erano riusciti ad attrezzare la via poco oltre al punto in cui eravamo arrivati.

Incoraggiati dalle previsioni, partimmo veloci e svolgemmo la sequenza chc conosccvamo bene: primo giorno campo 1 e secondo giorno campo 2. In quest'ultimo rimontammo la tenda nella piazzola all'imbocco della galleria, poi sistemammo i materassini, i sacchi a pelo sui materassini... insomma riorganizzammo per l'ennesima volta il campo e vi dormimmo. Non fummo mai tentati neppure per un istante dalla famosa grotta, che invece i polacchi avevano benedetto come una manna dal cielo e che gli aveva permesso di risparmiare il montaggio della tenda che dunque avrebbero, eventualmente, utilizzato più in alto.

L'indomani ripartimmo con un ritmo regolare, prestando la massima attenzione a conficcare bene le punte dei ramponi nel ghiaccio e a non sollecitare troppo le corde fisse con strattoni o scivolate. Avevamo puntato la nostra meta 700 metri più in alto: volevamo raggiungere e installare il campo 3.

Arrivammo abbastanza velocemente alla fine delle corde fisse e da lì ci portammo su un terreno un po' più innevato e meno difficile dal punto di vista tecnico. Io e David cercammo di suddividerci gli sforzi per raggiungere il nostro obiettivo. Sapevamo che portare a casa il campo 3 sarebbe stato decisamente importante nella progressione della scalata: ci avrebbe ridato vigore, avrebbe corroborato la nostra determinazione e rinforzato la consapevolezza che, seppur lentamente, stavamo riducendo i metri di dislivello che ci separavano dalla vetta. Non fu assolutamente una progressione facile ma il ritmo, nella sua costanza, si rivelò molto efficiente.

Nel primo pomeriggio, dopo aver compiuto l'ultimo tratto completamente slegati e autonomi, obliquammo marcatamente a sinistra, verso est, e giungemmo in un piccolo spiazzo a 6700 metri: quello raggiunto era il luogo dove avremmo posato il campo 3. Visto che eravamo più in alto e in una posizione più esposta, decidemmo di metterci al lavoro per costruire un muretto di blocchi di neve attorno alla tenda, una parete realizzata come fosse quella di un igloo. La notte fu gelida, di un freddo pungente che trasformava in una nuvola di condensa l'aria che espiravamo. Ci coprimmo la bocca con un bavaglio elastico e cercammo di stare vicini l'un l'altro. In quel modo fortunatamente riuscimmo a dormire e a recuperare un po' di energie.

Al risveglio, io e David ci guardammo in faccia, entrambi con uno sguardo un po' perso.

«Come hai dormito?» gli chiesi.

«Io bene. Tu? Mal di testa?» mi rispose con una domanda.

«Sto benissimo!»

«Anch'io, niente mal di testa e neanche nausea.»

Erano dettagli fondamentali. Le nostre risposte positive confermavano che tutto sommato, nonostante la fatica accumulata, stavamo bene.

«Allora saliamo?» disse David.

«Saliamo!» risposi io.

27.
7000 metri non stop

Nella nostra prima rotazione oltre il campo 2 avevamo studiato la maniera più efficiente per una progressione veloce, perciò avevamo evitato di portarci sulle spalle zaini giganteschi che ci avrebbero rallentato.

La tenda usata nel campo 3 era a due posti e pesava meno di due chili; avevamo pure ridotto al minimo l'abbigliamento, rinunciando alle tute d'alta quota a favore del completo in goretex che mettevamo, vestendoci a strati, con sotto una giacca calda e sotto ancora un pile e un intimo di lana a manica lunga. Insomma eravamo abbigliati come se dovessimo affrontare una fredda salita alpina, non una scalata himalayana invernale. Sapevamo che avremmo patito di più le temperature; così la sera, invece di spogliarci, eravamo saltati nei sacchi a pelo direttamente vestiti, togliendo soltanto gli scarponi.

Quella mattina, decisi a salire oltre i 6700 metri del campo 3, nell'attesa che il sole fosse alto, ci preparammo per ripartire. Ci vestimmo con quello che avevamo a disposizione: i guanti più caldi, la giacca e la sotto giacca entrambe con il cappuccio calzato sulla testa. Indossammo gli occhiali a maschera per proteggere non solo gli occhi ma anche parte del viso, il passamontagna per coprire naso e bocca ed evitare che ogni inspirazione si trasformasse nella classica coltellata di aria fredda per i polmoni e i bronchi.

Partimmo scarichi, senza portare nemmeno lo zaino. L'obiettivo era solo salire velocemente il più in alto possibile e rientrare il giorno stesso al campo base. Sebbene le prime ore del giorno si preannunciassero fantastiche, con il sole e il cielo terso, sapevamo che il meteo sarebbe cambiato. L'aria restava comunque pungente e ci impediva di godere appieno dello spettacolo che ci circondava: appena ci fermavamo qualche minuto, cominciavamo infatti a perdere la sensibilità dei piedi.

Procedemmo attrezzati solo di piccozza, ramponi e imbragatura. L'inizio fu lento, poiché era la prima volta che ci esponevamo a quella quota; la sequenza dei primi passi, con le gambe infreddolite e irrigidite dalla notte, passata rannicchiati nei sacchi a pelo, fu graduale ma, minuto dopo minuto, i muscoli si scaldarono e prendemmo un ritmo un po' più spedito. In due ore percorremmo 300 metri e arrivammo a quota 7000 circa. Andando verso l'alto, al freddo si era aggiunto anche il vento, a raffiche, fastidioso; pur cercando di chiudere tutte le cerniere e di ripararci il più possibile, l'aria gelida riusciva a infilarsi ovunque.

A quel punto, valutammo le mosse successive. Le condizioni meteo cominciavano a farsi più critiche e il percorso per tornare al campo base era lungo e in alcuni tratti tecnicamente complesso. Non era pensabile fare una volata: alcuni passaggi dove la neve, seppur dura, lasciava il posto alle lastre di ghiaccio richiedevano manovre alpinistiche che avremmo dovuto compiere uno alla volta, aspettando che l'altro raggiungesse sempre l'ancoraggio più basso, prima di proseguire. La discesa, almeno nella prima parte, era macchinosa e lenta. Per questo motivo decidemmo di interrompere la nostra progressione e iniziare a rientrare.

Scendendo, passammo dal campo 3 per smontare la tenda e fissarla in modo sicuro sotto il muretto di ghiaccio che avevamo costruito come riparo, lasciammo inoltre tutto il necessario per la visita successiva. Proseguimmo la discesa, che fu abbastanza veloce solo nel tratto in cui la neve permetteva ai ramponi di penetrare in sicurezza nella superficie dura senza rischiare di scivolare. Quando questa sezione del percorso lasciò il posto al ghiaccio durissimo, fummo costretti a cambiare il ritmo. Ritrovammo le nostre corde e il percorso segnato con le bandierine ed eseguimmo con scrupolo tutte le manovre necessarie.

Superato il pezzo più delicato e pericoloso, giungemmo sulla cresta affilata che velocemente conduceva al campo 2 e ai canali sottostanti. La progressione in quei punti si fece più rapida. Ci calammo sulle corde fisse per il primo tratto e poi procedemmo camminando con faccia a valle. L'ultima parte di discesa, quella sotto il campo 1, si rivelò piacevole e giocosa. Per risparmiare tempo ed energie, avevamo escogitato la tecnica di scivolamento sul sedere. La scelta di indossare il completo in goretex, anziché le tute d'alta quota che si sarebbero rotte con facilità, era stata influenzata anche da questo modo forse un po' inusuale di arrivare alla base. Più che una tecnica sembrava un divertimento, e per noi un po' lo era, ma si trattava pur sempre di un modo efficace di salvare la forza nelle gambe, già stanche e provate dai giorni precedenti, e di percorrere il tratto dai 5100 metri del campo 1 fino quasi al campo base avanzato a una velocità non paragonabile a quella che avremmo tenuto camminando. Nel percorso non c'erano grandi pericoli e le pendenze erano dolci. Su questo pendio, anche Emilio aveva fatto qualche curva con i suoi sci da telemark, durante le escursioni solitarie a cui si dedicava mentre io e David eravamo impegnati ad attrezzare la via o a salire ai campi alti.

Quel giorno non ci lasciammo alle spalle solo il campo 3, ma anche il mese di gennaio. I giorni scorrevano inesorabili e le progressioni, seppur confortanti, sembravano irrisorie se paragonate, in termini di quota e di dislivello, alla salita totale che avremmo dovuto compiere. Certo, eravamo arrivati quasi a 7000 metri e ne mancavano circa 1100 alla vetta, ma quei 1100 metri erano un'altra montagna, un'eternità in termini di distanza, ricca di insidie e incognite. Avremmo dovuto affrontare ancora 300 metri di dislivello per arrivare sulla cresta Mazeno ed esaminare tutti gli interrogativi che la via Schell ci imponeva: saremmo stati capaci di attraversare sul versante opposto? Saremmo stati in grado di organizzarci per un bivacco in un punto invisibile dal campo base e sul quale non avevamo molte informazioni? E poi... tentare la vetta, ritornare in quel punto e passarvi una seconda notte? Solo una cosa era chiara: gli ultimi 1100 metri erano colmi di difficoltà tecniche, fisiche e mentali. Una strada di non ritorno, se li avessimo affrontati senza la giusta energia fisica e mentale e se non fossimo stati assistiti da condizioni del tempo ottimali.

28.
Giochi da campo base

Tornare al campo base era allettante non solo per le comodità che trovavamo o perché potevamo dormire a quote più basse, mangiare meglio e rivedere Emilio, Didar, Amin e gli altri amici. Tornare al campo base era un po' come tornare alla vita. Già solo la presenza dei pastori con le loro pecore e capre dava infatti un senso di protezione, di ordinaria e sicura quotidianità.

I pastori ci offrivano sempre un po' di formaggio, a volte anche carne o quel poco di cibo che, nei giorni di bel tempo, arrivava dalla valle. La loro presenza era rassicurante, il suono dei campanacci appesi al collo delle loro bestie la più bella delle sveglie mattutine. Tutti i giorni, il gregge veniva portato al pascolo, anche se le pendici del Nanga Parbat avevano ben poco da offrire in quella stagione.

Al campo base, per passare il tempo, giocavamo; non a carte o al computer, no, il nostro gioco preferito era far volare il drone che ci avevano prestato i polacchi. Appassionato di volo come sono, quel passatempo mi prendeva moltissimo e mi divertivo a simulare acrobazie, fare atterraggi e decolli, seppur con un radiocomando e un aggeggio di plastica con quattro rotori. Non ero il solo a divertirmi in questo modo, tanto che con David ed Emilio facevamo a turno, proprio come i bambini, e la durata del turno era scandita dall'autonomia della batteria. Fine della carica, fine del gioco.

Sotto il drone avevamo fissato una piccola videocamera che ci consentiva di fare delle riprese del campo base, ma anche di quote più elevate. Sperimentando la massima portata del radiocomando ero riuscito a mandare il drone intorno ai 5000 metri; in alcuni punti lo avevo letteralmente perso di vista, ma ero riuscito a recuperarlo con il *go back*, la funzione che, sfruttando le coordinate GPS, lo faceva ritornare al punto da cui era decollato. Per non perderlo del tutto, calcolavo sempre un tempo di volo pari al cinquanta percento dell'autonomia della batteria: in questo modo avevo la garanzia che il drone fosse sufficientemente carico per fare il percorso a ritroso e tornare sano e salvo tra le mie mani, assieme alle preziose foto e riprese video.

Il drone ci regalò immagini di una bellezza mozzafiato, accentuata dall'effetto sorpresa: a metà della carica, senza neppure sapere dove si trovasse e prima di farlo rientrare, trasmettevo il comando di rotazione lento a 360 gradi, affinché la videocamera catturasse l'intero panorama intorno a noi. Oltre a mandarlo in alto, cercavamo di spedirlo anche il più lontano possibile, cosicché sorvolasse le baracche dei pastori, i sassi, i *boulder*, in modo da indentificare i migliori blocchi di roccia per fare l'allenamento di arrampicata.

Il vento al campo base non rendeva sempre agevoli le acrobazie del drone. A volte erano quasi impossibili, e più di una volta avevo perso il controllo del "giocattolo", ma la neve alta lo aveva salvato. Arrivò però il giorno in cui il drone si schiantò sul palo della tenda mensa, danneggiandosi irreparabilmente. Ricordo ancora le risate di Emilio che in quel momento lo stava manovrando; in effetti, non c'era molto da ridere, perché uno dei quattro bracci con il suo rotore andò distrutto, ma il palo mi aveva salvato... se non ci fosse stato, il drone si sarebbe schiantato contro di me.

Oltre al drone, alle chiacchierate con i pastori, alle serate con Didar e Amin nella tenda mensa, io avevo sempre un appuntamento fisso con la scrittura e con il resoconto personale delle mie giornate, tutto materiale che avrei usato per il nuovo libro sulle scalate invernali che volevo scrivere proprio lì. Il campo base rappresentava il luogo e il momento più adatto per rievocare con facilità e autenticità le mie salite, le loro caratteristiche, gli ambienti, i pensieri e gli effetti della vita in alta quota. Eppure non era così semplice stare fermo per parecchie ore a digitare sulla tastiera: i piedi e le mani diventavano freddi, la durata delle batterie era ridotta dalle temperature rigide. Per scrivere di più, appoggiavo sempre sulle ginocchia una boule di acqua calda, così da riuscire a riscaldarmi io e a prolungare l'autonomia della batteria.

Nonostante tutti i diversivi, l'obiettivo di salire la montagna restava primario e totale. E a causa di questo desiderio, al meteo instabile e al vento forte in quota, i giorni al campo risultavano lunghi e interminabili.

29.
Il bivacco nella grotta

Un grande balzo dal campo 1 al campo 3: questo era il nostro obiettivo quando decidemmo di riprendere la scalata. Le schiarite annunciate sarebbero state brevi, era dunque necessario fare economia sul tempo, tentando di passare dai 5100 del campo 1 ai 6700 metri del 3. Sarebbe stato un lavoro intenso, ma le previsioni non lasciavano altro margine di manovra.

Dopo aver ricevuto il bollettino meteo, i polacchi decisero di partire subito nel pomeriggio, ma di procedere in modo più classico, facendo tappa al campo 1 per andare il giorno dopo al campo 2 e quello successivo ancora procedere oltre, puntando eventualmente al campo 3.

Io e David partimmo l'indomani e quando arrivammo al campo 1 i polacchi erano già al 2. Da lì riuscimmo a sentirli via radio e non ci diedero notizie rassicuranti: il vento era troppo forte e gelido, la progressione che avevamo in programma si annunciava ancora più sfiancante e intensa di quello che immaginavamo. E il timore si rivelò fondatissimo: il tentativo di fare il grande balzo dal campo 1 al 3 abortì a

5800 metri circa, proprio a causa del vento. Le corde fisse erano state completamente coperte dalla neve, e andare oltre il campo 2, per poi dover resistere a un abbassamento delle temperature così marcato, ci avrebbe fatto correre il rischio di seri congelamenti. Ancora una volta non avevamo che la solita decisione da prendere: rientrare. Tornammo al campo base moralmente un po' abbattuti e lo stesso fecero i polacchi.

Dopo questo tentativo, riprendemmo la nostra vita al campo base in attesa di una nuova finestra di bel tempo. Era importante mantenere la forma fisica, per cui cercammo di incrociare le solite attività con alcune escursioni per tenerci allenati, conservare viva la motivazione ma anche temprare la nostra pazienza.

I più insofferenti si mostrarono i polacchi, in particolare Tomek. Lui avrebbe voluto progredire indipendentemente dalle condizioni meteorologiche, a puntate veloci avrebbe preferito la resistenza a oltranza sulla montagna. Era uno stile decisamente più antico, non a caso quello utilizzato nelle spedizioni invernali dai polacchi e che aveva dato i suoi frutti migliori negli anni Ottanta.

Proprio per questo motivo, dopo qualche giorno, ripartirono seguendo le solite tappe: campo 1, nelle tende infilate tra le rocce, e campo 2, nella caverna di ghiaccio che continuava a rimanere il luogo più riparato dal vento e dal freddo, ma anche il più angusto e il meno desiderabile dove passare la notte o le lunghe giornate di attesa. 6100 metri non rappresentavano una quota che permetteva un acclimatamento ottimale, ma erano comunque 2500 metri in più rispetto al campo base, come a dire: meglio di niente.

Quando le previsioni annunciarono che la velocità del vento si sarebbe attenuata e che le precipitazioni nevose sarebbero state minime, decidemmo di ripartire anche noi; non era molto, ma nella nostra testa bastò a trasformare quelle due informazioni in una finestra meteo più che accettabile.

Raggiungemmo di nuovo il campo 1, seguendo la via che ormai conoscevamo a memoria, sia nel tracciato sia nelle dinamiche, così come nei tempi di percorrenza che cercavamo sempre di migliorare; anche qualche minuto in meno bastava a confermare che il nostro stato di salute e di acclimatamento era migliorato. Quel giorno ci impiegammo meno di tre ore, e l'indomani ci aspettava il balzo di 2000 metri fino al campo 3 che avevamo tentato in precedenza. I polacchi nel frattempo avevano già raggiunto la caverna di ghiaccio: mentre Tomek aveva proseguito riuscendo ad andare poco più sopra e a posizionare una tendina a metà strada tra il campo 2 e il campo 3 – una specie di campo 2 avanzato, attrezzato con tutto il necessario per una sola persona – mentre i suoi compagni erano rimasti nella grotta.

Quando ripartimmo dal campo 1 sapevamo di non poter usare la tenda intermedia e che saremmo dovuti arrivare per forza al campo 3, dove avevamo trasportato tutto il nostro materiale la volta precedente. Cercammo di mettercela tutta per arrivare a 6700 metri, ma per via del tempo fummo costretti a ridimensionare realisticamente il nostro obiettivo al campo 2, mentre Tomek, partendo dal campo 2 avanzato, puntava al campo 3. Le condizioni meteorologiche si deterioravano di minuto in minuto, ancora peggio di come avevamo preventivato, ma riuscimmo comunque ad arrivare nella caverna, in cui ci infilammo velocemente per ripararci. Là trovammo Jacek e Paweł, che quel giorno non si erano mossi. Tomek via radio aveva sconsigliato loro di esporsi alle raffiche di vento che sopra il campo 2, nella parte più esposta e ghiacciata della cresta, erano ancora più insidiose.

La cosa non ci confortò affatto: non potevamo muoverci dalla grotta, ma non avevamo neppure nulla per rimanere, non avevamo né materassino, né sacco a pelo né viveri a sufficienza, nulla. L'unica alternativa era dividersi: David sarebbe salito alla tenda del campo intermedio sopra di noi, quella appena lasciata da Tomek che era almeno attrezzata per accogliere una persona, mentre io mi sarei arrangiato in qualche modo nella grotta con Pavel e Jacek. L'indomani io e David saremmo andati al campo 3, partendo da due punti diversi. Solo così avremmo salvato la cordata e, pur con ventiquattr'ore di ritardo rispetto al *timing* previsto, avremmo raggiunto il nostro obiettivo.

L'idea di bivaccare senza materassino e senza sacco

a pelo nella grotta non era per niente eccitante. E infatti fu una notte terribile, una prova durissima. Jacek e Paweł furono molto disponibili: mi prestarono il loro zaino che, unito al mio e ad alcune corde, formò il giaciglio sopra il ghiaccio su cui sdraiarmi; mi offrirono anche il loro cibo, delle buste liofilizzate davvero poco appetibili, cucinate in pentolini che forse non venivano lavati dall'inizio della spedizione. In più, dentro quei contenitori luridi finiva sempre qualche goccia di benzina, usata come combustibile al posto delle bombolette a gas che, a quella quota, sarebbe potuto ghiacciare. Peccato che l'odore di benzina mista a cibo era nauseante, senza contare le macchie di grasso che galleggiavano nella zuppa che mi offrirono...

Dopo circa un paio d'ore, venni a sapere da Emilio che David aveva raggiunto il campo 2 avanzato lasciato da Tomek. Era solo, in un luogo molto esposto e con la tenda lacerata in vari punti, ma perlomeno si sarebbe potuto riparare con materiale sufficientemente idoneo. Tutto sommato stava bene ed era soddisfatto di essere arrivato fin là. Sempre tramite Emilio, poiché avevamo qualche problema tecnico a comunicare direttamente, io e David confermammo l'uno all'altro l'impegno a trovarci il giorno successivo al campo 3.

Quella notte fu però interminabile: la passai perlopiù piegato sulle ginocchia a vomitare, cosicché perdetti anche i pochi e preziosissimi liquidi che mi sarebbero serviti per stare bene in alta quota. Se volevo bere e reidratarmi, dovevo sciogliere la neve e il ghiaccio con il fornelletto, ma il risultato era ancora un liquido chiazzato di carburante, che non faceva che aumentare il mio stato di malessere. Tremai per ore, sia per il freddo sia per la nausea, e nei pochi momenti in cui ero apparentemente tranquillo il pensiero di essere sovrastato da decine di tonnellate di ghiaccio che scricchiolavano in ogni momento mi tolse completamente il sonno. Il mattino seguente non ero per nulla in forma, ero stanco e debole, con gli addominali doloranti a causa dei conati di vomito.

30.

Tentativo al campo 3 e ritorno

Avevo un appuntamento al campo 3 con David, perciò radunai tutte le forze che mi rimanevano (non erano molte dopo quella nottataccia) e mi misi in cammino. Volevo raggiungere David e Tomek per tentare la cresta e sognare di andare poi il più in alto possibile, magari fino alla vetta. Le mie gambe però erano molli, svuotate dal mancato riposo e dal malessere delle ultime ore. Cercai di resistere, di tenere duro e di guadagnare metri, sebbene a una velocità inferiore rispetto alla solita. L'idea di poter contare su un'eventuale sosta nella tendina del campo intermedio mi rincuorava.

Il mio compagno aveva iniziato a salire quando io ero partito dal campo 2. Non potevo però vederlo, il nevischio di quel giorno impediva il contatto visivo con lui. Per gli stessi problemi tecnici alla radio avuti la sera precedente, non potevamo neppure comunicare direttamente; l'unico sistema per essere aggiornati l'uno sull'altro era quello di fare una triangolazione con Emilio.

Dopo poche ore, David raggiunse Tomek al campo 3, ma intanto il tempo era peggiorato. Sebbene non si potesse parlare di una bufera, la neve non accennava a smettere di cadere. Anche se il mio obiettivo di raggiungere la tenda intermedia, quella del campo 2 avanzato, sembrava diventare sempre più complicato, rimasi concentrato. Mettendo un piede davanti all'altro, riuscii ad arrivarci. Una volta tolto lo zaino, mi ci lasciai cadere letteralmente sopra, proprio come quando si crolla a peso morto su un divano o una poltrona: ero esausto! Bevvi qualcosa, mangiai una barretta energetica nel disperato tentativo di riacquistare le forze e il morale necessari per proseguire e coprire il resto del percorso che mi avrebbe permesso di raggiungere gli altri due. Mi resi presto conto che le mie condizioni erano peggiorate: anche attingendo a tutte le energie residue, non sarei potuto andare più in alto del campo 3, e in più là non avrei trovato nulla. David e Tomek, approfittando di condizioni meteo precarie, ma tutto sommato non impossibili, avevano infatti deciso di proseguire oltre e di spostare la tendina il più in alto possibile. Emilio alla radio mi comunicò che David puntava a guadagnare metri preziosi per riuscire, l'indomani, ad avere una chance maggiore di raggiungere la cresta Mazeno e di iniziare la traversata sul versante opposto.

Le cose stavano in questo modo: se anche fossi arrivato al campo 3 non avrei trovato neppure il campo, e il mio sforzo si sarebbe rivelato vano. Non avrei potuto mai raggiungere David e Tomek, non avrei dunque partecipato al tentativo di raggiungere la vetta. Il fatto di sapere che David non fosse solo mi faceva comunque stare tranquillo. Ci riflettei qualche minuto e decisi che l'unica cosa intelligente da fare era lavorare sul mio acclimatamento. Perciò, invece di fermarmi in quel punto, decisi di andare ancora più in alto per dare uno stimolo ipossico al corpo e incentivarlo a produrre globuli rossi. Anche quella prova non diede molti risultati: avanzai di poche centinaia di metri prima di capire che stavo raggiungendo un punto di accettazione di rischio e di insicurezza che non era il caso di oltrepassare. Dovevo tornare al campo base, non c'era altro da fare, da là avrei potuto incoraggiare moralmente i due che stavano cercando di realizzare un sogno che per tre decenni aveva occupato la mente di tutti gli specialisti dell'alpinismo invernale himalayano.

Scendere mi richiese molta concentrazione e fatica. Mi costrinsi a non fermarmi e mantenere un ritmo regolare, focalizzando l'attenzione sempre sul passo successivo. Grazie a questo atteggiamento riuscii a percorrere il dislivello di 3000 metri senza incidenti. Superai quella sfida con me stesso e, al mio arrivo, il campo base del Rupal mi sembrò ancora più accogliente, caldo e confortevole.

31.

La cresta Mazeno

Io ero al campo base e David a 7000 metri, eravamo separati da 3500 metri di dislivello. Lui e Tomek avevano l'energia, la voglia, l'esperienza e tutte le competenze strategiche per farcela, e noi dalla base della montagna facevamo il tifo per loro: erano la nostra speranza di vedere concretizzato un sogno.

Le condizioni meteo non giocavano a loro favore, il vento era dannatamente forte, ma avevano comunque tutti i numeri per fare un tentativo serio. La sera parlai alla radio con David, gli raccomandai ovviamente massima prudenza e lo incoraggiai.

La notte per loro fu gelida e durissima da superare. La mattina successiva la partenza non si rivelò troppo semplice: dopo aver smontato la tendina, Tomek e David ripiegarono i sacchi a pelo, stivarono tutto il materiale negli zaini cercando di dividersi il carico in maniera equa. Per primo partì David, seguito a distanza dal polacco. I loro movimenti iniziali, per via dell'intorpidimento causato dal gelo, erano rallentati e goffi. Tenendo ognuno il proprio ritmo – David era più in forma e veloce – puntarono dritti alla cresta

Mazeno. Da là avrebbero avuto la prima fantastica visione sul versante opposto, il Diamir, dove due anni prima avevo passato tre mesi insieme a Denis; avrebbero potuto osservare tutta l'ultima parte della via Schell e valutare le condizioni di innevamento, di difficoltà e la pericolosità dell'ultimo tratto di salita.

Non fu facile per loro riuscire a mettere un piede davanti all'altro: il cielo era terso, ma le raffiche di vento sempre più violente e le temperature gelide li sottoponevano a uno stress fisico notevole, dal quale dovevano proteggersi e al quale dovevano resistere e sopravvivere. Riuscirono tenacemente ad arrivare sulla cresta Mazeno. David aveva anticipato il polacco e, una volta in quel punto, realizzò un piccolo filmato, un classico selfie, nel quale con le lacrime agli occhi annuncia felice di essere sulla cresta Mazeno, ma constata anche l'evidente impossibilità di andare oltre. Tomek era lento, ma soprattutto il freddo abbinato alla visione del lunghissimo traverso da compiere avevano reso chiaro a David quale fosse la realtà delle cose.

«Ragazzi, noi ci fermiamo qui! È troppo dura...»

La comunicazione alla radio ci arrivava disturbata. Le raffiche di vento potentissime ci facevano capire che la situazione lassù era un inferno.

«C'è troppo ghiaccio, per arrivare in vetta c'è un lavoro di almeno due giorni, troppi, non ce la possiamo fare!»

La voce di David, rotta dalla fatica e disturbata dal

vento, ci aveva comunicato che si sarebbero fermati. Erano stanchi e la prospettiva che si era aperta dopo aver visto come proseguiva la via Schell non lasciava alcun dubbio. Il pezzo che mancava era tutt'altro che abbordabile: era un traverso all'ombra su superfici miste di ghiaccio e neve, un percorso molto tecnico che li avrebbe impegnati fino a consumare le poche risorse rimaste. Era come giocare alla roulette russa, il rischio era eccessivo e le forze insufficienti.

Sempre per radio, diedi la mia approvazione alla scelta fatta e incoraggiai David a rimanere concentrato per il ritorno. Ci misero un giorno e furono bravissimi a rientrare direttamente al campo base, dando una prova di forza e di resistenza decisamente notevole.

Quando vidi arrivare al campo base David gli andai incontro, per abbracciarlo. Da un lato mi era dispiaciuto di non essere stato con lui in quel tentativo, ma dall'altro sapevo di aver fatto la scelta giusta, l'unica possibile. Il mio non era certo stato un alibi per sfuggire allo sforzo. Dopo anni di allenamenti, di sogni e di visioni comuni su questo tipo di esplorazioni, l'ultima cosa che avrei voluto era fuggire di fronte a un'occasione tanto entusiasmante come quella di raggiungere, almeno, la cresta Mazeno.

32.
2014: non è ancora l'anno giusto

Quello di David e Tomek fu l'ultimo tentativo serio di raggiungere la vetta del Nanga Parbat attraverso la via Schell. Resistemmo ancora per qualche tempo al campo base, ma marzo stava arrivando e le condizioni meteorologiche non accennavano a migliorare. Al vento e alle temperature proibitive si aggiunsero anche le abbondanti nevicate che avevano innalzato molto il rischio di valanga, soprattutto nel tratto iniziale del canale sopra il campo deposito. Le brevi finestre di bel tempo non erano tali da garantire il necessario assestamento della neve e un livello di pericolosità accettabile.

Per me, David e Emilio la spedizione finì l'8 marzo, ma i polacchi decisero invece di rimanere fino all'ultimo giorno d'inverno. Regalammo loro il nostro cibo e tutto quanto poteva servire al soggiorno nel campo base.

Quando ci arrivò la notizia eravamo sulla strada del ritorno. Avevamo già fatto il trekking fino a Tarashing e viaggiato fino a Chilas, percorso poi la Karakorum Highway, arrivando a Islamabad. Nel loro nuovo tentativo, il gruppo dei polacchi era stato investito da una valanga prima ancora di arrivare al campo 1. Per fortuna, gli esiti dell'incidente non furono gravi: escoriazioni, fratture leggere e qualche giorno di convalescenza per alcuni componenti del team. Per quanto avessero atteso l'assestamento della neve e fossero stati cauti nel salire ai campi alti, mantenendosi sempre sui bordi del canale, non avevano potuto evitare quell'incidente che segnò la fine della loro salita.

Malgrado l'epilogo, la spedizione del 2014 fu per noi un'esperienza bellissima, narrata tra l'altro in maniera autentica ed entusiasmante da Emilio. Il posto che ci aveva accolti si mostrò caloroso e non percepimmo mai di trovarci in una zona pericolosa o ad alto rischio di attentati; e per fortuna la scorta militare che ci avevano fornito non era servita. Eravamo la prima spedizione dopo il tragico attentato del 2011 e fummo contenti di poter testimoniare che quella zona, come tutto il Pakistan, era fatta ancora di luoghi incontaminati e tranquilli, luoghi che vale la pena conoscere.

Ancora una volta, però, il Nanga Parbat ci aveva mandato il suo chiaro messaggio: quell'anno nessuno, neppure i più tenaci, avrebbero raggiunto la sua vetta. La prima invernale avrebbe dovuto attendere ancora. Almeno un anno.

INTERMEZZO

33.
I sogni sono di tutti

Il secondo tentativo mancato al Nanga Parbat non aveva affievolito né il desiderio, né l'attrazione, né la voglia di continuare il mio alpinismo di ricerca. Nelle spedizioni invernali ho sempre trovato la mia dimensione e la mia personale forma di avventura e di esplorazione, in grado di mettere a nudo le capacità fisiche, psicologiche, motivazionali, di resistenza e di resilienza di fronte a qualcosa di imponente, duro e a volte estremo come possono essere gli elementi della natura. Il freddo è solo uno di questi, ed è completamente sbagliato pensare che la sola variante tra una spedizione invernale e una estiva sia il fattore legato alla temperatura. Un'invernale è davvero un'altra cosa: è muoversi in un ambiente che si trasforma, che rende tutto più complicato, dove non sono ammesse distrazioni, errori, dimenticanze, sopravvalutazioni. Non che sia possibile fare di questi errori in una spedizione estiva a un ottomila... ma se una valutazione errata in estate può far mancare la vetta, in inverno può avere conseguenze tragiche.

La mia voglia di continuare a scalare gli ottomila in inverno non ebbe mai cedimenti; anzi, dopo un anno dal tentativo lungo il versante Rupal mi stavo già preparando per una nuova esperienza invernale, questa volta in Nepal, dove era iniziata la mia carriera di alpinista sia nella stagione regolare, come pure in quella più inospitale dell'anno. Avrei affrontato il Manaslu, una montagna già salita in inverno, anche se la spedizione polacca che aveva conquistato la vetta il 12 gennaio 1984 non poteva definirsi completamente invernale: essendo partita in novembre, il primo giorno d'inverno erano già stati attrezzati il campo base e tutti i campi alti sulla montagna...

Ponendomi questo obiettivo, avevo lasciato in sospeso una questione importante, ma la decisione di affrontare il Manaslu al posto del Nanga Parbat era stata il frutto di una scelta ponderata. Non pensavo che la montagna nuda fosse impossibile, né tantomeno i due tentativi precedenti avevano fiaccato la mia motivazione; ma nel 2014 erano state annunciate diverse spedizioni al Nanga Parbat e mi sembrava giusto lasciare anche ad altri lo spazio per provare a salire la nona montagna più alta del pianeta. Non mi sentivo di avere un diritto particolare rispetto agli altri. Il desiderio di esplorare nasce dalla fantasia, e la fantasia di ognuno ha la stessa dignità, priorità, la stessa bellezza e gli stessi valori di quella degli altri. In una fisiologica rotazione, avevo capito che due tentativi me li ero già giocati ed era giusto lasciare la montagna anche ad altri, sebbene in quella stessa stagione ci fossero comunque spedizioni che avevano più volte provato a salire il Nanga, come quella di Tomek Mackiewicz giunto al suo quarto tentativo consecutivo.

34.
Il Manaslu

Tamara Lunger fu la mia nuova compagna di cordata: per la prima volta un'alpinista donna! Con la scelta di puntare su di lei avevo sparigliato le carte del gioco. Dopo aver svolto parte della mia attività con l'amico fraterno Anatoli Boukreev prima, poi con un alpinista dal potenziale enorme come Denis Urubko che conoscevo dal 1999, questa giovane altoatesina era diventata il futuro sul quale avevo deciso di puntare, era la mia nuova scommessa.

Avevo cominciato a seguirla nel 2009, scoprendo in lei grandi qualità e doti. Era davvero forte e meritava di avere il mio supporto, ma non volevo farle da baby sitter o da padrino: desideravo solo trasferire a lei la mia esperienza e alcuni elementi in più, affinché potesse prendere in completa autonomia le sue scelte rispetto ai percorsi e alle montagne da affrontare e rispetto allo stile da utilizzare per scalarle.

Sin dall'inizio Tamara fu molto recettiva, mostrando grande intelligenza e umiltà nel fare tesoro dei miei consigli. Dietro questa attitudine c'è sempre stata molta passione, una gran voglia di migliorare e di fare di più. Tra le sue ambizioni, nutriva indubbiamente quella di partecipare a una spedizione invernale a un ottomila con me, e questo io lo avevo intuito. Preferii però raffreddare il suo sogno almeno per qualche anno, per darle il tempo di fare esperienza, di crescere e di maturare ancora, in modo da affrontare con maggiore sicurezza l'alpinismo gelido in alta quota. Continuai però a tenerla d'occhio: tutte le volte che scalavamo insieme, appuravo i passi in avanti compiuti e la sua crescita sia come persona sia come alpinista.

Il 2014 fu per lei un anno chiave: seconda donna in Italia dopo Nives Meroi, e tra le poche nel mondo, salì la cima del K2 senza ossigeno. Quello era di per sé un risultato eccellente, ma della sua salita mi colpì anche la qualità della prestazione. Nella stessa stagione tentarono la medesima cima dalla medesima via, quella classica aperta nel 1954 dai primi salitori lungo lo sperone Abruzzi, molti altri alpinisti. Un'alta concentrazione di spedizioni alla stessa montagna ha i suoi lati positivi e negativi: i primi consistono nei vantaggi che derivano dalla suddivisione degli sforzi, i secondi stanno invece nella "competizione". L'alpinismo non è una gara, sarebbe riduttivo porlo in questi termini, ma è inevitabile fare dei confronti basati sulle abilità alpinistiche messe in campo quando sono più alpinisti a partire nello stesso momento e dallo stesso punto. È inevitabile puntare l'occhio sul primo che arriva, sul distacco che ha dato agli altri, sullo stile della sua salita, se cioè ha fatto ricorso all'ossigeno, ai portatori d'alta quota oppure è andato in completa autonomia, con uno zaino più o meno pesante. Sono tutti fattori che definiscono il carattere di una salita. Ebbene, nel 2014 sul K2 Tamara fu la prima ad arrivare, senza ossigeno o altro aiuto che non fossero le sue gambe e la sua concentrazione. Nella stessa giornata, partendo dall'ultimo campo, avevano tentato la vetta più di quaranta alpinisti, per il novantanove percento maschi. Tutti avevano avuto la possibilità di stare in coda e di sfruttare la traccia, oppure di provare a stare in testa e quindi di farla, la traccia; di salire vuoti oppure di partecipare al trasporto di materiali. Tamara arrivò per prima e aspettò in cima più di un'ora sia il proprio compagno sia gli altri alpinisti, prima di decidere di scendere e andare incontro alle persone che stava aspettando. Mi diede la netta sensazione di non essere solo forte atleticamente e alpinisticamente, ma di essere anche ben predisposta ai lavori in altissima quota.

Al suo ritorno le mandai un'email. Forse se l'aspettava, o più verosimilmente era una cosa che desiderava succedesse da anni. Le chiesi di venire in spedizione con me al Manaslu, l'ottava montagna più alta del pianeta! Confusione, gioia, felicità... Tamara accolse la mia proposta con un mix di emozioni, ma anche con un po' di incredulità, sebbene le fosse giunta a ridosso della spedizione al K2 che da una parte le aveva regalato la notorietà che meritava e dall'altra aveva palesato agli occhi di tutti la sicurezza che lei già sapeva di avere dentro di sé, nella sua testa, nelle sue gambe, nel suo cuore.

Tamara non se lo fece ripetere due volte, accolse il mio invito come farebbe un bambino alla notizia di una vacanza, ma mi manifestò subito i suoi dubbi sulla composizione del team. Non se la sentiva di fare quella spedizione in due. I suoi timori erano comprensibili: sebbene ci conoscessimo da sei anni, non avevamo mai fatto una spedizione insieme, tantomeno da soli. La sintonia con il compagno di cordata è uno degli elementi chiave per il successo di un'avventura alpinistica e Tamara questo lo sapeva, poiché aveva già sperimentato quanto la convivenza forzata in situazioni di fatica e di stress potesse far emergere il peggio delle persone o quantomeno lati del carattere che spesso non si immaginano neppure o che vengono tenuti nascosti. Sapeva benissimo che le tensioni potevano esplodere per motivi anche futili, durante un'esperienza di questo tipo. Se una spedizione normale può avere le sue incognite nella relazione tra le persone, un'invernale rappresenta un vero e proprio salto nel buio. L'idea di passare tre mesi con una sola persona, che conosceva ma con la quale non aveva mai condiviso nessuna spedizione in esclusiva, non la entusiasmava. Avrebbe voluto qualcun altro con cui parlare, riflettere o confrontarsi in tenda o al campo base durante le attese.

«Perché non prendi altre due persone?» mi chiese.

La sua proposta era di allargare il gruppo fino a un massimo di quattro componenti: non voleva assolutamente un team troppo numeroso, dato che come me anche lei amava le squadre piccole.

«No, andiamo io e te, come ho fatto in passato con Anatoli, Denis o Barmassé.» Fui perentorio nella mia risposta. «Concentrati sull'obiettivo e non farti spaventare dal resto!»

Non dovetti insistere molto, e l'invito a concentrarsi sull'impresa funzionò. Anche perché l'obiettivo era duplice: salire in completa stagione invernale gli 8162 metri del Manaslu fino alla vetta principale e compiere il concatenamento con la cima est della montagna, di pochissimi metri inferiore agli 8000. Si chiama Manaslu Pinnacle, quel satellite roccioso: dopo tutte le cime e anticime di 8000 metri, esso rappresenta la vetta di 7000 metri più alta del mondo. Il pinnacolo del Manaslu è uno sperone bellissimo, ben visibile dal campo base, e insieme alla vetta principale caratterizza la forma di questa montagna. Quello che ci proponevamo era tutt'altro che semplice. Già il Manaslu da solo in completa stagione invernale era una meta ambiziosa, l'aggiunta di una difficoltà di questo genere ne avrebbe fatto una prova durissima.

Rispetto alle altre invernali, decisi di partire a metà febbraio per riuscire a sfruttare la maggiore stabilità meteorologica della seconda parte dell'inverno che, nelle mie precedenti esperienze, avevo notato essere una costante.

Il mondo alpinistico aveva accolto con molto interesse il duplice obiettivo della spedizione e la scelta della compagna di cordata. Ce lo confermò l'attenzione che ricevemmo dopo la conferenza stampa organizzata dal sito della «Gazzetta dello Sport» a Milano. Fui onorato nuovamente dalla presenza di Reinhold Messner, altoatesino come Tamara Lunger, nei confronti del quale lei provava tanta soggezione da avere difficoltà ad avvicinarsi e parlargli. Ma del resto, un gigante dell'alpinismo come Reinhold non può non suscitare una specie di timore reverenziale nei confronti delle giovani leve e rispetto generalizzato da parte di tutta la comunità alpinistica!

35.
La Khumbu Challenge

Il buongiorno si vede dal mattino... Saggezza popolare mai vera come nella spedizione al Manaslu, che iniziò sotto le peggiori stelle; ma sarebbe più corretto dire sotto il peggiore cielo, poiché di stelle in quelle settimane ne vedemmo proprio poche. Le pessime condizioni meteorologiche ci imposero sin da subito, quando ancora ci trovavamo a Kathmandu, un cambio nel programma. Avremmo dovuto raggiungere il campo base a piedi, metodo ideale per acclimatarsi e carburare fisicamente, ma non trovammo nessun portatore disposto ad accompagnarci, perché nelle settimane precedenti aveva nevicato ininterrottamente per giorni e sulla via che conduceva alla montagna c'erano due metri di neve. L'avvicinamento a piedi era complicato dal maltempo, ma anche dal fortissimo pericolo di valanghe. In più, le previsioni continuavano a essere pessime. La marcia sarebbe stata impossibile per giorni.

Approfittando di alcune ore di tregua, volammo al campo base in elicottero. Non potemmo però caricare tutta l'attrezzatura che ci serviva per sopravvivere nel mese successivo, e fu necessario un secondo volo che poté essere effettuato a distanza di qualche giorno per ultimare il lavoro e rifornirci di tutto.

Mai prima, nella mia carriera alpinistica, avevo visto nulla del genere. Il Manaslu fu il festival della neve: dopo brevissime pause e schiarite durante le quali riuscimmo solo ad andare al campo 1 a 5700 metri, ci furono sei giorni ininterrotti di neve, durante i quali ne caddero più di sei metri! Le precipitazioni poi non terminarono, furono ancora incessanti. Ma se all'inizio rappresentarono un puro ed evidente ostacolo alle nostre progressioni, nel giro di poco si rivelarono una minaccia per la nostra sopravvivenza al campo base. Costretti ad attendere un miglioramento che sembrava non arrivare mai, passavamo il tempo a spalare attorno alle tende: certi giorni lavorammo anche per cinque ore di seguito, e non solo perché non avevamo nulla da fare, ma perché altrimenti la neve avrebbe sepolto il nostro riparo e avremmo fatto la fine dei topi. Quello che in altri campi base si era rivelato un passatempo per tenersi in moto, lì al Manaslu divenne una necessità primaria.

Le valanghe continuavano a staccarsi dalla parete, sempre più gigantesche e spaventose; all'inizio si riversavano sui campi alti e sulle vie di salita, ma presto cominciarono a minacciare il campo base. Quando i loro sbuffi arrivarono a far tremare le nostre tende, capimmo di non essere più al sicuro: eravamo intrappolati in un mare di neve, non potevamo salire, non potevamo scendere, non potevamo fare più nulla, tranne chiamare un elicottero e farci evacuare. E fu la decisione che prendemmo, l'unica possibile e saggia. Lasciammo là tutto, nella speranza di poter ritornare qualche settimana dopo per iniziare nuovamente la fase di salita.

Nima Nuru Sherpa, leader della Cho-Oyu Trekking, l'agenzia che si stava occupando della spedizione, nel frattempo ci aveva comunicato che nella valle del Khumbu, quella dell'Everest, le nevicate erano state meno copiose e c'erano buone condizioni per scalare. Eravamo in Nepal, volevamo continuare a fare quello che amavamo di più e decidemmo allora di continuare la fase di acclimatamento in quella valle. Chiamammo le due settimane che seguirono "Khumbu Challenge": scalammo montagne più piccole, trovando linee nuove verso la vetta, e salimmo una cima inviolata di 6000 metri che sulla carta non aveva neppure un nome. Furono giorni fantastici, ossigeno per il morale, per i muscoli e per la mente.

La prima vetta fu l'Island Peak, 6200 metri che affrontammo per la via normale partendo dall'ultimo villaggio, Chukung, a 4750 metri di quota. Partimmo dopo colazione e arrivammo in cima in poche ore, tornando poi al villaggio in una giornata, quando in genere questa salita ne prevede due o tre, dimostrazione che eravamo davvero in piena forma fisica. Quella fu la prima salita della stagione, perché altre spedizioni presenti avevano rinunciato dicendo che non si trovava la via d'accesso alla vetta a causa di uno sbarramento dovuto a numerosi crepacci aperti e pericolosi. Fummo bravi e astuti nel trovare il punto di passaggio e a sfruttarlo.

A distanza di ventiquattr'ore decidemmo di ritornare nuovamente sull'Island Peak, realizzando però una via nuova. L'avremmo aperta lungo il versante opposto di quella normale, sul lato settentrionale, che sta proprio di fronte alla mitica e gigantesca parete sud del Lhotse, la quarta montagna più alta della Terra. L'avremmo fatta in stile alpino e in velocità, partendo ancora da Chukung e facendo ritorno la sera stessa. Come se dovessimo fare un'escursione alpina, partimmo verso le cinque e mezza di mattina con gli zaini in spalla, sempre dopo aver fatto colazione con il gestore del lodge. Nessuno aveva mai esplorato quel versante, perciò avevamo massima libertà nell'individuare, cercare e poi tracciare il nostro itinerario. Buona parte della parete era sovrastata da enormi seracchi, che cercammo di evitare facendo lo slalom tra crepacci profondi; in alcuni punti fummo obbligati a prenderci un margine di rischio per riuscire a procedere in mezzo a questi grandi palazzi verticali. Il tempo si mantenne stabile per la prima parte della giornata e questo ci faceva sperare di riuscire a portare a termine il nostro progetto, anche se rallentato dalla ricerca, a volte anche affannosa, di una linea di salita attraverso un vero e proprio labirinto di crepacci. Era comunque una bella sensazione, quella di potersi muovere e toccare per la prima volta il lembo di una parete rimasta ancora, incredibilmente, inviolata. La parte che stavamo salendo era infatti sotto gli occhi di tutti, poiché ben visibile dal villaggio, tanto da essere continuamente fotografata da turisti e trekkers. Nonostante questo, nessuno l'aveva mai salita, e ciò mi confermava, ancora una volta, quanto troppo spesso all'esplorazione manchi la fantasia e al contrario ci sia molta miopia. La natura ci ha regalato moltissime montagne da scalare con tante vie da aprire, eppure manca proprio la volontà di esplorare, scoprire o cercare un po' fuori dalle tracce battute. La via nuova che stavamo aprendo io e Tamara nasceva invece dall'entusiasmo, dalla curiosità, dalla creatività, ingredienti fondamentali dell'alpinismo di esplorazione e ricerca.

Nel pomeriggio il tempo si guastò, costringendoci a percorrere la cresta affilatissima che portava verso la cima ovest immersi nella nebbia. Era una progressione su neve a volte inconsistente che ne faceva a tratti un percorso delicato su cui muoversi. Mancavano ormai poche decine di metri di dislivello alla vetta: quando riuscii finalmente a raggiungerla, dopo alcuni secondi di evidente soddisfazione, dissi ad alta voce una parolaccia. Tamara, che stava poco più sotto e che stava ancora salendo, mi sentì e capì che c'era qualcosa che non andava. In teoria avrei dovuto essere più che contento, eravamo arrivati sulla cima ovest come speravamo e, soprattutto, avevamo aperto una nuova via... Certo, ma il nostro obiettivo contemplava anche l'attraversamento verso la cima principale, da cui saremmo dovuti ridiscendere sfruttando la via normale che avevamo percorso il giorno precedente.

Quando mi raggiunse sulla cima, con lo sguardo già cupo e preoccupato, Tamara capì al volo il motivo della mia rabbia.

«Da qui non riusciamo ad attraversare!» dissi.

Davanti a noi c'era tutta una serie di cornici di neve a sbalzo nel vuoto, fragilissime e pericolosissime. Percorrere quel tratto per raggiungere la cima principale sarebbe stato come giocare alla roulette russa. Non potevamo fare la traversata e l'unica via di salvezza era ridiscendere da dove eravamo appena saliti.

Vidi il dispiacere sulla faccia di Tamara. Non disse quasi nulla, solo qualche parola come se volesse chiedermi scusa. Si sentiva in colpa perché durante la salita io avevo più volte detto che stavamo correndo rischi un po' troppo grossi per via dei seracchi sovrastanti. E il motivo era realmente quello, anche se lei, forse, aveva interpretato diversamente le mie esternazioni, pensando di aver sbagliato nell'esortarci a proseguire verso l'alto. Senza aggiungere molto altro e senza aspettare un secondo di più, Tamara cominciò a scendere.

«Tamara, ma dove vai?» le domandai. «Dai, vieni su, stringiamoci la mano, abbiamo comunque aperto una via nuova!»

Lei ritornò in cima, ci abbracciammo e ci ritornò un po' di buon umore. Subito dopo riprendemmo la nostra concentrazione: dovevamo rifare a ritroso tutta la via. Questo aggiunse una difficoltà in più alla nostra scalata, ma riuscimmo comunque ad arrivare alla base della parete e in serata al lodge del villaggio di Chukung, a 4700 metri.

Nonostante la sorpresa di quella seconda giornata di salita, la Khumbu Challenge ci stava ridando motivazione, stava affinando la nostra forma fisica e stimolando un alpinismo di azione, ben diverso da quello dell'attesa snervante tipica dell'alpinismo invernale. Dopo la via nuova, avevamo ancora voglia di arrampicare e di fare qualcosa di diverso. Di tempo ne avevamo, perché tutta la neve caduta al Manaslu avrebbe necessitato ancora di due settimane di meteo accettabile per assestarsi e staccarsi attraverso valanghe spontanee.

Il nuovo obiettivo della Khumbu Challenge ricadde su una montagna che sulla carta non aveva neppure un nome, sebbene fosse ben visibile dal villaggio. Faceva parte di una serie di vette segnalate solo con le quote dell'altitudine. Gli abitanti di Chukung, che avevo interrogato in proposito, mi spiegarono che il nome locale con il quale si riferivano a quelle cime era Kang Lemo.

Decidemmo di affrontare una di queste, la più centrale, che indicammo appunto come Kang Lemo Centrale e che stimammo essere alta all'incirca 6000 metri. Non solo avremmo aperto una via nuova, ma avremmo realizzato una prima assoluta. L'inizio del tragitto era piatto: prevedeva l'attraversamento di una morena e poi di un ampio ghiacciaio, apparentemente poco complicato, non fosse stato per tutta quella neve che ci arrivava fino alla vita e nella quale dovevamo aprirci una strada. Dopo quel tratto, le pendenze cominciarono a farsi più pronunciate e i nostri sforzi si concentrarono sui crepacci da aggirare. Procedevamo in cordata, alternandoci alla testa per il lavoro più duro di apertura della via, e a mano a mano che salivamo le pendenze aumentavano, costantemente, fino a diventare muri verticali. Percorremmo il canale sommitale, costituito da neve fine come zucchero, polverosa, inconsistente, che ci permise di arrivare in cresta e poi su, fino alla vetta. Non credevamo ai nostri occhi e ci fu un'esplosione di gioia. Un panorama mozzafiato, da una cima su cui a stento potevamo stare, quasi a cavalcioni. Risultato raggiunto! Eravamo in vetta al Kang Lemo Centrale.

La Khumbu Challenge si era rivelata un'occasione fantastica per fare alpinismo libero, veloce e gioioso. Quell'alpinismo che desideravamo fare anche sul Manaslu, dove eravamo ormai pronti a tornare.

36.
Un disastro, ma non solo

Ci stavamo avvicinando al campo base e quello che avevamo visto fino a quel momento dall'elicottero non faceva presagire nulla di buono: la quantità di neve non si era ridotta, tantomeno si era assestata, e le condizioni dall'alto apparivano ancora molto critiche. Arrivati vicino al punto dove saremmo atterrati, intravedemmo appena le nostre tende che avevano tutta l'aria di essere state divorate dalla neve, come se fossero state inglobate in una superficie compatta.

L'impressione che avevamo avuto si rivelò purtroppo realtà. Con le pale del rotore ancora in movimento che provocavano il sollevamento di una nube composta da pulviscolo di neve fitto, saltammo giù dall'elicottero sprofondando fino alla pancia. A fatica prendemmo dalla cabina i nostri zaini, chiudemmo la porta e dopo alcuni secondi ci ritrovammo nel silenzio più completo, nella desolazione del campo base fantasma, ibernato. La tenda Dome era completamente sfondata. A parte essere costosissima, era la tenda che custodiva tutti i nostri materiali: sacchi a pelo, zaini, attrezzature alpinistiche. Ricominciammo la seconda parte della spedizione al Manaslu esattamente come avevamo finito due settimane prima, anzi peggio: spalando e recuperando materiale. Per prima cosa, dunque, cercammo le nostre pale; passammo poi le ore successive a liberare la tenda, cercando di camminarci sopra il meno possibile. Spalammo via oltre un metro di neve e riesumammo con mille difficoltà tutto il materiale sommerso e bagnato.

Mentre eravamo nella valle del Khumbu, lì non aveva fatto altro che nevicare. La neve accumulata aveva causato il cedimento della paleria in alluminio, la struttura che regge la tenda, rendendola quasi inutilizzabile. Fummo costretti a montare una piccola tenda di fortuna, che posizionammo leggermente più a valle, e che divenne la nostra nuova dimora, piccola e meno spaziosa. Anche le tende del cuoco e dell'aiuto cuoco erano sepolte nella neve. Per arrivare ad alcuni materiali dovevamo fare speleologia pura, e questo ci sembrava così assurdo e incredibile che, tutto sommato, ci aiutò anche scherzarci sopra. Tanto più che il cuoco, nutrendo seri dubbi sulle possibilità di successo al Manaslu, non era più tornato con noi al campo base, ma era partito con un'altra spedizione. Con noi c'era solo l'aiuto cuoco, un ragazzino giovane ma coraggioso che si dimostrò fedele e pieno di iniziativa. Riuscimmo a liberare solo un lato della tenda, ormai completamente ghiacciata, per tirare fuori quello che c'era dentro, mentre riuscimmo a estrarre dalla neve la tenda dell'aiuto cuoco e a riposizionarla due metri più in alto.

Dopo questi lavori di manovalanza, decidemmo di verificare lo stato del campo 1. Posto a 5700 metri, mille in più rispetto a dove ci trovavamo, non ci aspettavamo certo di trovarlo in condizioni migliori, ma almeno di trovarlo... Quando lo avevamo piazzato, con lo scopo di farne una specie di magazzino per la parte superiore della scalata, avevamo registrato le coordinate della sua posizione esatta con il GPS, e questo ovviamente ci confortava sulla possibilità di recuperare tutto il costosissimo materiale che c'era al suo interno e che comprendeva due tende, sacchi a pelo, le batterie del telefono satellitare, videocamere, macchine fotografiche, abbigliamento e attrezzature alpinistiche.

Con l'aiuto delle racchette da neve, senza le quali saremmo sprofondati fino alla vita e non ci saremmo potuti muovere da dove eravamo, cercammo di muoverci velocemente. Una volta arrivati, avremmo dovuto lavorare qualche ora per spalare e risistemare il bivacco, tanto più che quel giorno speravamo addirittura di iniziare ad aprirci la traccia verso i campi alti che non avevamo ancora nemmeno ipotizzato di raggiungere.

Ci impiegammo davvero poco a raggiungere il luogo del nostro primo campo e questo ci mise di buon umore: la Khumbu Challenge ci aveva fatto bene e la nostra forma fisica era buona. Quando fummo al campo, com'era ovvio, non trovammo nulla di evidente e visibile. Sapevamo che sarebbe stato sepolto. Con il GPS cercammo il punto esatto in cui scavare per disseppellirlo dai metri di neve sotto il quale lo pensavamo comunque salvo. Iniziammo a spalare con un buon ritmo. All'inizio eravamo persino allegri, chiacchieravamo mentre lavoravamo, guardavamo in alto pensando già ai giorni successivi... ma il tono scanzonato e le chiacchiere lasciarono presto il posto alla preoccupazione. Avevamo già spalato più di un metro di neve per una superficie grande quanto due tavoli da ping pong e non avevamo trovato nulla, neanche le bandierine che avevamo lasciato. Ci fermammo, riaccendemmo il GPS, ricontrollammo... sì, le discordanze erano di un metro, un metro e mezzo al massimo, ma sempre all'interno di quella superficie. Perciò, ancora più convinti, continuammo di buona lena, ma senza più chiacchierare e concentrandoci sullo sforzo.

Le ore correvano veloci e quelle di luce non erano moltissime. Spalammo, spalammo e spalammo ancora, ma del nostro campo non trovammo neppure una minuscola traccia. La faccenda si fece molto seria: avevamo un dannato bisogno di trovarlo, non solo per la scalata ma anche per passarci la notte. Invece era già pomeriggio e noi, come due idioti, eravamo lì a scavare una buca nel nulla. Ci fermammo nuovamente, ci guardammo in giro alla ricerca di un punto di riferimento... in effetti, eravamo proprio nella piccola sella dove avevamo posizionato le tende due settimane prima. Più decisi ancora, e pure un po' incazzati, riprendemmo a spalare. Quando la buca divenne davvero profonda, cominciai a sondare il terreno come si fa quando si cerca una persona travolta da una valanga. Usai un bastoncino di un metro e quaranta, lo conficcavo nella neve fino a entrarci con il mio stesso braccio raggiungendo quindi una profondità di circa due metri e... nulla. Non c'era nulla.

Ebbene, la spedizione finì proprio così: io e Tamara, in una grandissima buca, immersi fino alla faccia, che ci guardavamo allibiti. Non potevamo credere a quello che ci stava succedendo. Eravamo tornati al Manaslu, trovando le stesse condizioni meteo; avevamo perso parte del campo base; e il campo 1, con tutto il suo materiale dentro, era sparito nel nulla.

Il giorno stesso tornammo increduli al campo base. Per andarcene dalla montagna, fummo costretti a chiamare nuovamente l'elicottero e quella spedizione alla fine ce la ricorderemo per la neve, ma anche per il conto salatissimo di tutti i trasporti via cielo!

L'esperienza di quei giorni ci aveva regalato momenti bellissimi nella valle del Khumbu e un grande insegnamento al Manaslu: non c'è niente di prevedibile e la neve non è mai troppa. In tutta la mia vita alpinistica non avevo mai visto una precipitazione nevosa simile e non mi ero mai trovato in condizioni del genere. Sembravano cose di un altro mondo, racconti fantastici, eppure in tutta la spedizione avevamo solo ed esclusivamente spalato, arrancato nella neve, proceduto, seppure velocemente, ma sempre e solo con le racchette. Non riuscimmo neppure a raggiungere i 6000 metri, avevamo toccato solo quota 5900 durante la prima fase della spedizione, la più bassa di tutta la mia carriera.

Se al Manaslu era andata malissimo, le salite nel Khumbu ci avevano invece dato tanto: il sapore fantastico dell'alpinismo fatto su montagne più piccole, l'entusiasmo di aprire vie nuove o salire cime inviolate. E aveva anche rimarcato la differenza, molto spesso non compresa a fondo, tra scalare una montagna di 6000 o 7000 metri e una di 8000, che è una montagna con sopra un'altra montagna ancora.

Non furono i soli lati positivi della spedizione. Il Manaslu fu l'occasione di scoprire quanto bene io e Tamara arrampicassimo insieme, quanto velocemente fossimo in grado di prendere decisioni e quanto la ripartizione degli sforzi fosse suddivisa in maniera omogenea e proporzionale. Tra noi non c'era un rapporto di sudditanza e tantomeno di boriosa leadership, ma un legame equo e trasparente che ci aveva portati a non litigare mai, a non essere mai in disaccordo, neppure nei momenti più difficili e di maggior tensione. Insomma, avevamo scoperto che eravamo molto affiatati, che eravamo una cordata perfetta, sia nell'azione sia nelle attese. Eravamo stati efficaci e svelti nel definire le nostre mosse, non ci eravamo mai persi d'animo e ci eravamo sostenuti tenendo alta la motivazione; avevamo continuato a sognare, ma eravamo stati nello stesso tempo pragmatici quando si era trattato di scegliere tra il nostro cuore, in cui era forte il desiderio di andare avanti, e gli evidenti limiti che, ancora una volta, la natura ci aveva imposto. Insomma, qualcosa di molto buono, da quella spedizione, era venuto fuori.

LA TERZA VOLTA
(2015-2016)

37.
Innamorato di una montagna

Io e Tamara eravamo un'ottima cordata, questa era la certezza che mi ero portato a casa dal Manaslu. Mi venne perciò naturale pensare a lei quando cominciai a progettare il nuovo tentativo sul Nanga Parbat. Quelli precedenti compiuti con Denis e David non avevano affievolito in alcun modo la mia motivazione, così come la convinzione che il Nanga Parbat si potesse salire in inverno. Certo, il numero di tentativi a questa montagna parlavano chiaro: in trent'anni di sogni e desideri, tutti gli assalti erano stati respinti, e nessuno era mai riuscito ad arrivare sulla vetta.

Io non ricordo esattamente quando, di sicuro dopo il Manaslu, ma ci fu un momento nel quale realizzai in modo molto limpido che non volevo solo tornare sulla montagna nuda, ma che io di quella montagna mi ero proprio innamorato. E come può succcdcrc tra lc pcrsonc, nonostantc l'avcssi cortcggiata tanto e fossi stato respinto malamente, non avevo ancora mollato la presa; anzi la passione e il desiderio nei suoi confronti erano cresciuti ancora di più. Non ero il solo amante sfortunato, però: fino ad allora il Nanga Parbat aveva respinto tutti, e questa era l'unica e misera consolazione. Per nulla scoraggiato, mi rimisi in azione per organizzare il mio terzo tentativo invernale che avrei fatto con Tamara.

Il progetto prevedeva di ritornare da dove avevo iniziato la mia storia con il Nanga, cioè il versante Diamir. Dopo essermi misurato con quest'ultimo e con il versante sud del Rupal, avevo messo sulla bilancia tutti i pro e i contro dell'uno e dell'altro lato della montagna, concludendo che il primo fosse più idoneo e abbordabile. Era indubbiamente avaro di sole, ma presentava 500 metri di dislivello in meno con difficoltà tecniche che potevano essere aggirate tentando una via che non fosse la Kinshofer, bensì la via Messner, la stessa tentata con Denis e percorsa fino a 6700 metri nel 2012.

Da innamorato del Nanga Parbat quale ormai ero, studiai con ancora più passione ogni singolo dettaglio e cercai di mettere in piedi una strategia diversa: non potevo ritornare sulla "mia" montagna senza apportare nulla di nuovo al progetto. E soprattutto non potevo replicare quello che trenta spedizioni prima della mia avevano già fatto, mettendo in campo lo stesso percorso, le stesse intenzioni, le stesse metodologie e le stesse tecniche. Dovevo fare qualcosa di diverso, perché forse era proprio nel cambiamento la potenziale chiave del successo.

Mi riproposi quindi di salire dalla via Messner, il che implicava l'apertura di una via nuova, perché i sudtirolesi nel 1991 e lo stesso Messner nel 2000, come ho già detto, non l'avevano completata, nemmeno d'estate. L'apertura della via aveva un suo grado di difficoltà, ma sapevo che dal punto di vista tecnico era minore rispetto alla via normale, tanto che nel 2012 con Denis non avevamo dovuto attrezzare nessuna sezione con le corde fisse. Saltare questo tipo di lavoro ci avrebbe permesso di risparmiare tempo prezioso e concentrarci solo sulle salite, senza sprecare le finestre di bel tempo in lavori di carpenteria... Sul Nanga Parbat, come su altri ottomila, il tempo andava sfruttato esclusivamente per salire velocemente, per cercare di fare il grande balzo verso la vetta. Questo ragionamento, che mi era ormai chiarissimo, motivò la strategia di compiere le fasi di acclimatamento su un'altra montagna, più facile anche se altissima. La scelta ricadde sullo Spantik (nota anche come Golden Peak, per i colori dorati di una sua parete quando è illuminata dal sole), una cima di 7027 metri, situata nella Nagar Valley, a qualche centinaio di chilometri dal Nanga Parbat.

Le novità non erano finite: oltre a tentare una montagna di 7000 metri prima del Nanga Parbat, a scegliere la via Messner e ad avere una ragazza come compagna di cordata, in quella spedizione avevamo deciso di portare gli sci, per essere più veloci nella fase di allenamento e acclimatamento. Ci aspettavamo ancora tanta neve e lo Spantik, tipica montagna da sci alpinistico, poteva essere salito e disceso più comodamente utilizzando questa attrezzatura.

Questa volta non eravamo in due soli, poiché la spedizione contava un terzo componente: Hansjörg Lunger, il papà di Tamara, che sarebbe stato con noi nelle prime fasi del viaggio. Quest'uomo meriterebbe da solo un libro, perché è un personaggio unico. Campione prima di mountain bike e poi di sci alpinismo, Hansjörg, classe 1964, aveva fatto parte della nazionale maschile nello stesso anno in cui Tamara, a ventitré anni, vinse il campionato mondiale di sci alpinismo: in pratica padre e figlia erano stati nella stessa squadra nazionale contemporaneamente! Nella sua carriera di sci alpinista aveva collezionato molte vittorie in gare di livello internazionale, fra cui la Pierra Menta e il Sellaronda, che sono per questa disciplina come le grandi classiche del ciclismo, pietre miliari nella carriera di uno sportivo. Con Tamara, proprio in Pakistan e in completa autonomia, avevano fatto una lunga traversata invernale che dalla regione del Shimshal, passando dal ghiacciaio Biafo, li aveva visti arrivare al ghiacciaio Baltoro in tre settimane, trainando ognuno la propria slitta. Un viaggio esplorativo fantastico, un'impresa che i due documentarono e narrarono grazie alle riprese di due cameraman uniti al gruppo che realizzarono il film di quell'avventura. Con quella prima spedizione nella catena del Karakorum, Hansjörg aveva portato a casa un altro grande risultato, e lo aveva fatto, con la sua tipica leggerezza e apparente normalità con sua figlia.

Il nuovo tentativo invernale al Nanga Parbat comprendeva quindi due spedizioni con logistiche completamente diverse: avremmo dovuto ingaggiare i portatori per andare allo Spantik e ritornare al punto di partenza, per poi spostarci con la jeep fino a Chilas, ingaggiare una nuova squadra e da lì ripartire per il trekking e arrivare al campo base del Nanga Parbat.

38.
La scelta del silenzio

Sulla nuova spedizione io e Tamara decidemmo che non ci sarebbe stata nessuna comunicazione, nessun aggiornamento, nessun sito internet dedicato. Era una bella novità, soprattutto per chi mi aveva seguito negli anni di viaggi e crescita alpinistica. Nelle mie precedenti esperienze avevo sempre cercato di narrare in modo autentico e continuativo tutte le fasi delle mie avventure. Ero sempre stato onesto e pulito fino in fondo e avevo sfruttato il potente strumento offerto da internet per comunicare i successi ma anche i fallimenti dei miei progetti e delle mie avventure. Questa voglia di raccontarmi è sempre stata una nota particolare del mio modo di agire, ma non ho mai asservito l'alpinismo alla comunicazione, come qualcuno a volte ha erroneamente sostenuto: ho sempre pensato prima a fare che a parlare, e non ritengo neppure necessario stendere ora l'elenco di quello che ho fatto per dimostrarlo. Ho insomma raccontato e scritto pagine di vita mia personale vissuta e non vicende altrui.

Nel tentativo del 2015-2016 non ci sarebbero state notizie e aggiornamenti da parte nostra né sullo

Spantik, né tantomeno sul Nanga Parbat. Le sole notizie che sarebbero arrivate avrebbero riguardato tutte le altre spedizioni. Dico "tutte le altre" perché il loro numero, quell'inverno, fu davvero alto, un record per il Nanga.

L'ennesima decisione che condivisi con Tamara riguardo al nostro progetto fu la scelta del cuoco: sarebbe stato il mio *lucky cook*, il mitico Didar Ali, con il quale non mi era mai capitato nulla di brutto in tutte le spedizioni pakistane e con il quale Tamara aveva condiviso alcune settimane di spedizione quando aveva tentato il Broad Peak alcuni anni prima. Didar era un portafortuna umano al quale non potevo rinunciare, e poi era bravissimo ai fornelli e come nessun altro sapeva tenere alto il morale del gruppo, anche nei momenti più critici e difficili, come aveva dimostrato anche al versante Rupal di due anni prima.

39.
Pronti, via!

L'arrivo al campo base del Nanga Parbat era previsto per il 21 dicembre. Questa è la regola ferrea che mi sono sempre imposto, che ho rispettato in ogni occasione e che ripeto all'infinito: se una spedizione è invernale, l'obiettivo deve essere raggiunto dopo il 21 dicembre. Prima di quella data uno può fare quello che vuole, allenarsi, acclimatarsi, fare un viaggio, ma al campo base della montagna non si deve arrivare prima del giorno di inizio dell'inverno astronomico.

Il 7 dicembre atterrammo a Islamabad e due giorni dopo volavamo già a Skardu. Nella capitale pakistana avevamo sbrigato le solite pratiche burocratiche, ritirato il materiale spedito via cargo e messo a punto gli ultimi dettagli. Ci aspettava un impegno molto lungo e volevamo raggiungere il prima possibile lo Spantik. La sua cima non era un obiettivo tecnicamente estremo, ma presentava comunque molte difficoltà, considerando che in inverno nessuno aveva mai salito questa montagna. La nostra non era una semplice tappa di acclimatamento, ma sarebbe stata comunque una prima assoluta.

La scelta di utilizzare l'aereo di linea per arrivare a

Skardu ci aveva evitato il budello stradale della Karakorum Highway e una lunga prova di resistenza e di nervi, perché, se è vero che quella strada ha un suo innegabile fascino, dopo due giorni percorsi a una velocità media di quaranta chilometri orari la bellezza dei luoghi lascia spesso il posto alla monotonia e alla stanchezza. La lunga serie di tornanti fu sostituita da un'ora di volo fantastico. Il viaggio fu tranquillo, ma la visibilità ridotta costrinse il velivolo a stare basso, seguendo una rotta all'interno delle valli, che ci permise di osservare bene le montagne "minori" ma non il Nanga.

A Skardu ci aspettava l'autobus che era partito ventiquattr'ore prima da Islamabad con tutto il nostro materiale stipato sul tetto. La differenza di temperatura rispetto alla capitale si fece subito sentire: era bastata un'ora scarsa di viaggio per proiettarci nel freddo delle montagne himalayane, nonostante la quota, intorno ai 2200 metri, fosse ancora bassa rispetto alle valli e alle cime attorno a noi.

Saremmo dovuti rimanere in quella cittadina solo una notte, invece fummo costretti a restarci quattro lunghissimi giorni: il primo preparammo tutti i materiali, scaricammo quelli arrivati con l'autobus e facemmo le ultime provviste di cibo, gli altri ci servirono per districarci tra mille imprevisti e problemi logistici, pratici, di sicurezza. Solo dopo questo periodo, che ci sembrò eterno, riuscimmo finalmente a partire per la nostra prima montagna.

40.

Bisil: ultima fermata

Il 12 dicembre eravamo a Bisil, l'ultimo villaggio della valle raggiungibile con i mezzi a motore, da dove saremmo partiti l'indomani a piedi per il campo base. Qui trovammo la metà dei portatori ingaggiati dall'agenzia di Ashraf Aman che, ancora una volta, si stava occupando della logistica del viaggio e di tutti gli aspetti formali e burocratici. I portatori del vicino villaggio di Arandu sarebbero arrivati in serata o la mattina seguente. Prendendo una parte di loro a Bisil e nel villaggio adiacente e un'altra parte in quello successivo di Arandu, avevamo rispettato una sorta di regola non scritta che offre a tutti le stesse possibilità di lavorare, anche a quelli che abitano oltre la strada già lungo il cammino.

Bisil è il classico villaggio rurale nel mezzo del nulla, in una delle tantissime valli remote del Pakistan. La sua fortuna è avere pozze naturali di acqua calda sulfurea che anche nella stagione più fredda permettono di trovare sollievo in un bel bagno caldo, di tenersi puliti, di lavare i panni sporchi evitando le gelide acque del fiume e infine ai bambini di giocare con qualcosa di salubre e che non congeli loro le mani.

Piazzammo il nostro campo proprio al termine della strada: montammo la tenda cucina e, mentre Didar si dava da fare ai fornelli, tirammo su il resto dell'accampamento. I portatori già presenti cominciarono a suddividersi i carichi che avrebbero trasportato. Tutto, insomma, sembrava filare liscio e veloce. Quelli di Arandu cominciarono ad arrivare in tarda serata, anche loro si presero una parte del materiale e insistettero per cominciare subito la marcia di avvicinamento che avrebbe avuto come prima tappa il loro villaggio. C'era qualcosa che non ci quadrava nel loro modo di fare, ma non ci fu verso di venirne a capo: neppure il nostro *sirdar* riuscì a capire subito le loro intenzioni.

L'indomani, quando già erano partiti, ci fu comunicato che il programma di avvicinamento era cambiato, ma di questo ci eravamo già accorti, e che le tariffe erano sensibilmente aumentate! Fu davvero una brutta sorpresa che ci lasciò interdetti. Come poteva essere accaduto? La tariffa dei portatori era stata pattuita tempo prima dall'agenzia e non era in alcun modo rinegoziabile. Essa comprendeva già tutti i surplus e aumenti previsti dalla stagione invernale. Per dirla in poche parole, il prezzo era già stato fissato, ma loro stavano provando ad alzarlo ancora. Avevano anche studiato tutto in maniera precisa: si erano presentati prima e avevano insistito per partire ipotizzando che una volta giunti a quel punto, con i mezzi a motore in procinto di rientrare a Chilas, non avremmo interrotto la spedizione e avremmo accettato qualsiasi condizione.

La richiesta che ci fecero era da capogiro: il quadruplo di quanto pattuito, che avrebbe pesato sul nostro budget iniziale di oltre ventimila euro. Senza contare il costo che avrebbe avuto il ritorno, tanto più che una volta al campo base saremmo stati praticamente in trappola e se avessero avanzato altre richieste e un prezzo ancora maggiore non avremmo avuto scampo: avremmo dovuto accettare per forza, se fossimo voluti tornare e andare al Nanga Parbat.

Ci arrabbiammo tantissimo, e oltre alla rabbia c'era anche la delusione da parte dell'intero team e dei portatori estranei a quella manovra. Il nostro *sirdar* non era riuscito a mediare e a far rispettare gli accordi presi, insomma avevamo una bella grana da risolvere. Io, Tamara e Hansjörg non eravamo però disposti a farci prendere in giro; se, inoltre, avessimo lasciato correre sul rispetto delle regole e degli accordi presi, se ci fossimo sottomessi a quel diktat, non avremmo neppure dato un buon segnale a coloro che operano in un settore che rappresenta l'unica industria turistica capace di dare sostentamento alle regioni settentrionali del Pakistan. Inoltre non potevamo permettercelo!

Se avessi dato retta all'evidenza, mi sarei dovuto arrendere. A quel punto, con i portatori già in marcia, tutto sembrava deciso. Invece no, mi intestardii e ordinai a tutti i portatori presenti di lasciare fermi i carichi e di non spostarsi da Bisil. A quel punto io, Tamara e Hansjörg partimmo di corsa all'inseguimento degli altri portatori. Eravamo molto in forma e li raggiungemmo in poco tempo ad Arandu; una volta sul posto affrontammo il problema con risolutezza. Nel tragitto ne avevamo discusso e la conclusione era stata unanime: non era giusto lasciare correre su quella che era anche una questione di lealtà e correttezza, tanto più che, a voler ignorare la questione etica, non avevamo altri soldi da spendere se non quelli preventivati per quella voce del budget e per la montagna dove avremmo svolto solo l'acclimatamento. La spedizione allo Spantik era cancellata! Questa la decisione che comunicammo ai portatori.

Il 14 dicembre li obbligammo a ritornare indietro con il nostro materiale, il giorno successivo eravamo già a Skardu. La prima fase preparatoria al Nanga Parbat si concluse così.

41.

La prima notte in tenda, finalmente!

Nei quindici giorni in cui eravamo stati in Pakistan avevamo solo impacchettato il materiale, preparato la logistica della spedizione, curato gli ultimi dettagli e ci eravamo entusiasmati per la partenza di una bella avventura che poi si era arenata. Ci eravamo trovati a risolvere mille problemi e il nostro vero obiettivo, ciò per cui eravamo tanto lontani da casa, ovvero scalare le montagne, sembrava sempre lontano, impegnati come eravamo a prendere nuove decisioni, ridefinire strategie e programmi, spostarci da una parte all'altra senza concludere niente.

Sfumato lo Spantik, anche la decisione di andare direttamente al Nanga Parbat si scontrò con un grande ostacolo: non avevamo ancora i permessi di scalata. Approfittando del mese di acclimatamento che avremmo passato altrove, la nostra agenzia aveva procrastinato il disbrigo di alcune pratiche, tra cui quella che riguardava i permessi. Scoprimmo quindi di non averli, e come noi anche tutte le altre spedizioni dirette sulla stessa montagna perché, come se non bastasse, il ministero del Turismo aveva deciso di rilasciarli in blocco per poter concentrare in poche occasioni i briefing con i capi spedizioni. Morale della favola: eravamo a Skardu e non avevamo il permesso per scalare il Nanga!

C'era molto nervosismo nell'aria, ma chi sembrava soffrire di più per tutti quei cambi di programma repentini e inaspettati era Tamara. A renderla ancora più inquieta era la scorta armata che ci era stata affiancata secondo una procedura di sicurezza diventata ormai regola dopo l'attentato in cui erano morti undici alpinisti. Sebbene fossero lì per proteggerci e si meritassero dunque tutta la nostra riconoscenza, a volte quei militari con i kalashnikov li sentivamo un po' invadenti. Erano sempre con noi ovunque ci spostassimo, sia in jeep sia a piedi; non potevamo fare una corsa, tantomeno salire in montagna per restarci una notte senza mettere in moto un'organizzazione logistica più sfiancante della scalata stessa, senza contare che salire una montagna con un soldato armato era praticamente impossibile, non ce l'avrebbe fatta. Era una situazione che faceva ridere e al tempo stesso piangere. Insomma, ci sentivamo un po' in trappola, bloccati come eravamo tra hotel, spostamenti e discussioni snervanti.

Risolte le questioni organizzative e burocratiche, dirottammo il periodo di allenamento e acclimatamento sulle montagne che sorgono attorno a Skardu, cime che arrivano a quote superiori ai 5000 metri e che avrebbero rappresentato un buon esercizio mentale e muscolare, per noi una vera e propria boccata di ossigeno dopo il blocco forzato.

In un'ora di jeep ci spostammo nel villaggio da cui saremmo partiti per le nostre salite. Sadpara, così si chiama, è un piccolo abitato conosciuto soprattutto per la diga il cui bacino alimenta tutta la valle di Skardu. Quella dell'elettricità è per il territorio quasi una novità, visto che la diga è stata costruita solo una decina di anni fa. Il Pakistan è in effetti un Paese di grandi contrasti, un Paese di duecento milioni di abitanti che ha la bomba atomica ma al tempo stesso un livello di povertà critico, segnato dalla mancanza di energia elettrica e black-out continui, ai quali solo in parte è stata trovata una soluzione.

Il nostro interesse, una volta a Sadpara, si concentrò su montagne che non avevano nomi ufficiali e di cui sulle mappe potevamo leggere solo le quote. Per saperne di più avevamo raccolto quante più informazioni possibili dai locali e dai pastori. Il giorno stesso del nostro arrivo ci portammo in quota, a quasi 4000 metri, e là posizionammo la tenda. Finalmente potevamo dormire dentro un sacco a pelo, sdraiati su un materassino... lo so, per tutte le persone normali questo potrebbe apparire come il massimo delle scomodità, ma per me, Tamara e Hansjörg, dopo quei giorni snervanti, era invece il paradiso! Eravamo così contenti che chiacchierammo e facemmo alcuni giochi, tra cui uno stupidissimo.

«Ha quattro zampe?»
«No!»
«Allora ne ha due?»
«Neanche...»
«Quindi striscia?»
«Diciamo di sì...»
«Allora è un serpente??»
«Sììì.»

E via così, cercando di indovinare gli animali trascorremmo una serata davvero spensierata. Era un gioco infantile, solo apparentemente idiota, che ci aveva distesi e fatto dimenticare per un attimo tutto ciò che ci era capitato fino a quel momento.

La neve era già molto copiosa e per muoverci fino a lì dovemmo fare la traccia, ma il giorno seguente portandoci su una cresta e poi sul fianco della montagna raggiungemmo i 4500 metri: ci arrampicammo su un pinnacolo molto bello che ci offrì una vista mozzafiato verso le montagne del Nord, tra cui lo Spantik, e verso l'intera vallata di Skardu. C'erano cime a perdita d'occhio, che ci stavano dimostrando quanto belle e potenzialmente esplorabili siano le catene montuose del Pakistan, anche attorno a un abitato raggiungibile dalla capitale con voli aerei giornalieri. In Europa tutte quelle montagne e quelle valli sarebbero stazioni sciistiche o rinomate località di villeggiatura; in Pakistan, invece, sono piccoli punti all'interno di un'immensità di centinaia di chilometri di distese di montagna selvaggia.

42.
Il rientro di Hansjörg

Raggiunta la nostra massima quota in quella prima fase di acclimatamento, ritornammo alla tenda, la smontammo e scendemmo direttamente a Sadpara, compiendo un buon dislivello su pendenze molto ripide, lungo crinali senza sentieri o con al massimo alcune tracce create dalle capre e dai pastori che erano riusciti a inerpicarsi fino a lassù. Non era un percorso semplicissimo: anche solo una scivolata o una caduta avrebbe potuto provocare il rotolamento verso valle.

Eravamo riusciti a scalare quella montagna solo dopo aver strappato un accordo alla nostra scorta, secondo il quale avremmo dovuto informarla ogni sera su tutti gli spostamenti che avevamo intenzione di fare, promettendo insomma che non avremmo mai fatto perdere le nostre tracce. E quando ritornammo al villaggio, avevamo già un piccolo comitato di accoglienza formato dal nostro cuoco Didar, dalla scorta e da un autista. Nel villaggio facemmo un incontro interessante, che si rivelò poi chiave nel prosieguo della spedizione sul Nanga Parbat. Conoscemmo Ali Sadpara, un alpinista e portatore d'alta quota che viveva con la sua famiglia proprio a Sadpara e che, sapendoci nel suo villaggio, volle conoscerci a tutti i costi e invitarci a pranzo a casa sua, una dimora davvero dignitosa e pulita. La moglie ci cucinò un piatto locale squisito, che ci disse chiamarsi palmì-paplù, una specie di gnocchi di farina integrale, acqua, sale, conditi con una crema di noci... insomma, un piatto che non ci saremmo mai aspettati di mangiare in quel posto.

Anche Ali sarebbe venuto di lì a qualche settimana al Nanga Parbat poiché avrebbe fatto parte, come terzo componente, della spedizione dell'amico Alex Txikon e di Daniele Nardi. Fummo contenti di conoscerlo: con la sua ospitalità si era mostrato una persona davvero speciale che ritrovammo con piacere sul nostro percorso nei mesi successivi.

Nella stessa giornata, facendo un balzo di 2000 metri, a piedi e in jeep rientrammo a Skardu. In hotel non ci accolse la bella notizia che aspettavamo: il permesso per andare sulla montagna nuda non era ancora pronto. Questa circostanza fece decidere ad Hansjörg il rientro in Italia. Sin dall'inizio, il padre di Tamara aveva deciso di seguirci nella prima fase della spedizione che in teoria avrebbe dovuto essere anche sciistica. Le cose però erano andate diversamente e la delusione di aver visto sfumare quella fase insieme al desiderio di tornare a casa per Natale gli fecero prendere quella decisione. Ci aspettavamo che sarebbe successo, in parte era anche previsto che andasse così, ma ci dispiacque veramente molto. Tra noi era nata una bella sintonia, la nostra sarebbe stata una cordata perfetta anche sul Nanga Parbat. Per un attimo fummo anche accarezzati dall'idea che venisse con noi, ma ci pensò subito lui a smorzare gli entusiasmi: aveva altri impegni in Italia e soprattutto non aveva l'equipaggiamento adatto. La sua fu indubbiamente una decisione saggia: la partecipazione a una spedizione di questo genere non si può certo improvvisare, tutti gli equipaggiamenti devono essere studiati dall'inizio. Un vero peccato, perché, dal punto di vista fisico, Hansjörg era forte come un caterpillar.

Ci salutammo all'aeroporto di Skardu il 18 dicembre. E fu un commiato particolare, quasi strano, per uno come lui dal carattere coriaceo e poco incline a lasciare trasparire le emozioni. Eppure, aveva gli occhi lucidi quando mi abbracciò e il bacio che diede a Tamara mi fece capire che dietro la sua scorza c'era una sensibilità d'animo particolare. Hansjörg era molto dispiaciuto di partire perché, nonostante tutte le sfortune, il nostro viaggio insieme era stato speciale, unico.

43.
Lo sconforto di Tamara

Dopo la partenza di Hansjörg, io e Tamara decidemmo di ritornare a Sadpara per continuare la nostra fase di acclimatamento ed esplorare altre montagne. Erano cime prive di difficoltà tecniche, ma ottime per il guadagno veloce di quota e per riuscire a dormire ad altezze tali da favorire l'acclimatamento. Le montagne intorno a Skardu erano davvero un parco giochi, e se non fosse stato per i divieti imposti dai militari, sarebbero state una splendida occasione per inventarci nuove salite, giocare in maniera del tutto spontanea, facendoci attrarre solo dalla bellezza o dalla curiosità di una valle o di una cima invece di un'altra.

In questa fase avremmo utilizzato gli sci partendo da quote molto alte. Con la strada potevamo infatti raggiungere già i 4000 metri, e da lì andare ancora più su. Il progetto era ossigeno puro per i nostri muscoli e per la testa; ma quando stavamo per partire, con gli sci già caricati in macchina, fummo bloccati al *check post* della polizia che ci impedì di passare: il nostro obiettivo alpinistico di acclimatamento era per loro privo di tutti i criteri di sicurezza inerenti l'organizzazione, la comunicazione e la presenza della scorta.

Tamara ci rimase malissimo e di fronte a quel nuovo ostacolo fu quasi sul punto di piangere e di esplodere. Lo sconforto era tale che mi disse di volersene tornare a casa. Fare alpinismo per lei, come per me, è una forma di libertà: vedere questa libertà negata, anche se per motivi di sicurezza, le stava facendo passare la voglia e il fascino che la bellezza dei luoghi in cui ci trovavamo avrebbero suscitato su chiunque in condizioni normali. Però era diventato tutto così tremendamente difficile... la sua sopportazione era arrivata al limite.

Anche io non ero contento ma, complici forse gli anni in più di lei, riuscii a mantenere la calma e cercai di convincerla a non scappare e a non farsi demoralizzare. Le proposi un'alternativa: saremmo andati dalla parte opposta rispetto all'escursione dei giorni precedenti e saremmo saliti sulla montagna che si trovava a sinistra rispetto al villaggio, anch'essa alta, bella e poco esplorata se non da qualche capra o qualche pastore locale. Ci mettemmo nuovamente in cammino e arrivammo a 4000 metri, poco più in alto rispetto alla quota del campo raggiunto alcuni giorni prima. Trovammo un luogo ben riparato dietro un grande masso, nell'unico punto in cui la pendenza costante del crinale montuoso si addolciva e creava una specie di terrazzino: là avremmo potuto resistere anche in caso di vento e maltempo. Era già il 20 dicembre e il freddo, in quell'angolo di mondo notoriamente caratterizzato da stagioni fredde particolarmente severe, cominciava a farsi sentire. Nonostante le temperature più rigide, eravamo stati accompagnati da un cielo bellissimo che ci aveva fatto godere ancora di più di quei pochi giorni lontani dall'albergo e in cui fummo liberi di dare sfogo ai nostri muscoli e alla nostra mente attraverso l'azione.

Nei dintorni del campo trovammo molta legna secca: la zona, così poco accessibile, nel corso degli anni non era stata ripulita. Questo ci permise di bruciare gli arbusti e fare un falò con il quale riscaldarci e cucinare. Grazie al tepore del fuoco, quella sera fu magica. Passammo parecchie ore fuori dalla tenda, senza neppure sentire il freddo gelido, a contemplare i lapilli che come lucciole si levavano nell'aria, ad ascoltare il crepitio della fiamma, l'unico rumore insieme a quello soffice del vento, che rompeva il silenzio quasi assoluto del luogo.

Eravamo a 4000 metri, accanto a un falò, nella desolazione completa; eravamo proprio dove e come volevamo essere da parecchi giorni.

Sulla via Messner, la crepacciata terminale prima del seracco.

Nella tendina al campo 3 della via Messner, a 6700 metri di quota.

In cammino verso il campo base, sul versante Rupal.

Verso il campo 3, lungo la via Schell.

Nella grotta di ghiaccio al campo 2.

Al campo base del versante Rupal, con uno dei pastori con cui avevamo fatto amicizia.

Tra campo 1 e 2, lungo la via Schell.

In jeep verso Tarashing.

A bordo del fuoristrada diretto a Tarashing.

Fuori "dall'ufficio" della fondazione creata in loco per scopi umanitari.

Tarashing: la distribuzione del materiale ai portatori.

Il campo base sul versante Diamir.

Tutte le spedizioni presenti al campo base sul versante Diamir.

Didar e Sherbaz nel bivacco del campo base.

Con Tamara nella tendina al campo 2 della via Messner.

Tormenta a campo 2, alla base della via Messner.

Rientro a campo 2 dopo il tentativo di salire lungo la via Messner.

Il percorso della via Kinshofer verso la vetta.

Nanga Parbat, 2015/2016

Apriamo la traccia verso il campo 1.

Con Tamara, Alex e Ali apriamo la traccia sopra il campo 1, nel giorno di tempo più bello.

Sopra il campo 2, sulla via Kinshofer.

L'ingresso nel canale Kinshofer.

26 febbraio, ore 6:45. Alex e Ali in cammino verso la vetta.

Nanga Parbat, 2015/2016

Alex, Ali e Tamara a 7550 metri di quota. Sullo sfondo, la tenda del campo 4.

26 febbraio, ore 15:37. Con Ali in vetta!

44.

Chilas, si comincia

Dopo due notti passate in quel campo rientrammo a Skardu, e il 23 dicembre eravamo pronti per spostarci a Chilas, finalmente! Caricammo all'inverosimile le due jeep con le quali avremmo fatto il viaggio lungo la parte superiore della Karakorum Highway e partimmo. Ormai l'imprevisto si era rivelato una costante di quella spedizione e non poté mancare neppure in quel tragitto. A metà del percorso, infatti, la jeep con a bordo Didar, la scorta armata e gran parte delle attrezzature andò in panne. Ormai avevamo allenato la pazienza e incassammo pure quell'ennesima sfiga. Dopo aver preso accordi con l'agenzia, io e Tamara proseguimmo il viaggio, mentre gli altri ci avrebbero raggiunti appena il guasto fosse stato riparato.

A Chilas scaricammo tutto e ci sistemammo in albergo. Nel villaggio erano arrivati anche altri alpinisti che avrebbero tentato il Nanga Parbat: giunto al suo sesto tentativo, trovammo pure Tomek Mackiewicz (ormai per lui quella del Nanga era diventata una specie di ossessione). Soggiornava nell'albergo di fronte al nostro con la sua compagna di cordata, la francese Elisabeth Revol, con la quale aveva già effettuato lo stesso tentativo l'anno precedente. Ovviamente, il giorno seguente, andai a trovarlo con Didar che nel frattempo era arrivato con la macchina riparata; dopo quattro anni dal primo incontro, potevamo ormai considerarci degli amici. In mattinata sbrigammo anche le ultime questioni legate al permesso di scalata facendo un colloquio con un delegato del governo, un addetto al turismo del distretto di Gilgit, che sancì l'inizio ufficiale della spedizione.

La marcia di avvicinamento ebbe inizio il giorno di Natale, proprio in quella data così speciale che per me non coincide solo con una ricorrenza religiosa, ma è rimasta impressa dentro il mio animo, in maniera indelebile, fino a segnare il punto di inizio della mia seconda vita. Il 25 dicembre è l'anniversario della morte di Anatoli e Dimitri, e se all'anagrafe ho 48 anni, nella mia nuova esistenza posso dire di averne 19, esattamente quelli che mi separano dalla tragedia dell'Annapurna. Con questo ricordo nel cuore, cominciai il trekking per arrivare alla montagna nuda.

Anche Tomek ed Elisabeth partirono con noi e tutti insieme ci dirigemmo verso il punto più alto raggiungibile in jeep, Diamiroi, e da lì a piedi al villaggio di Ser, che si trova a metà strada nel percorso di avvicinamento al versante Diamir. Io e Tamara ci impiegammo tre ore a percorrere il tragitto a piedi:

avevamo deciso di fare un avvicinamento molto veloce, quasi da corsa atletica, e la quantità di neve ancora contenuta ci aveva permesso di andare al ritmo che volevamo con ai piedi scarpe abbastanza leggere. Sembravamo davvero due puledri lasciati liberi di saltare e correre per i prati, e fu inutile il tentativo di Faquir, il nostro *sirdar*, di starci dietro. Iniziò a inventarsi scuse "disperate" per cercare di farci rallentare, dato che aveva il fiato corto e non ne poteva più. Poco dopo le dodici, con molta luce del giorno ancora a disposizione, arrivammo a Ser, un villaggio stupendo incastonato nella zona più soleggiata della valle Diamir.

Fui contento di questa corsa, perché il tempo guadagnato mi permise di poter vedere per la prima volta il dispensario medico collocato in una piccola costruzione che avevo finanziato a tale scopo negli anni precedenti. Al nostro arrivo, ci fermammo subito in questo ambulatorio medico dove, in estate, operava il fratello di Faquir, che era stato prima infermiere e poi una sorta di medico di base all'ospedale di Gilgit. L'idea di questo piccolo ospedale – per la popolazione locale tale appariva – mi era venuta durante la prima invernale del 2012; da allora mi ero adoperato affinché quel progetto potesse reggersi autonomamente e nella costruzione dell'edificio fossero impiegati solo forza lavoro locale e materiali presi sul posto o al massimo a Gilgit. Prima di quel momento lo avevo visto solo in fotografia, ma dal vero si presentò ancora più bello. Era un ambulatorio dignitoso, ordinato, giusto per le esigenze del villaggio abitato prevalentemente d'estate; al suo interno c'erano un letto per le visite e qualche mensola dove erano riposti i medicinali, non molto di più. Quello che a noi potrebbe sembrare un ripostiglio, per quel posto, privo anche dei servizi più essenziali, rappresenta comunque un luogo utilissimo.

C'era anche un secondo progetto al quale mi ero dedicato: la costruzione di un bivacco al campo base del Nanga sotto il masso a strapiombo, dove i pastori avevano eretto un muro a secco alto due metri per ripararsi in estate dalla pioggia o dal freddo. Era il punto in cui nel 2012 avevamo messo la tenda cucina e avevo passato lunghissime giornate in attesa del bel tempo. Proprio in quelle occasioni mi ero reso conto che il bivacco, sebbene in una posizione riparata, aveva una struttura poco sicura. Al posto di quel cumulo di pietre, feci allora costruire un riparo più sicuro con sassi, cemento e travi in legno a impatto visivo nullo e in totale armonia con il paesaggio circostante.

Faquir, i portatori e tutto il resto della carovana arrivarono un paio di ore dopo di noi. Con loro c'erano anche Tomek ed Elisabeth che avevano trovato una sistemazione nella casa del cuoco ingaggiato per la spedizione. Erano passati molti anni, ma lo stile minimale e *low budget* della spedizione del polacco continuava a rimanere invariato. La nostra non era certo lussuosa, ma avevo cercato di non fare economia su elementi dell'organizzazione logistica come la qualità del cibo, la professionalità del cuoco, le tende e l'attrezzatura alpinistica. Sono infatti convinto che il successo di una spedizione sia condizionato da alcuni fattori importanti: un allenamento atletico e tecnico rigido, costante e professionale; una logistica solida; materiali efficienti e moderni; informazioni meteorologiche continue e affidabili. Sono tutte condizioni che possono ridurre l'impatto delle variabili legate al tempo e alla stagione già così influenti in una salita senza ossigeno alle quote di volo di un jumbo.

Nella notte passata a Ser ci fu un terremoto, una scossa abbastanza importante, ma io e Tamara fummo praticamente gli unici a non svegliarci e a non accorgerci di nulla. La "corsa" intrapresa in quella prima tappa ci aveva fatto dormire come sassi.

45.
Kutgali

Silenziosa, gelida e candida, la gigantesca mole del Nanga Parbat nella sua veste invernale ci apparve come una visione lunare all'uscita del bosco. Era la quarta volta nella mia vita che potevo ammirare così da vicino quella montagna: sapevo che la sua vista mi sarebbe apparsa improvvisa dopo il tragitto tra gli alberi, i cui rami non lasciavano intravedere che qualche scorcio di cielo. Lo sapevo, ma mi lasciò ancora una volta senza parole, totalmente estasiato e ammirato dalla sua bellezza imponente.

Eravamo arrivati a Kutgali, un posto fantastico, il balcone sulla montagna più grande del pianeta. Collocato su un grande altopiano, questo abitato è formato da una ventina di case in pietra che diventano le dimore dei pastori e delle loro famiglie quando, in estate, i pascoli vengono portati più in alto. A quella quota i pastori trovano ancora arbusti secchi da ardere per cucinare, riscaldarsi e trovare conforto quando le temperature di notte sono più rigide. L'uso della legna è infatti consentito solo alla popolazione locale, mentre è giustamente proibito alle spedizioni che devono quindi ricorrere ad altri mezzi.

Anche quella volta, avevamo le nostre taniche di cherosene da far arrivare al campo base insieme a tutto il resto del materiale diviso sulle spalle dei portatori in carichi da venticinque chili ciascuno. Nel secondo giorno di marcia io e Tamara ci eravamo messi di nuovo in testa alla carovana per aprire ai portatori la traccia nella neve che già arrivava alle ginocchia. Rispetto al giorno precedente, la marcia era stata più impegnativa, ma era una fatica che avevamo affrontato con il sorriso perché sapevamo di essere ormai vicini alla meta.

Ci sistemammo nelle baracche dei pastori e fu una notte molto fumosa. Sebbene ci fossero, i buchi nei tetti in corrispondenza dei focolari erano coperti di neve e quando i portatori, arrivati alla spicciolata e stanchi, accesero il fuoco, complice la legna bagnata, l'ambiente si saturò completamente di fumo. La nebbia era tale che non riuscivi a vedere una persona a un metro di distanza: l'unica maniera per respirare meglio e vedere qualcosa divenne quella di sdraiarsi per terra. Le nostre tute, i nostri sacchi a pelo, anche il cibo che mangiammo, tutto si affumicò. Ci tenemmo addosso quell'odore per qualche giorno ancora, ma non ci pesò. Non c'era quasi nulla che ci desse fastidio in quella marcia... Sapevamo di essere ormai a mezza giornata di cammino dal nostro campo base e, soprattutto, dopo quasi un mese di spostamenti, di tentati acclimatamenti e di problemi, dal nostro vero obiettivo, gli 8126 metri del Nanga Parbat.

46.
Arrivo al campo base

Fuori il movimento cominciò molto presto, anche nella baracca in cui stavamo dormendo c'era stato un certo andirivieni perché in un angolo erano ammonticchiati i materiali da trasportare. I portatori si erano alzati all'alba e avevano cominciato a sistemare i loro carichi perché volevano partire il prima possibile. Quel giorno avevano infatti progettato di arrivare al campo base, scaricare le merci, ricevere la paga e poi scendere veloci fino a Ser dove alcuni di loro abitavano, mentre altri vi avrebbero trovato una dimora più calda per la notte, prima di rientrare nei loro villaggi a valle.

Tutta quella vita e quelle chiacchiere svegliarono anche me e Tamara. Facemmo una colazione frugale e decidemmo di partire subito per facilitare il lavoro dei portatori, aprendo loro la pista. Quella parte del cammino sarebbe stata ancora più faticosa perché, dopo l'altopiano in cui ci eravamo fermati, le pendenze sarebbero aumentate e così la neve candida che le ricopriva. Anche per questo motivo, io e Tamara decidemmo di usare gli sci: saremmo stati più veloci e forse saremmo riusciti a compattare meglio la traccia.

Sci ai piedi, partimmo in testa alla carovana, io davanti e Tamara subito dietro. Di lì a pochissimo la sentii imprecare, mi girai e la vidi armeggiare con uno sci.

«No, non ci posso credere...» e ci aggiunse anche qualche espressione più colorita.

«Cosa c'è?»

«La pelle di foca... non ci posso credere, è montata al contrario!»

Tamara era furibonda, soprattutto con se stessa, perché quella pelle l'aveva montata lei con il padre prima di partire. Per due campioni di sci alpinismo come loro, quell'operazione era ordinaria amministrazione, ma per via della concitazione dei giorni precedenti la partenza dall'Italia erano stati forse un po' frettolosi e, per la prima volta nella loro carriera, avevano sbagliato a metterla. Il risultato era questo: a ogni passo, il pelo frenava l'avanzamento mentre faceva perdere aderenza nella spinta: insomma, un casino! Non per Tamara e la sua tempra, che mi dimostrò anche in quell'occasione. Pur di starmi dietro, continuò a procedere con un solo sci che faceva presa sulla neve e trascinando l'altro, sul quale stava solo pochi secondi prima di avanzare con quello giusto.

Nonostante ciò, eravamo decisamente più veloci di chi camminava a piedi e arrivammo presto al campo base. Anche qui c'era qualcosa che aspettavo da tempo di vedere con i miei occhi, ovvero il bivacco sotto la roccia. Al posto delle vecchie pietre appoggiate l'una all'altra a formare un muro a secco che con il tempo sarebbe diventato pericoloso, c'era ora una bella struttura, per nulla appariscente, incastonata sotto il masso, in perfetta armonia con lo stile del paesaggio e, dal punto di vista architettonico, dei villaggi della valle.

Fuori dal bivacco ci togliemmo gli sci. Ero davvero soddisfatto, per la costruzione che era stata eseguita benissimo, ma soprattutto per il mondo che avevo attorno. Mi sembrava di essere in una fiaba; davanti a me e Tamara c'erano il gigante Nanga Parbat, la cresta Mazeno e il ghiacciaio Diama, che dalla base della parete scendeva verso valle e che noi avevamo salito sul lembo sinistro.

Uno a uno cominciarono ad arrivare anche i vari portatori, dai più veloci a quelli che avevano fatto più fatica perché magari avevano carichi più scomodi. Arrivarono anche Tomek ed Elisabeth, che piazzarono la loro tenda attaccata al muro del bivacco, come se ne fosse quasi un prolungamento. Non ce l'aspettavamo, ma ci fece piacere averli come vicini: avremmo condiviso la vita del campo e se avessero avuto bisogno di noi, e anche della nostra cucina, eravamo a un passo. Con Tomek eravamo amici, e la sua scelta non mi disturbò affatto, anzi, mi parve molto intelligente e sensata.

Quando tutti i carichi arrivarono a destinazione, io e Tamara ci mettemmo subito all'opera spalando abbastanza vicino al bivacco una bella piazzola dove montammo l'Himalayan Dome, la nostra tenda più grande, che avevamo deciso di utilizzare per dormirci e come magazzino per le attrezzature più delicate, come l'abbigliamento d'alta quota e le apparecchiature elettroniche. L'altra parte dei materiali (le provviste di cibo, i bidoni, il cherosene...) fu sistemata nella tenda che appoggiammo al muro libero del bivacco, sul lato opposto rispetto a quello sfruttato da Tomek.

La cucina fu invece piazzata all'interno del bivacco, e lì, decisamente più al caldo, avrebbero dormito Didar e i due uomini che ci facevano da scorta e che erano venuti fino al campo base. Non eravamo i soli ad avere questa compagnia: tutte le spedizioni, compresa quella di Tomek, avevano almeno due uomini armati al seguito.

Lavorammo fino a sera per allestire un campo comodo che ci garantisse di recuperare bene le forze sia fisiche sia psicologiche quando saremmo tornati dai campi alti. Sarebbe stato fondamentale, nei due mesi successivi, sapere di avere un posto dove sentirsi sempre sicuri e a proprio agio.

47.
Il consiglio dei pastori

«Sbagliate a fare quel giro!»

Lì per lì ci ero rimasto di sasso. "Ma cosa ne sa lui di dove devo andare io?!" avevo detto tra me e me, anche un po' scocciato. Mi ero tenuto quel pensiero in testa e, a distanza di anni, sono contento di non avere fatto quell'uscita anche un po' presuntuosa.

Era il 2012, alla fine del primo tentativo invernale alla montagna nuda, e quello che mi stava parlando era un pastore. Secondo lui il percorso pazzesco fatto con Denis per raggiungere l'attacco della via Messner, quello che prevedeva l'arrivo al campo 1 della via classica e l'attraversamento sotto il pericoloso seracco, era sbagliato! Superato l'iniziale stupore, rimasi però ad ascoltarlo e feci bene. Mi raccontò che da bambino, nelle estati dopo i tentativi dei tirolesi e di Messner, insieme ad altri coetanei aveva più volte setacciato quei luoghi nella speranza di trovare le corde o i materiali lasciati dagli alpinisti. Grazie a quelle ricerche, della valle conosceva ormai ogni angolo, ogni anfratto e ogni canale, e tra questi ultimi mi suggerì il più sicuro e veloce secondo lui.

Ai tempi avevo immagazzinato quell'informazione, e dopo quattro anni era venuto il momento di farne tesoro. L'itinerario che avevo disegnato con Tamara per salire sulla montagna prevedeva infatti il passaggio che mi era stato indicato dal pastore. Se era sicuro, come mi aveva detto, ci avrebbe permesso di arrivare più velocemente all'attacco della via Messner.

Il giorno dopo aver predisposto il campo base, io e Tamara partimmo con l'obiettivo di aprire la traccia fino all'inizio del canale da cui si sarebbe snodato il nostro percorso. Il 29 dicembre collocammo il primo deposito sotto una roccia e, con gli zaini stracolmi, vi trasferimmo tutto il materiale che ci sarebbe servito.

L'obiettivo seguente sarebbe stato salire il Ganalo Peak, la cui vetta supera i 6400 metri. Ci sembrava una buona alternativa alla fase di acclimatamento mancata sullo Spantik e un rinforzo necessario a quelle compiute sulle montagne intorno a Skardu che ormai ci sembravano lontanissime. Sul Ganalo avremmo avuto inoltre la possibilità di guardare da una posizione favorevole tutto l'itinerario della via Messner che puntavamo a completare sino alla fine e addirittura in una prima invernale.

Di lì a qualche giorno, il campo base si sarebbe popolato con l'arrivo di tutti i membri delle spedizioni che ancora mancavano all'appello. Oltre alla nostra e a quella di Tomek, arrivò Alex Txikon che guidava il team internazionale formato da Daniele Nardi e Ali

Sadpara e, il 30 dicembre, i membri della spedizione polacca, Adam Bielecki e Jacek Czech, due alpinisti fortissimi. Tutte e due queste spedizioni volevano salire il Nanga Parbat seguendo la via Kinshofer, ma con uno stile diverso: Alex e i suoi compagni l'avrebbero tentata in modo classico, preparando la via con corde fisse; Adam e Jacek l'avrebbero salita in stile alpino, in un unico tentativo. Sia i polacchi sia Alex e Daniele erano stati in Sudamerica nel mese precedente: avevano salito le montagne più alte dell'Argentina e dormito già oltre i 6000 metri. Alex voleva usare questo acclimatamento per essere più efficiente nell'attrezzare la parete, Adam e Jacek volevano sfruttarlo per fare una salita potenzialmente rivoluzionaria che li avrebbe visti partire dal campo base per tentare subito la vetta.

48.
Un sogno sognato trent'anni

Il 30 dicembre, giorno in cui arrivarono i polacchi, io e Tamara partimmo dai 4100 metri del campo base e tutto d'un fiato percorremmo il canale fino alla cresta del Ganalo Peak, quota 5500, coprendo un dislivello di 1400 metri. Una volta lì, lavorammo circa un'ora a colpi di piccozza e pala per ricavarci la piazzola dove posizionare il nostro campo 1.

Nella salita superammo Tomek ed Elisabeth, che erano partiti alla volta del Ganalo il giorno prima, quando noi avevamo fatto il deposito ed eravamo rientrati subito al campo base. Avevamo usato tecniche e strategie diverse, mantenendo anche una velocità diversa, e loro avevano effettuato un campo a poco meno di metà canale, posizionando la tenda al riparo da eventuali valanghe.

Li raggiungemmo alla fine del canale, io passai davanti e feci l'ultimo tratto battendo la traccia. Arrivammo in cima, più o meno insieme, in questa sequenza: io, Elizabeth, Tomek e Tamara. Posizionammo entrambi i campi sulla cresta del Ganalo; il nostro era una cinquantina di metri più in alto, in un'ottima piazzola alternativa a quella scelta da loro. Per tutti e quattro fu la prima notte a 5500 metri.

Il giorno seguente, il programma era identico per entrambe le cordate: andare il più in alto possibile sul Ganalo Peak. Io e Tamara partimmo prima, raggiungemmo i 6000 metri e poi, a causa del vento e del cielo coperto, ritornammo al nostro campo per passarvi un'altra notte. Tomek ed Elizabeth portarono invece il loro campo a 6000 metri e vi passarono quella che per loro era la terza notte fuori dal campo base.

Era il 31 dicembre e noi eravamo lontani da tutti i festeggiamenti, completamente immersi nel nostro sogno, prigionieri per scelta di una montagna inospitale, ma bellissima.

Le feste, le discoteche, i brindisi e i fuochi d'artificio non ci mancavano, così come tutto ciò che nella vita normale infarcisce il passaggio da un anno all'altro. Avevamo già tutto quello che ci serviva: sentirci liberi e poterlo essere scalando montagne in modo esplorativo e, in questo caso particolare, provando a realizzare un sogno che durava ormai da trent'anni e che aveva appassionato due generazioni di alpinisti, ognuna con la propria strategia, con le proprie motivazioni e con i propri intenti.

Il Nanga Parbat e il K2 erano ormai gli ultimi due episodi di una specie di saga ormai passata alla storia come "La conquista di tutti gli ottomila d'inverno".

Per quanto mi riguardava, più che conquista, io la consideravo una fase di esplorazione verticale nel tentativo di realizzare le prime sugli ottomila: come c'era stata la prima assoluta, la prima senza ossigeno, la prima in solitaria, ci sarebbe stata anche un'altra grande e assoluta prima, quella invernale. Ciò che stavamo facendo era cercare di materializzare un sogno che aveva coinvolto, prima di noi, tante passioni, tante dedizioni e vite intere di molti e diversi alpinisti.

Io la vedevo così, avevamo una grande opportunità: poter partecipare alla fase esplorativa, che al di là dell'obiettivo ultimo è comunque entusiasmante e indispensabile. Con le dovute distinzioni, è come quando i primi uomini andarono sulla Luna: dietro alla loro impresa c'era stato il lavoro di moltissime persone, dallo scienziato al tecnico, dallo psicologo al fisiologo. Alla fine solo Armstrong e Aldrin misero piede sul suolo lunare, ma dietro la loro impresa c'era il lavoro di anni da parte di tantissimi ingegni che avevano contribuito a quel risultato unico.

Ecco, anche la salita in invernale del Nanga Parbat sarebbe stato un risultato storico e solo un piccolo gruppo lo avrebbe ottenuto, ma prima di loro tanti altri alpinisti avevano contribuito a renderlo possibile. Io mi sentivo già molto appagato di fare parte di questo lavoro di esplorazione: non ero lì perché dovevo rendere conto a qualcuno, ma solamente alla mia passione, al mio desiderio, alla fascinazione che avevo avuto nel leggere i racconti di chi per primo, come i polacchi, aveva ideato le spedizioni invernali. E non era un caso se anche nell'inverno 2016 la nazione più rappresentata sul Nanga Parbat era quella polacca.

49.
Campo base al completo

Rientrammo al campo base il giorno di Capodanno e là trovammo anche i membri dell'ultima spedizione che doveva arrivare sul Diamir, quella guidata da Alex Txikon. Sul versante Rupal, intanto, era già al lavoro da molti giorni il team polacco guidato da Marek Klonowski, che aveva deciso di cambiare formazione e perseverare sulla via Schell, la stessa che avevo tentato con David Göttler due anni prima. Sempre sul versante Rupal, quello opposto al nostro, sarebbe giunta un'altra spedizione che io definirò "fantasma", composta dall'alpinista statunitense di origine brasiliana Cleo Weidlich che in autonomia aveva deciso di ingaggiare uno sherpa.

Fui davvero contento di poter riabbracciare Alex. Lo conoscevo ormai dal tempo della triplice spedizione al Nanga Parbat, Broad Peak e K2, quella del 2003, svolta insieme alla folta spedizione internazionale formata, tra gli altri, da Ochoa e Lafaille. Non era solo la seconda volta che ci incontravamo: in quei tredici anni avevamo avuto diverse occasioni per vederci e scalare insieme. Avevamo condiviso anche un'esperienza invernale "comune", nel 2011, quando io avevo salito il Gasherbrum II e lui aveva tentato il Gasherbrum I. Txikon e il suo compagno di cordata Louis Rousseau furono i primi, una volta ridisceso al campo base, con cui condivisi la gioia di aver compiuto la prima invernale nella storia del Karakorum. Conoscevo bene Alex, e conoscevo anche parte della sua numerosissima famiglia, padre e madre e alcuni dei tredici fratelli. Insomma, ci legava un'amicizia speciale e averlo al campo base mi riportava con i ricordi all'esperienza bellissima del Gasherbrum II. Mi metteva di buon umore, anche se la situazione era in quel momento un po' diversa, dato che eravamo tutti in corsa per realizzare lo stesso sogno.

Seguì la prima pausa al campo base: tre giorni. Tamara, Alex e Ali avevano lo stesso mio modo di interpretare l'attesa... Nessuno di noi aveva la minima intenzione di aspettare standosene seduto o rannicchiato nel sacco a pelo o spostandosi al massimo dalla tenda alla cucina, dalla cucina al bagno, e di nuovo alla tenda per leggere o ascoltare musica. Ecco, non era quello che ci interessava. Volevamo invece usare i giorni di brutto tempo, anche di tormenta, per continuare ad allenarci, fare movimento e mantenere la macchina – cuore, muscoli, mente – sempre fresca e pronta a ripartire. Non era solo una questione di forma fisica, che già di per se stessa era fondamentale, ma anche di necessità. Bastava infatti che cadesse un po' di neve o che ci fosse vento e la traccia per arrivare alla base delle nostre vie, che avevano in comune solo la prima ora di cammino, veniva nuovamente cancellata, ricoperta di neve, costringendoci ogni volta a iniziare il lavoro da capo. Decidemmo allora di marcare meglio il percorso con le bandierine e di consolidarne la superficie passandoci sopra più volte, avanti e indietro, avanti e indietro. Era un modo per mantenerci in forma e per avere una traccia più facile da riaprire a ogni partenza. Seguendo il sentiero disegnato nella neve avremmo potuto camminare più velocemente; bastava infatti spostarsi solo di un passo per sprofondare fino alla vita.

Fu la nostra attività principale in quella prima pausa, insieme all'immancabile drone con il quale Tamara fece la sua prima esperienza con i rotori... dopo il Nanga Parbat voleva conseguire il brevetto privato di pilota d'elicottero nella Altitude Helicopters, la scuola che ho fondato negli Stati Uniti con mio fratello, e quella mi sembrò l'occasione giusta per impartirle i primi rudimenti di volo.

A proposito di elicotteri e di questa mia nuova e parallela passione e attività professionale, ero partito per il Nanga Parbat in concomitanza con gli ultimi accordi presi con l'amico Nima Nuru Sherpa per fondare in Nepal una società di elicotteri che continuasse il progetto che avevo interrotto nel 2013 (e che ho descritto nel libro *In ginocchio sulle ali*). Un passaggio chiave di questo accordo era l'acquisizione del primo elicottero, e ciò avvenne in modo rocambolesco, forse un po' folle.

Ero al telefono satellitare dal campo base del Nanga Parbat quando mio fratello mi chiamò dalla sede di Aersud, alla presenza del presidente Riccardo Aichner e di Angelo Raimondi, un amico comune. In quel modo, al telefono, decidemmo clausole, prezzo, dettagli, colori e configurazione dell'elicottero che sarebbe stato destinato al Nepal e alle operazioni di soccorso che volevo realizzare nel Paese. Il sogno Nanga Parbat era dunque cominciato con un altro sogno chiamato Altitude Air, la ditta di elicotteri nepalese che stava nascendo.

Con il ritorno di Tomek ed Elisabeth dalla notte passata a 6000 metri, al campo base c'eravamo proprio tutti. A dispetto di quanto già si cominciava a raccontare sulla "feroce" competizione che in molti da casa pensavano si stesse scatenando per la prima invernale sul Nanga, il clima era invece disteso, come mostrano anche alcune foto di gruppo scattate dai due operatori della televisione polacca al seguito dei loro connazionali. In una di queste, formammo una bellissima piramide umana e fummo immortalati tutti con volti molto sorridenti.

Ognuno di noi sperava ovviamente di arrivare in cima, ma per quanto mi riguardava non c'era l'ossessione di essere il primo; c'era la volontà, questo è certo, di salire il Nanga Parbat. Sapevo che chiunque, primo, secondo o quinto che fosse stato in quella stagione, si sarebbe confermato per sempre un alpinista felice e di spessore, con un alto livello di preparazione, di motivazione e di resistenza. Se poi dobbiamo parlare di competizione, ci tengo anche a dire che per me questa parola non ha mai avuto un'accezione negativa, non ha mai significato "fregare" il tuo avversario ed essere scorretto; venendo dal mondo dello sport, le ho sempre dato il giusto peso e significato, quello del confronto sano che sa accettare anche la sconfitta. Ma quella spedizione non poteva essere paragonata a una corsa di atletica o a una gara in bici: con il Nanga Parbat non si poteva competere, in trent'anni aveva dimostrato di essere lei la più forte. Ma anche confrontarsi con gli altri alpinisti sarebbe stato da idioti. Gli appellativi di "assassina" o "mangiauomini" che il Nanga si è conquistato negli anni lo dimostrano: la montagna nuda ti uccide, così come ti uccide l'inverno. Non si può sminuire l'impresa riducendola a una competizione, è pericoloso, non è questione di arrivare per primo o di stare a ruota, di fare uno scatto o di usare una strategia puramente sportiva. Tutti quelli che nelle fasi alpinistiche si sono sempre sentiti in gara, molto spesso non sono neppure tornati.

Al campo c'era un bel clima e quella foto lo dimostra, e fa riflettere sulla storia dell'alpinismo. Eravamo quattro spedizioni con in tutto nove alpinisti: io, Tamara, Tomek, Elisabeth, Ali, Daniele, Alex, Adam e Jacek. All'inizio degli anni Ottanta quello era il numero minimo di una singola spedizione, era insomma la formazione classica delle prime invernali. Solo sul Rupal il gruppo era più numeroso e comprendeva nove componenti.

50.
Primi bilanci

Le operazioni di salita erano appena cominciate ma già si cominciavano a fare i primi bilanci e le prime valutazioni sulle strategie. I polacchi Adam e Jacek si erano resi conto che il loro progetto di salire in stile alpino non era per nulla semplice: la via Kinshofer, "via normale" anche se di normale aveva ben poco, non si presentava come avevano ipotizzato, perché era tutta asciutta e ghiacciata e dunque molto più tecnica proprio per la scarsa presenza nevosa. Il progetto ambizioso di salire in stile alpino, magari già al primo tentativo, era impraticabile, non per incapacità o impreparazione, ma perché i coefficienti di rischio erano troppo elevati. Avrebbero dovuto cambiare i loro piani.

Alex, Ali e Daniele puntavano a mettere le loro corde fisse trasportando tutto il materiale, compreso quello pesante delle corde, fino alla base della parete utilizzando una specie di slitta *pulka*. Le *pulke* che usavano Alex e i suoi compagni non erano quelle originali, che costano un sacco di soldi, ma erano state ricavate da tre bob comprati a poco prezzo in

Europa: i classici pezzi di plastica che usano i nostri figli per giocare, ma che in questo caso assolvevano degnamente al loro diverso compito. Legandosele in vita, all'altezza della imbragatura, le avrebbero trascinate per circa due ore nel tratto iniziale del cammino fino alla base della parete, evitando così di portare zaini troppo pesanti sulle spalle e magari sprofondare fino alle ginocchia o anche di più.

Come Tomek ed Elisabeth, anche noi volevamo salire per la via Messner perché, almeno sulla carta, aveva sì uno sviluppo più lungo, ma sembrava tecnicamente più facile e tale da non richiedere corde fisse. Questo era il nostro progetto e io ero tra l'altro l'unico dei presenti che l'aveva già provato in inverno e ne conosceva la fattibilità. Non stavamo dunque scappando dalla possibilità di condividere gli sforzi sulla Kinshofer, ma solo dando concretezza alle nostre convinzioni che sin dall'inizio avevamo comunicato.

Arrivò il tempo di ripartire e il 5 gennaio io e Tamara ci riportammo in quota. Con le nostre racchette da neve ai piedi nel primo tratto e poi con i ramponi calzati andammo direttamente al campo 1, a 5500 metri. Fummo veloci e sicuri: ci impiegammo solo tre ore, e questo diede energia pura al nostro morale. Tra la spedizione cancellata allo Spantik, la burocrazia, la scorta armata, l'impossibilità di fare un acclimatamento soddisfacente e la partenza di Hansjörg, il mese precedente era stato un disastro. Non ci sembrava vero di poter salire così fluidamente, e quella prestazione, oltre a darci energia, ci fece ben sperare sui giorni a venire. Insomma, eravamo ottimisti.

Recuperammo la nostra tendina da dove l'avevamo ripiegata e fissata affinché il vento non la lacerasse, la montammo e ci preparammo la cena a base di tortellini italiani cotti in acqua ottenuta da neve sciolta. Ci buttammo dentro persino un dado! Mi ero portato varie provviste: non solo tortellini, ma anche speck, tonno, cracker, cioccolato, merendine, tè, zucchero... insomma, tutto il necessario per nutrirci in modo gustoso.

Come nelle mie esperienze precedenti, avevo fatto spedire cibo dall'Italia, perciò al campo base non mancavano pasta, grana, speck, olio extravergine di oliva, sugo di pomodoro, crema di cioccolato spalmabile, merendine, polenta, qualche cibo in scatola a cui si aggiungevano le leccornie cucinate in loco da Didar: carne di capra e di pollo, patate, verdure e frutta fresca.

Nel mio modo di vedere e concepire una spedizione di questo tipo, non è compresa e non ci deve essere la privazione inutile di cibo e di un certo comfort al campo base. Per quanto abbia sempre stimato Tomek, non ho mai condiviso il suo modo di approcciare le invernali: non tanto per il fatto di avere un budget risicato, quanto per l'esaltazione della rinuncia a comfort assolutamente alla portata e non necessariamente costosi. Ho rispetto anche per l'alpinismo di forte privazione, ma la forza e la resistenza vanno ostentate nell'azione e nell'attesa prolungata quando inevitabile. Non ha molto senso partire con il brutto tempo, cacciarsi nei guai e rimanere, per esempio, una settimana in una truna di neve senza cibo, quando si può evitare di farlo. Per alcuni è un alpinismo romantico, che ammirano ed esaltano (standosene però a casa loro), senza capire che troppi "romantici" ci hanno lasciato la pelle applicando a oltranza questo modo di approcciarsi alla montagna. Io amo l'alpinismo esplorativo e romantico basato però su una preparazione atletica mirata, per cui sei in grado magari di arrivare alla tua tenda in tre ore e in due di scappare da lì, se il tempo si mette male, anziché fare la stessa cosa in una settimana. Secondo la mia esperienza, la differenza la fa spesso la velocità: essere un animale da combattimento veloce è una delle caratteristiche che mi ha aiutato a farcela in situazioni al limite. Nelle mie quindici spedizioni invernali, nei tre ottomila che ho salito in quella stagione, la preparazione atletica mia e del compagno di cordata è stata determinante e mi ha permesso di effettuare sì tappe lunghe, ma anche tappe velocissime sia nella salita sia nell'eventuale fuga.

Il giorno successivo fummo svegliati da un vento molto forte: le condizioni meteo erano decisamente peggiorate e il nostro programma si mostrava già poco fattibile. Oltre al vento, Tamara non stava bene. Era all'inizio del suo ciclo mestruale e in queste condizioni la capacità di muoversi verso l'alto, reggere la fatica e resistere al freddo invernale del Nanga Parbat erano evidentemente influenzate in negativo. Provammo comunque a salire, ma riuscimmo a fare solo 250 metri di dislivello. Più salivamo e più le raffiche alle quali eravamo esposti diventavano violente, troppo per riuscire a procedere con gli zaini pesanti. Ci eravamo portati tutto il materiale per trasferirci in alto, perché non nascondo che avevamo accarezzato l'idea di arrivare in cima al Ganalo Peak. Accantonammo presto quell'obiettivo per concentrarci sulle nuove priorità, ovvero di non congelarci e non cacciarci volutamente in guai che potevamo evitare. Eravamo comunque in una fase di acclimatamento, non nell'attacco finale alla vetta, e a 5750 metri decidemmo di scendere. Prima però, trovandoci in una buona posizione, ci fermammo a osservare la via Messner. Da quel punto potevamo vedere tutta la via che volevamo salire: notammo che le condizioni sembravano buone, ma che la seraccata attraverso la quale ci saremmo inseriti nel plateau superiore era cambiata rispetto a come la ricordavo due anni prima. Sembrava più fratturata, strapiombante in alcuni tratti. Scattammo per questo diverse foto, che ci sarebbero state preziose nei giorni successivi al campo base per studiare l'itinerario.

Scendendo, passammo dal campo 1, lasciammo

tutto il materiale contenuto negli zaini e puntammo veloci al campo base. La discesa fu rapida e in un'ora e mezza eravamo arrivati al nostro accampamento, segno che la preparazione atletica mirata, costante e pluriennale poteva essere un'arma su cui contare per realizzare questo sogno.

51.
Cucina d'alta quota

Il vento che ci aveva respinti in quota aveva coperto la nostra traccia e il primo giorno "fermi" al campo base lo impiegammo subito in un'escursione verso il ghiacciaio, per tenere aperto il cammino nella prima parte della salita.

L'unica novità nella routine del campo base erano i cambi della guardia armata. A intervalli quasi regolari, quelli consentiti anche dalle condizioni meteorologiche, i soldati, che seguivano una specie di turnazione, lasciavano il campo e venivano sostituiti da altri che arrivavano dalla valle. Quella faccenda della scorta continuava a sembrarmi un po' esagerata. È vero, l'attentato di due anni prima si era verificato in un campo base, ma era successo d'estate, in condizioni favorevoli per spostarsi. A meno che i terroristi non fossero così idioti da avventurarsi in quei luoghi con temperature polari, un attacco mi sembrava altamente improbabile. Io non mi sentivo in pericolo, e in quella situazione a essere più a disagio mi sembravano invece proprio i militari, mandati allo sbaraglio con il loro fucile, la berretta di lana, divise e scarpe che potevano andare bene in caserma, ma con le quali al campo base se la passavano davvero male. Rifornivamo ogni militare della nostra scorta con giacche, guanti, berretti più adatti, ma fu vano il tentativo di fare in modo che se li passassero tra loro a ogni cambio, perché chi lasciava il campo non voleva fare il ritorno senza proteggersi dal freddo. Per la notte potevano invece considerarsi più fortunati degli altri, perché dormivano con Didar, nel bivacco dove c'era la cucina. Anche se non c'era il riscaldamento, i fornelli in azione lo rendevano il posto meno freddo del campo.

Nel tempo che condividevamo, chiacchierammo molto anche con i militari: ci raccontavano spesso le loro storie, ci parlavano delle loro famiglie, delle loro difficoltà e ambizioni. A uno di loro ci affezionammo in modo particolare: Didar lo chiamava "Ciacia", e lui si integrò perfettamente nella vita da campo con tutte le difficoltà che poteva presentare. Aiutava anche il nostro cuoco e cercava di rendersi utile. Lui stesso chiese ai suoi superiori di non essere più rimpiazzato e rimase con noi per oltre un mese.

La vita al campo base non veniva interrotta solo dal cambio settimanale dei militari ma anche dall'arrivo abbastanza costante dei portatori, che ci rifornivano di beni di prima necessità, acquistati su commissione della nostra agenzia. Con il freddo rigido le scorte di frutta o verdura andavano rifornite di frequente. Le patate, per esempio, dopo due notti diventavano dure come sassi e una volta scongelate si trasformavano in poltiglia. La cucina al campo base, proprio per via delle temperature, seguiva regole tutte sue: se un'omelette richiede normalmente un paio di uova, al campo base perché fosse decente ne servivano anche dieci, visto che la mattina erano dure come palle da biliardo. Per renderle commestibili, Didar scioglieva la neve, immergeva le uova nell'acqua bollente che ne aveva ricavato, attendeva il tempo necessario affinché non diventassero sode, e le faceva strapazzate (il classico occhio di bue al campo base poteva essere considerata una prova con un coefficiente di difficoltà da chef stellato). Il miglior risultato per le nostre colazioni erano le "uova massacrate" (strapazzate è un vocabolo troppo gentile) a cui aggiungevamo rafano e olio d'oliva in modo che fossero abbastanza sostanziose e caloriche da farci affrontare l'allenamento mattutino o pomeridiano.

52.
Notte insonne al campo 2

Il nostro guru del tempo era sempre Karl Gabl, che ci aggiornava da Innsbruck. Nella fase iniziale della spedizione cercammo di non sovraccaricarlo di richieste di aggiornamento, perché sapevamo di poter raggiungere il campo 1 sotto la via Messner anche in condizioni meteorologiche non ottimali. Lo sentivamo quindi a distanza di qualche giorno, non quotidianamente, ma quando ci confermò una piccola finestra di bel tempo, partimmo; era il 9 gennaio. Percorremmo il canale indicato dai pastori, fino al campo 1, impiegandoci 2 ore e 50 minuti. Non stavamo facendo una gara, ma l'attenzione che ponevo anche ai minuti mi serviva per capire lo stato del nostro acclimatamento: l'abbattimento dei tempi di salita era un indice importante per valutarne i progressi. In genere le prestazioni migliorano nelle fasi iniziali, quando migliora l'acclimatamento, ma se la forma fisica non viene allenata, e questo capita spesso se nei giorni di bufera te ne stai seduto senza fare niente, tendono a stabilizzarsi se non a peggiorare. La strategia di combinare il doppio effetto benefico di acclimatamento e allenamento non-stop, stava dando i suoi risultati, e quelle 2 ore e 50 minuti erano lì a dimostrarlo. Tamara era sempre con me, eravamo tutti e due molto in forma, la velocità era sincrona e le risposte muscolari soddisfacenti allo stesso livello. Anche la voglia di salire era fortissima in entrambi.

Il nostro obiettivo quel giorno non era la cima del Ganalo Peak. Volevamo scendere dalla cresta su cui avevamo il nostro campo 1 per raggiungere il ghiacciaio sottostante, che era 150-200 metri più in basso rispetto a noi. Da quel punto, da cui anche io e Denis eravamo passati nel tentativo del 2012, saremmo arrivati sotto la via Messner percorrendo il lembo sinistro del ghiacciaio stesso. Rispetto alla spedizione con Denis, quel tragitto era molto più sicuro e veloce. Ero insomma felice di aver dato ascolto al pastore che già nel 2012 mi aveva suggerito quella variante iniziale.

Dopo aver passato la notte a 5500 metri, scendemmo dal lato opposto verso il ghiacciaio e ci mettemmo in cammino per arrivare fino a 5800, alla base della via Messner. Il percorso fu lungo in tutto 10 chilometri e a metà del ghiacciaio trovammo i segni dell'accampamento di Tomek ed Elisabeth, che ci precedevano di due giorni. Avevano frazionato il loro itinerario in modo diverso e quella era la loro strategia, forse più consona al proprio modo di scalare e di interpretare la salita.

In quell'occasione anche noi avevamo gli zaini pesanti, perché volevamo attrezzare il nostro campo 2 e poterci stare magari più notti. Per evitare pericoli oggettivi, rappresentati principalmente dalla potenziale caduta dei seracchi, percorremmo il ghiacciaio cercando di tenerci il più possibile sul lembo sinistro, sotto il Ganalo Peak, ma senza sottovalutare ciò che sarebbe potuto cadere anche da questa montagna.

Nel pomeriggio arrivammo finalmente nel punto che c'eravamo posti come obiettivo, cioè sotto la via Messner. Individuammo un luogo sicuro e riparato dal crinale roccioso del Ganalo per accamparci e lo trovammo più o meno nello stesso posto in cui mi ero fermato con Denis quattro anni prima. I segni di crolli avvenuti nei giorni precedenti non erano molto distanti dal punto in cui decidemmo di accamparci, ma non c'era un'alternativa migliore. Cercammo anche di capire se nelle vicinanze ci fosse la tenda di Tomek ed Elisabeth o se i due fossero in cammino verso la parte superiore, se non già sopra il seracco, ma di loro non trovammo nessuna traccia.

Allestimmo il nostro campo, entrammo nella tenda e ci stringemmo la mano: avevamo fatto una bella tirata, arrivando in un'unica tappa a 5800 metri, e ne eravamo molto soddisfatti. Nonostante la stanchezza, quella notte non riuscimmo a chiudere occhio. Stavamo bene e le condizioni meteorologiche non erano nemmeno così impossibili da impedirci di dormire, eppure, di tanto in tanto, il silenzio assoluto era squarciato da un rumore sordo, un boato crescente causato dai crolli di grosse porzioni di seracco che si disintegravano appena impattavano sul pendio sottostante e da lì cominciavano la loro corsa ad alta velocità verso il basso. Era una vera e propria frana che aumentava di dimensioni e provocava anche il distacco di piccole valanghe. La consapevolezza che sarebbero potute arrivare fino a noi, spazzandoci via o coprendoci totalmente, ci tolse del tutto il sonno. A ogni crollo, scattavamo dal sacco a pelo e cacciavamo la testa fuori dalla tenda per controllare dove fossero arrivate le valanghe, ma nel buio non si vedeva nulla. L'ansia che ci comparisse davanti al naso un fiume di ghiaccio in corsa ci terrorizzava. Non riuscivamo a rilassarci, a impedirci di restare vigili, anche se sapevamo benissimo che non sarebbe bastato saltar fuori dalla tenda e correre chissà dove, per salvarci.

Passammo la notte così, con le dita incrociate e tirando un sospiro di sollievo ogni volta che sentivamo il rumore affievolirsi e poi ritornare il silenzio, l'apparente calma.

53.
Vietato farsi male

Il superamento del seracco sarebbe stato un momento chiave, soprattutto dal punto di vista psicologico. Non potevo infatti fare a meno di confrontarmi continuamente con la spedizione di quattro anni prima, e ricordare quanto quel passaggio si era rivelato complicato a causa anche del labirinto di crepacci che sbarravano l'accesso a un tratto così delicato della salita.

La mattina seguente il cielo era limpido e il vento sopportabile. In quota appariva decisamente più forte, ma nel luogo in cui ci trovavamo eravamo ancora abbastanza protetti. Partimmo portandoci tutto il materiale per organizzare il campo superiore ed eventualmente passarci la notte. Anche in questo caso, la scelta della linea da seguire fu basata sulla volontà di rischiare il meno possibile, indipendentemente dalla difficoltà tecnica. Poco dopo la partenza trovammo i segni dei due alpinisti che ci precedevano, in un punto che considerai molto esposto ai crolli del seracco. Successivamente, invece, trovammo altre tracce di un loro nuovo campo in un luogo più riparato. In pratica Tomek ed Elisabeth avevano frazionato il percorso in micro tappe che li avevano portati comunque ad avanzare. A un certo punto, infatti, guardando verso l'alto, notammo due puntini che si muovevano: erano proprio loro, già quasi giunti nella parte superiore della seraccata. Mancava poco, e l'avrebbero superata.

A mano a mano che salivamo, il vento diventava sempre più forte. Eravamo tutti all'ombra, ma con la differenza che Tomek ed Elisabeth erano in prossimità della parte superiore dove avrebbero potuto organizzare il loro ennesimo campo, noi invece avevamo davanti un giorno di lavoro esposti a un vento che stava rendendo le temperature sempre meno sopportabili. A 6000 metri, io e Tamara ci rendemmo conto che andare oltre sarebbe stato troppo pericoloso per il rischio di congelamenti: non sentivamo infatti le dita dei piedi e delle mani e dovevamo procedere con il cappuccio della tuta d'alta quota indossato. Per evitare di respirare l'aria gelida utilizzavamo anche una fascia di tessuto elastico sulla bocca e il naso. Decidemmo quindi di fare un deposito poco sopra a quel punto, dove lasciammo la nostra tendina, la pala, il cibo, insomma tutto il materiale che ci serviva per passare la notte, e decidemmo di rientrare al campo dal quale eravamo partiti, a 5800. Arrivati a quell'altezza, il peggioramento delle condizioni meteorologiche ci fece cambiare idea: non volevamo rischiare di rimanere bloccati per giorni e decidemmo di proseguire fino al campo base. Ci arrivammo che era ormai buio, coprendo una distanza di 18,3 chilometri (il mio GPS era sempre in azione per monitorare spostamenti e velocità).

Il bilancio era comunque positivo, poiché eravamo andati al campo 2, lo avevamo attrezzato, vi avevamo passato la notte, avevamo fatto un deposito a 6000 metri e infine, in una tirata unica, eravamo rientrati. Di sicuro Tomek ed Elisabeth con la loro strategia avevano fatto meglio ma, come ho scritto, avevamo stili diversi: in questo caso specifico il loro si era rivelato più efficace. Alla fine rimasero via in tutto una settimana e scesero al campo base due giorni dopo di noi.

Le condizioni meteorologiche pessime ci costrinsero a rimanere al campo base fino a metà gennaio. Tamara ne approfittò per continuare a scrivere il suo libro, un progetto che aveva iniziato tempo prima e che le avevo suggerito io stesso. Anch'io ho scritto alcuni dei miei libri durante le spedizioni, e anche in questo momento, mentre lavoro a questo, sono in Nepal, non proprio sulle montagne, ma in una stanza d'albergo. Sto cercando di riorganizzare il mio progetto elicotteristico tramite nuove partnership con soggetti diversi, tra cui Nima Nuru Sherpa, l'amico di una vita, con cui stiamo provando a far ripartire ciò che si era interrotto nel 2013 con l'incidente all'elicottero che avevo acquistato e messo a disposizione per organizzare una sorta di elisoccorso, che in questo Paese è di vitale importanza.

Anche in Pakistan, come sappiamo tutti noi alpinisti, è "sconsigliato" farsi male, poiché non esistono molte possibilità di essere evacuati in elicottero e tanto meno di essere soccorsi. In effetti c'è una bella differenza tra "evacuazione" e "soccorso": se ti fai male lungo la via di salita o in parete è praticamente impossibile che qualcuno venga a riprenderti. Sono operazioni che in Pakistan non si eseguono; quando è successo, sono diventate imprese uniche ed eroiche, come il recupero di Tomaz Humar nel 2005, sulla parete Rupal, che fu soccorso con la *long line*, una corda attaccata all'elicottero. L'evacuazione invece è ben diversa: quando l'elicottero giunge al campo base per portare via un infortunato, quest'ultimo si deve già trovare sul posto e ciò presume che si sia arrangiato per arrivare lui stesso al campo base o che ci abbiano pensato i suoi compagni. In una spedizione invernale tutto diventa più complicato: le condizioni meteorologiche sono quasi sempre avverse e rendono impraticabile qualsiasi tipo di volo. In Pakistan, poi, non esiste l'aviazione civile; c'è solo quella militare, con un *training* e delle priorità completamente differenti da quelle dei nostri piloti civili sulle Alpi.

Per questo, come in tutte le spedizioni che ho fatto, anche sul Nanga Parbat con Tamara cercavamo di non muoverci in modo azzardato, evitando resistenze stoiche in parete e senza rischiare drammatici congelamenti. Anche un piccolo sbaglio, anche una stupida distrazione avrebbe potuto vanificare tutto lo sforzo fisico, economico e mentale della spedizione.

54.
Un balzo fino al campo 2

5 ore e 50 minuti, che tirata! Non appena il meteo ce lo permise, io e Tamara partimmo dal campo base e salimmo direttamente fino a sotto la via Messner, in un unico balzo, a una velocità che ci lasciò impressionati. L'acclimatamento con gli allenamenti intorno al campo base e le puntate in alto delle settimane precedenti stavano dando i loro frutti. Compimmo il tragitto di più di 15 chilometri in maniera fluida, senza mai essere a corto di fiato o di parole: eravamo riusciti a dominare bene lo sforzo e non potevamo nascondere la nostra felicità.

Il giorno successivo, il 18 gennaio, fu invece terribile: la neve e il vento ci costrinsero a rimanere bloccati completamente nella tendina. Non passammo di certo il tempo a lagnarci: chiacchierammo, ci raccontammo cose divertenti, insomma le ore filarono via. Seppur lentamente, e continuando a essere costantemente in apprensione, ci eravamo un po' abituati ai famosi boati che la caduta dei seracchi produceva e non saltavamo più fuori dalla tenda come molle a ogni crollo. Forse stava vincendo la consapevolezza che se qualcosa di gigantesco ci fosse crollato addosso, non sarebbe stato uno scatto a permetterci di evitare il disastro. L'unica cosa che ci dava tranquillità era aver agito seguendo tutte le accortezze possibili nello scegliere il posto dove montare la tenda. Ce lo confermarono anche i giorni che seguirono: i seracchi continuavano a cadere, ma mai vicino alla nostra tenda.

55.
Tomek ed Elisabeth al campo 4

Poco lontanto da noi, anche Tomek ed Elisabeth erano bloccati nella loro tenda a metà ghiacciaio. Erano partiti dal campo base un giorno prima, ma con la nostra tirata di nemmeno sei ore eravamo arrivati al campo 2 praticamente insieme.

L'indomani, il 19 gennaio, il tempo si presentò ancora tremendo, con il vento che soffiava in maniera insidiosa. Io e Tamara decidemmo di uscire nella tormenta, rimanendo legati, con l'obiettivo di raggiungere il nostro deposito a 6000 metri e poi proseguire e arrivare sopra il seracco. Resistere alle forti raffiche di vento e al gelo si rivelò sin da subito arduo, tanto che fummo costretti a coprirci come se fosse una giornata di vetta, con le moffole, la tuta d'alta quota, la berretta, il passamontagna e la maschera per proteggere gli occhi al posto dei soliti occhiali da sole. Ma nonostante l'abbigliamento, il vento gelido riusciva a infilarsi ovunque.

Riuscimmo a procedere solo per un paio d'ore – resistendo letteralmente alla spinta del vento che rischiava di portarci via – e ad arrivare a pochi metri dal deposito. Ci rendemmo conto che il massimo risultato di quel giorno sarebbe stato toccare il deposito e scappare nuovamente nella tendina, poiché stare all'esterno era diventato uno sforzo quasi disumano. Per noi fu comunque un buon allenamento, più o meno come quelli che svolgevamo costantemente al campo base. Tornando al campo 2, passammo a qualche metro dalla piazzola di Tomek ed Elisabeth, che riuscimmo a intravedere a stento poiché la tormenta aveva ridotto la visibilità a zero. Senza sapere neppure se fossero là dentro o se fossero ridiscesi al campo base, li chiamammo forte, e senza aspettare che rispondessero, gli spiegammo cosa avevamo fatto e proseguimmo lungo il nostro sentiero, seguendo le bandierine che ci segnalavano il percorso. Eravamo ancora a metà giornata e molto incerti sul da farsi: restare ancora un'altra notte o sperare nel bel tempo per i giorni successivi? Alle cinque di pomeriggio decidemmo di rientrare e, consapevoli dell'ora tarda e delle ultime ore di luce, ci concentrammo sulla massima velocità che avremmo saputo sostenere. In sole tre ore eravamo al campo base.

Il 20 e il 21 gennaio si mostrarono due giornate più clementi di quanto avessimo ipotizzato. Al campo base arrivò un SMS di Tomek ed Elisabeth: erano arrivati al campo 4. Una notizia molto importante poiché significava che erano molto in alto e potenzialmente vicini al tentativo di vetta.

Da parte nostra Tamara cominciò ad avere qualche rimorso. «E se fossimo rimasti?» «Forse abbiamo sbagliato, che dici?» «No, abbiamo fatto una cavolata... non dovevamo scendere!» Era andata completamente in crisi, non si dava pace, facendosi assalire da tutti i "se" e i "ma" possibili e immaginabili.

«Scusa la retorica, Tamara, ma tu lo sai che con i "se" e con i "ma" non si fa la storia...» le dissi a un certo punto.

«Sì, mi pare di averla già sentita questa frase...»

«E allora?» la provocai.

«Allora cosa?»

«Allora, basta. Reagisci agli eventi» le risposi, facendo un sorriso.

Cercai di spiegarle che i rimpianti e i rimorsi fanno vivere malissimo le persone, che tenere sempre lo sguardo rivolto indietro, invece che guardare con speranza a quello che ti aspetta o vivere con pienezza il presente, non serve a nulla. Anche le decisioni che sembrano all'apparenza sbagliate vanno vissute responsabilmente. In tutto c'è spesso un lato positivo e la mia esperienza mi ha insegnato che occorre saperlo trovare e valorizzare. Da tutte le situazioni si possono trarre vantaggi, fosse anche quello di imparare dai propri errori.

Il momento in cui ci trovavamo non era neppure così catastrofico: sì, eravamo al campo base e il meteo era comunque accettabile, tanto che Tomek ed Elisabeth il giorno successivo al nostro rientro erano riusciti, seppur in condizioni di estrema difficoltà, a portarsi al di sopra del seracco, ritornare dove erano già stati, a 6200 metri circa, e il giorno dopo ancora spostarsi più in alto e mettere il loro campo 4. La loro resilienza li aveva premiati.

Dichiarare una quota è sempre difficile. Di solito ci si affida all'altimetro che, però, può sbagliare anche di 200-300 metri a causa della pressione barometrica diversa; oppure si può fare una stima di massima facendo un confronto con le vette vicine, in quel caso con la cresta Mazeno. Tomek e la sua compagna di cordata dichiararono come quota raggiunta 7200 metri, cento metri di più o di meno, non era importante: erano arrivati al campo 4 ed erano stati bravi. Certo, a 7000 metri, soprattutto sulla via Messner, c'è ancora un "oceano" a separarti dalla vetta. Il tragitto era lunghissimo, perché mancava ancora un traverso verso sud-ovest per portarsi sotto la forma trapezoidale dell'ultima parte del Nanga Parbat e da lì bisognava riuscire a non mollare, a conservare le forze e ridiscendere.

Uno dei motivi per cui questa via non era mai stata completata, neppure da Messner, è che lo sviluppo e la durata della salita, anche in termini di giorni, si fanno a mano a mano più lenti e faticosi, diventando esponenzialmente sempre più impegnativi, soprattutto nella stagione invernale quando tutto è più rallentato. Elisabeth e Tomek avevano rosicchiato metro dopo metro, lavorando duramente per giornate intere: questo ci dimostrava ancora che un balzo da quel campo direttamente in vetta era davvero improbabile, almeno alla velocità che avevano mantenuto fino ad allora.

È comprensibile che Tamara fosse in crisi: noi eravamo al campo base, mentre Tomek ed Elisabeth al campo 4. Ma io rimanevo positivo.

«Sai cosa facciamo?» le dissi per cercare di farla uscire dal suo *loop* negativo.

«Cosa?»

«Andiamo a farci un giro di allenamento, teniamo la mente libera e i muscoli pronti per il prossimo balzo.»

«Sì, dai, ci sto» disse Tamara.

Detto fatto, il 22 partimmo dal campo base e arrivammo fino al campo 1 a 5500 metri. Quando eravamo sulla cresta Mazeno ci arrivò un SMS sul satellitare. Era di Tomek: «Cosa dice Gabl per i prossimi giorni?».

Avevamo già sentito il nostro meteorologo e ci aveva annunciato un peggioramento per i giorni successivi. Per scrupolo, richiamai Karl a Innsbruck e mi feci dare il bollettino più aggiornato. Ebbene, le previsioni erano abbastanza allarmanti: comunicai a Tomek che se voleva tentare la vetta doveva assolutamente essere già sotto la base della parete il 23, perché il 24 era previsto un peggioramento e il giorno dopo ancora una tormenta con venti fortissimi fino a 200 chilometri orari. Insomma, a Tomek rimaneva poco tempo per gestire il suo tentativo e ritornare a casa.

Passammo le previsioni a Tomek e decidemmo di ritornare sempre velocemente al campo base. Non sapevamo che cosa avrebbero deciso di fare lui ed Elisabeth, sebbene gli avessi prestato un walkie-talkie, lui non era mai in contatto radio; l'unico modo con cui comunicava erano rari SMS. Negli unici due messaggi arrivati in una settimana aveva comunicato l'arrivo al campo 4 e poi chiesto il bollettino. Per quanto ci riguardava, le previsioni di Karl Gabl erano legge e se eravamo tornati al campo base era perché non volevamo ritrovarci in mezzo alla bufera prevista.

Non mi stanco di dire che Gabl non sbaglia quasi mai una previsione e per questo gode di tutta la mia fiducia. La fiducia, per quanto mi riguarda, è qualcosa che dai completamente oppure non dai per niente, non ci sono mezze misure o sfumature, ci sono solo il bianco e il nero. In questo sono categorico. Collaboro con questo esperto meteorologo da tredici anni e affidarmi ciecamente alle sue previsioni ha dato i suoi risultati: sono ancora vivo! Karl Gabl oltre a essere responsabile del centro meteorologico di Innsbruck e docente di meteorologia nei corsi di guida alpina austriaci, è anche un esperto alpinista con alle spalle spedizioni in Nepal e in Pakistan. Quando lo chiamo per le previsioni, lui sa esattamente ciò di cui ho bisogno perché sa dove mi trovo, conosce i luoghi.

Anche quel giorno, la previsione che ci aveva co-

56.
La via Messner resta inviolata

Quando li incontrammo la mattina dopo il loro arrivo, Tomek ed Elisabeth ci mostrarono le fotografie e un video che avevano fatto per documentare la pericolosità del seracco oltre il quale noi non eravamo ancora passati. Loro lo avevano superato due volte e ci dissero che non avrebbero più affrontato quel rischio: in pratica, il percorso prevedeva il passaggio sul profilo di una fetta intera di ghiaccio che si era staccata e che, in bilico, dondolava minacciosamente. Poteva crollare da un momento all'altro, e le scosse telluriche che avevamo percepito già durante il trekking e al campo base avrebbero potuto farla collassare fatalmente, facendo cadere l'equivalente di ghiaccio di un palazzo a quattro piani.

La discesa di Tomek ed Elizabeth dal campo 4 coincise con la fine della loro spedizione: lo stesso giorno, infatti, il polacco e la francese ci salutarono. Fu un po' una sorpresa, ma avevano finito il tempo a disposizione e non avevano più risorse per continuare. Anche loro, per fare l'acclimatamento su altre montagne, erano arrivati in Pakistan all'inizio di dicembre e avevano stabilito, sia per impegni personali sia per questioni economiche e logistiche, di restare sino alla fine di gennaio. E così partirono, lasciando al campo base una buona parte del loro materiale, che i portatori avrebbero trasportato a valle in un secondo momento.

Fu l'ultima occasione di vederli e fummo contenti di condividere con loro la colazione e la lunga chiacchierata. Proprio in quel momento io e Tamara realizzammo una cosa importante: anche quell'anno, come nel 2012 con Denis, la via Messner sarebbe rimasta inviolata; insomma, il nostro tentativo invernale non era realizzabile lungo quell'itinerario. Tomek ed Elisabeth avevano fatto qualcosa di straordinario, il loro risultato parlava chiaro, così come chiare erano state però le parole del polacco: il superamento del seracco era un azzardo troppo grande!

Facemmo tesoro dei loro consigli e già il 25 gennaio ci preparammo per andare a riprenderci tutto il materiale che avevamo lasciato al campo 2 e al deposito più in alto, posto sotto il seracco.

Alla nostra chiacchierata con Tomek, avvenuta fuori dal bivacco in muratura del campo base, avevano assistito anche Didar e Sherbaz, il nostro aiuto cuoco. Quest'ultimo, originario della regione di Hunza, era un amico di Didar nonché un ragazzo fortissimo con qualche esperienza alpinistica di spedizione. Aveva lavorato come aiuto portatore d'alta quota ed era già stato nei campi alti di alcuni ottomila, come il K2, dove Tamara lo aveva conosciuto nel 2014. Ci aveva consigliato proprio Didar d'ingaggiarlo e sin dall'inizio ci apparve un giovane sveglio, aperto di mentalità e gioviale; insomma, una persona positiva che era bello avere a bordo.

Sherbaz, sebbene non fosse acclimatato, si offrì di venire con noi al campo 2 e di darci una mano a trasportare tutti i carichi. Il suo era un gesto non dovuto e per il quale non era nemmeno retribuito, ma la sua insistenza ci fece capire che aveva voglia di muoversi, anche per spezzare la monotonia della vita al campo base.

Facemmo un vero e proprio tour de force, realizzando quello che era nelle nostre possibilità, ma che ci richiese comunque uno sforzo mostruoso. Partimmo la mattina, neppure tanto presto, e andammo direttamente al campo 2 lungo il solito itinerario e in condizioni meteo buone per muoversi a bassa quota. In alto, infatti, si vedevano le nuvole di neve sollevate da venti fortissimi, ma nel canale e nel ghiacciaio alla base del Nanga eravamo abbastanza riparati.

Giungemmo così spediti al campo 2 e lì decidemmo di dividerci e svolgere compiti diversi.

«Voi siete giovani, adesso continuo solo io che ho già vissuto quasi vent'anni in più!»

Buttandola anche un po' sul ridere, lasciai i miei compagni al campo 2. Avevo infatti deciso che loro si sarebbero fermati per smontare la tenda, che in quel punto riparato avevamo lasciato aperta, e impacchettare il materiale che c'era al suo interno, mentre io avrei raggiunto il deposito sotto il seracco a 6000 metri. Era completamente inutile che ci esponessimo tutti e tre al pericolo di quell'ultimo tratto superiore, tanto più che le attrezzature da recuperare potevano essere trasportate da una sola persona.

L'essere solo, insieme alla consapevolezza del pericolo che incombeva sulla mia testa, mi fece ingranare la marcia alta e salire a tutta velocità: insomma, avevo la classica fifa che ti mette le ali. Cercando di stare concentrato sui miei passi, salivo in tutta rapidità con Tamara e Sherbaz che avevano iniziato a lavorare, ma tenendomi sempre sott'occhio. La mia compagna di cordata scattò anche qualche fotografia e guardandole, ancora oggi, rimango impressionato dalle dimensioni dei seracchi e di quanto piccolo e fragile appaia l'uomo in confronto. Ricordo che non percepivo neanche il passare del tempo, stringevo i denti per andare su veloce, anche perché sapevo che l'obiettivo non era solo arrivare al deposito e portare giù il materiale, ma rientrare il giorno stesso direttamente al campo base con i miei compagni. Raggiunsi con il cuore in gola la mia meta, non feci nemmeno una pausa, raccattai tutto, riempii lo zaino e mi misi letteralmente a correre verso il basso. Saltai i crepacci che avevo superato in salita e che avevo ben localizzato nella mia mente e mi abbassai di quota seguendo fedelmente la traccia appena fatta. Scesi comunque con una certa disinvoltura, dato che il percorso era segnato con le bandierine ed ero certo di non trovare brutte sorprese. Arrivai al campo 2 che Tamara e Sherbaz non avevano ancora finito il loro lavoro: ci avevo impiegato davvero pochissimo sia a salire sia a scendere e, riunitomi a loro, mi sentivo nuovamente al sicuro. In quel punto ci dividemmo i carichi in maniera equa, trenta chili sulle spalle di ciascuno – anche in quell'occasione Tamara non volle sconti – e cominciammo a scendere verso valle, a ritroso lungo tutto il percorso effettuato in salita poche ore prima. Era già pomeriggio e le giornate erano ancora maledettamente corte.

La luce cominciò a scemare abbastanza velocemente, dato che il sole spariva molto presto dietro la cresta Mazeno e noi eravamo in una sorta di budello naturale ghiacciato incastonato tra il Nanga Parbat e il Ganalo Peak. Il buio ci avvolse quando arrivammo quasi ai piedi del pendio sotto il campo 1, che successivamente avremmo dovuto superare in salita, facendo quel dislivello per poter raggiungere, sulla cresta del Ganalo, il punto dove tutto era cominciato, dove avevamo passato la prima notte dell'intera spedizione al Nanga. La traccia era illuminata solo dalle nostre pile frontali e ognuno era concentrato nello sforzo, ma ogni tanto ci scambiavamo qualche battuta rimanendo di buon umore. Prendemmo sempre insieme tutte le decisioni riguardo al percorso e alla direzione da seguire, soprattutto quando in alcuni tratti non riuscivamo a trovare la traccia né le bandierine che erano state coperte o spazzate via dal vento. Di tanto in tanto qualche segno del nostro percorso della mattina compariva e questo ci dava conforto. In quella giornata avevamo già macinato parecchi chilometri con scarponi, racchette, ramponi ai piedi e ora con carichi pesanti procedevamo nuovamente in salita. Eravamo dunque stanchi, ma ci stavamo muovendo sull'itinerario giusto.

Capimmo che ce l'avremmo fatta solo quando fummo sulla cresta del Ganalo: da lì in poi sarebbe stata tutta discesa. Ovviamente non era una scampagnata, ma sapevamo che in poche ore saremmo stati giù. Continuammo a rimanere concentrati, sarebbe bastato un passo falso per rotolare a valle con la velocità di un proiettile. Cercavamo anche di tenerci uniti o comunque in contatto visivo attraverso le nostre pile frontali; se non eravamo proprio vicini, lanciavamo urli, attendevamo la risposta, ci aspettavamo se la distanza era aumentata e poi ognuno proseguiva gestendo il proprio ritmo. In fondo al lungo canale ci fermammo a riposare e ci riunimmo tutti e tre: ormai era fatta, in circa mezz'ora saremmo stati al campo base.

Didar ci accolse con un abbraccio caloroso e con la cena pronta: aveva tenuto d'occhio la montagna e non appena aveva visto le nostre luci frontali si era messo a cucinare. Alla tenda, dopo aver depositato lo zaino, avevo guardato il percorso sul GPS: 30,4 chilometri.

Era stata una bella sfacchinata ed eravamo felici di trovarci al campo base. Eravamo affamati e ci sentivamo nuovamente al sicuro con tutti i comfort di quell'accampamento, una sensazione rinfrancante ma che iniziava a mischiarsi con nuove incognite e consapevolezze.

Dopo quella giornata importante, cosa ci aspettava? Cosa avremmo fatto? Da dove saremmo saliti e ripartiti? Dovevamo schiacciare mentalmente il tasto reset, annullare tutto quello che avevamo fatto nei due mesi precedenti e ricominciare da capo. La nostra spedizione, insomma, doveva ripartire per un diverso itinerario ed era anche evidente quale sarebbe potuto essere; le alternative non erano molte, anzi erano praticamente nulle. Non avevamo certo intenzione di mollare, la nostra motivazione era ancora altissima e con essa la forma fisica.

57.
L'invito di Alex

«Avete fatto bene a lasciare la Messner, è troppo pericolosa in questo momento!»

Alex Txikon, avendoci sentito e visto tornare dalla nostra maratona giornaliera con gli zaini e la pila frontale accesa, era venuto a salutarci. Gli avevamo già anticipato la nostra intenzione di mollare il progetto e la nostra Messner, ma il recupero del materiale confermava la nostra decisione.

«Ancora mi chiedo perché avete scelto quella via, Simone!» mi disse Alex.

«Sai Alex, avevamo fatto i nostri calcoli e mi aveva dato fiducia, mi aveva fatto una buona impressione quando l'avevo provata con Denis nel 2012 e quest'anno con la variante del canale iniziale consigliato dai pastori sembrava ancora più accessibile e adatta.»

«Lo so, però tu la Kinshofer la conosci bene, ci sei già salito» mi ribadì lui.

Dall'inizio della spedizione ne avevamo parlato più volte e Alex non riusciva a capire perché non avessimo scelto di tentare anche noi con lui la via classica, che tra l'altro io avevo già percorso fino a

6500 metri nel 2003 e lungo la quale ero ridisceso, dopo l'apertura della via nuova con Lafaille, da oltre 7000 metri. Alex sapeva che la conoscevo bene, così come io sapevo che era più corta rispetto alla via Messner, ma all'inizio mi appariva più complicata e tutta da attrezzare.

«Va bene, Simone, capisco, comunque l'invito ve lo faccio anche adesso, venite con noi, facciamo un tentativo insieme!»

Nella sua veste di capo spedizione ci stava chiedendo di unire le forze. Ed era l'ennesima volta dall'inizio di quella spedizione. Complice il rapporto che ci legava da anni, e la buona sintonia che si era creata nell'ultimo mese anche con Tamara, Alex si era sempre dimostrato aperto e disponibile.

«Dai Alex, avete già attrezzato la via... Cosa facciamo, dopo un mese arriviamo noi, senza aver fatto niente?»

Eravamo davvero imbarazzati dalla sua proposta. Non volevamo fare la figura di quelli che si uniscono quando il più è fatto, ma non avevamo nemmeno molte alternative. Alex e i suoi compagni avevano attrezzato la maggior parte del percorso e noi ci saremmo uniti a loro quando quasi l'ottanta percento del lavoro era stato compiuto.

«Simone, avete giocato le vostre carte e avete fatto bene, adesso però vi rimane questa possibilità e io sono ben contento di avervi in squadra!» ribadì Alex.

Che persona, Alex! Con quella proposta si stava

confermando oltre che un amico anche un uomo di grande statura morale.

Non sapevamo come esprimere la nostra gratitudine e il minimo che potessimo fare era offrire il nostro contributo economico per partecipare alle spese del materiale con cui era stata attrezzata la via. Alex non perse l'occasione per dimostrarsi ancora un grande: i soldi delle corde non gli interessavano.

«Non voglio nulla, avervi nel team è già un grosso guadagno!»

Era convinto che il nostro apporto alla spedizione sarebbe stato prezioso, che valeva molto più di tutte le corde usate per attrezzare la via. C'era la nostra amicizia di mezzo, ma anche la forza e l'entusiasmo di Tamara, e la mia esperienza di salitore di tre ottomila invernali. La combinazione dei vantaggi e delle virtù che ogni componente delle due spedizioni avrebbe messo nel gruppo, avrebbe contribuito a creare la formula giusta per un tentativo con un maggiore potenziale di successo.

Gli eravamo davvero grati e quella sera, dopo averlo salutato, andammo a dormire davvero felici. Così sul versante Diamir, dopo la partenza di Tomek ed Elisabeth, eravamo rimasti solo in due squadre. Il 18 gennaio, infatti, dopo una caduta rovinosa e una scivolata di 80 metri mentre lavorava con Daniele Nardi ad attrezzare la via, Adam Bielecki e la sua spedizione avevano abbandonato il campo. Non si era ferito gravemente, ma il grande spavento unito anche alle condizioni di salute precarie del compagno e, non ultimo, al fatto che il loro progetto iniziale in stile alpino si era rivelato poco fattibile quell'anno, avevano deciso di abbandonare.

Delle quattro spedizioni iniziali ne rimanevano solo due, che si stavano per fondere: io e Tamara con Alex, Ali e Daniele.

I giorni che seguirono furono però i più difficili della spedizione. Successero molte cose di cui non parlammo mai, perché io e Tamara continuavamo a mantenere fede al nostro "silenzio stampa". Ovviamente attorno alla nostra spedizione non c'era il silenzio completo, qualche notizia riportata da altri arrivava, ma non eravamo mai noi a fare comunicati o a dare aggiornamenti sul web. L'unica eccezione fu un messaggio di Tamara su Facebook del 26 gennaio, con cui annunciava il bellissimo invito di Alex a unirci alla sua spedizione.

58.

Il post rimosso

Il giorno successivo, verso l'ora di pranzo, era passato dalla nostra tenda Daniele Nardi e lo avevamo invitato a fermarsi a mangiare con noi. Quel giorno non era andato con Alex e Ali ad attrezzare la parete. Anche lui sembrava contento di unire le forze e le nostre due spedizioni, tanto che dopo mangiato ci volle restituire l'invito a pranzo e ci chiese di andare a cena nel loro campo, proprio per ufficializzare la richiesta di fusione del gruppo e discutere le strategie di salita.

Sulle prime, a me e Tamara il suo gesto sembrò del tutto normale: era il compagno di cordata di Alex e ci teneva in qualche modo a dimostrarci il suo apprezzamento e a farci sapere che quell'invito era una scelta condivisa. Come il suo capo spedizione, anche per lui non era rilevante che pagassimo le spese per le corde e per l'attrezzatura e questo fu innegabilmente un grande gesto anche da parte sua.

All'inizio, dunque, tutto appariva spontaneo e davvero bello, ma la sua insistenza affinché rendessimo ufficiale a lui e tutti i membri della spedizione la richiesta di andare con loro e che lo facessimo nel modo che ci stava suggerendo con strani giri di parole mi lasciò un po' dubbioso. Il suo non fu un discorso limpidissimo ma, da quello che mi parve di evincere, avrebbe voluto che facessimo una sorta di cerimonia nella quale io e Tamara chiedessimo davanti a tutti di scalare con loro ed essere accettati. Dall'invito di Alex, insomma, la cosa si doveva trasformare quasi in una sorta di richiesta sommessa. Non volli però dare molto peso a quel discorso e alle mie strane sensazioni: eravamo tutti contenti di andare insieme e questa era la cosa più importante e che valeva la pena tenere in considerazione.

Fu nel pomeriggio, dopo che avevamo pranzato assieme a Daniele, che Tamara scrisse il suo post su Facebook, forse l'unico suo di quella spedizione. Tamara è la classica persona che odia tutto ciò che è tecnologico, odia le spedizioni attorno alle quali c'è troppo clamore, soprattutto mediatico, dove non c'è misura in quello che si dice e si scrive, insomma è piacevolmente all'antica, romantica. Quel pomeriggio, però, era così sollevata che scrisse un messaggio sul suo profilo in cui esprimeva la nostra gratitudine ad Alex e alla sua spedizione per la loro generosità, confermando l'entusiasmo con il quale avevamo accettato l'invito che ci era stato fatto. Senza avere nessun secondo fine, Tamara dunque diede la notizia.

Dopo mezz'ora dalla pubblicazione e dall'annuncio in essa contenuto, sentimmo dei passi veloci fuori dalla tenda. Il cursore della cerniera si alzò e apparve la faccia di Daniele che entrò rimanendo però sulla soglia: «Tamara, hai postato la notizia che andiamo assieme?» chiese senza tanti preamboli.

«Sì, certo, sono troppo felice!» rispose lei.

«Rimuovila subito!»

Usò un tono che lasciò basito anche me, che non ero il destinatario di quel messaggio.

«Ma perché, scusa?» chiese lei.

«Mi crei dei casini.»

«Ma con chi?»

«Con il mio ufficio stampa, perché abbiamo deciso di comunicarlo poi. Quindi toglilo subito, per piacere.»

Silenzio...

«Ok, adesso lo rimuovo» rispose Tamara, che si era fatta triste in volto. Non seppe cosa altro rispondere. Daniele era stato così categorico e risoluto da non sembrare decisamente la stessa persona con cui avevamo pranzato.

Quando se ne andò dalla tenda, Tamara rimosse il post e si mise quasi a piangere. Solo allora io, che ero stato a guardare, mi permisi di intervenire, facendo notare a Tamara che era avvenuto qualcosa di una gravità assoluta. Non tanto e non solo per i toni, ma perché quel modo di fare e quella richiesta andavano esattamente in una direzione chiara... Rispetto al significato della cena imminente e ai propositi di unione e di collaborazione per il raggiungimento della vetta del Nanga, quello che era accaduto dimostrava altro. La pagina Facebook personale è come casa tua: se qualcuno entra in casa tua e ti dice di rimuovere un quadro, spostare un letto, cucinare in maniera diversa è come se stesse facendo un'invasione di campo. La richiesta di Daniele non era giustificabile, perché Tamara non era stata offensiva, non aveva scritto nulla di male, anzi aveva tutt'altro senso, visto che esaltava le doti umane e morali delle persone che ci avevano accettato nel loro team e rendeva speciali quei sentimenti di amicizia dimostrata.

Il post era stato subito rimosso da Tamara, ma, nel poco tempo in cui fu visibile sul web, fu letto e commentato e non passò inosservata la sua sparizione improvvisa. L'*affaire* del post cancellato diventò il tormentone dei giorni successivi.

59.
La registrazione clandestina

Lo strano sfogo di Nardi ci aveva guastato l'umore. Cercai però di raccogliere tutta la buona volontà che avevo e imputai la sua richiesta di rimuovere il post al nervosismo e ad alcune tensioni che c'erano nel loro gruppo, composto oltre che dai membri della spedizione anche da Igone, la fidanzata di Alex che era l'addetta stampa della spedizione. Sapevamo che c'erano stati dei problemi, ma io e Tamara ci eravamo tenuti sempre in disparte, non indagando sui motivi che li avevano causati. Eravamo sempre stati cortesi e disponibili con tutti, e avevamo accolto con sincero entusiasmo la proposta di Alex.

La sera a cena il loro cuoco ci preparò un piatto speciale e molto gradito, i "palmì-paplù", la stessa ricetta che avevamo mangiato a casa di Ali. Fummo accolti e trattati con molta cortesia da parte di tutti, al punto che quasi ci dimenticammo di cosa era successo mezz'ora prima. Forse non era il caso di incazzarsi più di tanto e dare troppo peso all'accaduto.

Parlammo un po' di tutto, della spedizione ma anche di altro, come il mio progetto elicotteristico in

Nepal e America. Il tema della serata, quello per cui eravamo stati invitati, era però un altro e arrivammo presto a discuterne. Ricordo il momento preciso, perché coincise con un fatto davvero strano. Daniele prese la parola e ci fece capire che avrebbe gradito ricevere da parte nostra una sorta di richiesta ufficiale di poter partecipare alla loro spedizione dopo che avevamo abbandonato il tentativo sulla via Messner. Tra me e me non ero affatto scandalizzato da quel suo desiderio, da un certo punto di vista mi sembrava anche legittimo, non mi convinceva però la modalità. Tra le righe, perché non fu mai esplicito, quello che ci stava chiedendo era una specie di rituale, l'ostentazione di un atto di umiltà. Sarei stato disposto a compiere quel gesto, come ero disposto a pagare la parte che ci spettava per la via attrezzata, ma la modalità non mi piaceva. Non fu questo, però, a convincermi che c'era qualcosa che non andava proprio. Io non sono il tipo che mette i puntini sulle "i" o che fa le pulci, ma sono abbastanza attento, non in modo analitico ma sistemico, cioè osservo le persone e le situazioni nella loro globalità, pongo attenzione anche alla comunicazione non verbale, ai processi neurolinguistici, cerco di acquisire elementi utili dall'ambiente, o meglio da come si muove chi mi sta parlando, quali gesti compie, dove vanno le sue mani e i suoi occhi. Cerco di capire se ciò che sento è anche ciò che vedo, o se le due cose non combaciano.

Non appena il discorso era entrato nel vivo, avevo

notato che Daniele si era alzato per andare a trafficare con qualcosa in una borsa. Pensava probabilmente di passare inosservato, perché si era spostato in un angolo riparato della cucina, ma io lo vidi chiaramente estrarre un registratore e metterlo in funzione: vidi addirittura il led rosso lampeggiare. Dopo aver fatto quell'operazione, ritornò verso di noi, si sedette, e continuò a incalzarci sull'argomento. Ci chiese cosa volevamo fare, perché lo volevamo fare, perché ci serviva andare sulla Kinshofer... Erano tutte domande lecite, ciò che era illecito, anzi proprio illegale, era quella registrazione!

In quel momento, per me, la spedizione comune era già finita, ma stetti zitto, perché prima volevo discuterne a quattr'occhi con Tamara. Cominciai allora a parlare solo con Alex, Igone e Ali. Evitai Daniele e le sue domande, perché non volevo smascherarlo subito, ma non avevo neppure intenzione di cadere nel suo "giochetto". Se stava giocando... non avrei mai detto quello che lui voleva farmi dire. Sentendosi in qualche modo messo in disparte, prese il suo computer portatile e cominciò a chattare. Non era il comportamento più adeguato, visto che eravamo tutti insieme a cena, ma alla luce dei fatti non mi meravigliai più di tanto. Mi fece però pensare, confermando il quadro che mi stavo facendo, la persona a cui si era messo a scrivere. Sempre per via del mio "sguardo sistemico", mi accorsi che era una delle pochissime persone che all'inizio della mia carriera alpinistica mi era stata ostile e che ancora oggi, con strumenti vari o malcelata cortesia, cerca sempre di soffiare contro il tipo di alpinismo che porto avanti e che racconto. In poche parole Daniele stava scrivendo, forse aggiornando, la persona che da sempre è stata più ostile e viscida nei miei confronti. Incassai anche quello e me ne stetti zitto.

La cena stava per finire e con una scusa me ne andai, lasciando lì Tamara. Era una specie di ultimo test: se fosse andata come pensavo, avrei avuto la conferma dei miei sospetti.

E infatti...

Tamara si intrattenne con Alex e gli altri per una ventina di minuti ancora, poi salutò e fece per andarsene pure lei. Daniele l'accompagnò sino alla tenda e, non appena soli, cominciò a vaneggiare sul fatto che la spedizione unica era il frutto di un accordo tra me e Alex, ma che nel team non c'era un vero capo spedizione, che l'invito doveva venire anche da lui (lo aveva fatto a pranzo) e che non potevamo pensare di "fregare Nardi". Usò proprio quelle parole in terza persona e in pochi minuti cominciò a parlarle male dei suoi colleghi di spedizione e anche del sottoscritto. Dire quelle cose proprio alla mia compagna di cordata non fu una grande mossa, anzi fu davvero un'ingenuità.

Tamara ci rimase malissimo e appena fu in tenda mi raccontò tutto. Il mio fiuto purtroppo aveva funzionato, confermando le mie supposizioni: Daniele aveva gradito solo in parte la proposta che ci aveva fatto Alex; in più era talmente ossessionato dalla comunicazione e dai media che analizzava e rifletteva solo su chi e su che cosa venivano puntati i riflettori e le attenzioni, anche in base alle notizie divulgate; in ultimo, il legame disteso che c'era tra me, Alex e Tamara non coincideva con un analogo livello di sintonia fra lui e il suo capo-spedizione. E lo scoprimmo più tardi.

Riferii a Tamara le mie impressioni sulla serata e su Daniele. Non le avevo ancora raccontato della registrazione e della chat con mister X quando sentimmo nuovamente dei passi fuori dalla tenda e la voce di Igone.

«Ragazzi, posso entrare?»

«Certo, vieni!» le dissi.

Igone entrò, era stravolta.

«Che ti succede? Hai una faccia...» le dissi.

«Simone, sono esterrefatta, scioccata! Forse non ve ne siete accorti, ma mentre stavamo parlando, Daniele vi stava registrando!»

Vidi Tamara quasi impallidire dallo stupore. Mi guardò e rimase un po' stranita dalla mia espressione serena.

«Lo so,» spiegai a entrambe «me ne sono accorto anch'io, ma non ho voluto dire niente per non guastare la festa.»

«Ma quello è impazzito,» sbottò Tamara «mi fa cancellare i post, ci registra, ma che diavolo gli succede?»

Già... che diamine gli stava succedendo?

60.
Alex sconvolto

Dopo che Igone se ne fu andata, io e Tamara parlammo ancora. Quella sera, prima di metterci a dormire, ci lasciammo con la decisione di tornare all'unica altra possibilità che ci rimaneva: scalare autonomamente la via Kinshofer. Avremmo quindi insistito per pagare il materiale e saremmo andati solo dopo che Alex, Daniele e Ali avessero tentato la salita o la vetta, dando loro la priorità di partenza e di utilizzo delle corde.

«Tamara, per una spedizione come questa» le spiegai «ho bisogno di fidarmi totalmente delle persone con cui mi lego, scalo, dormo e mangio... E questo tipo di fiducia, lo sai anche tu, non si costruisce con una stretta di mano. Anzi, di solito ci vogliono mesi o anni per costruirla, mentre bastano attimi per perderla!»

Quel giorno erano accaduti quattro fatti gravi e tanto mi bastava per concludere che nel team di Alex non potevo stare tranquillo. In più avevo avuto l'impressione che la nostra presenza sarebbe stata origine di altri motivi di tensione. Con Alex ero sicuro di andare d'accordo, lui sì che godeva della mia fiducia, ma se poi la nostra sintonia avesse in qualche modo escluso Daniele, si sarebbero creati solo problemi. Questo non lo volevamo né io, né Tamara e Alex aveva tutto il diritto di non avere interferenze nella sua squadra. Tamara era d'accordo con me. Il giorno dopo gli avremmo spiegato che non mi sentivo completamente sereno con Daniele, che non volevo creare problemi alla sua squadra e che quindi avremmo arrampicato separatamente.

Andai a dormire con la testa già proiettata sulla nostra salita alla via Kinshofer da soli. Sapevo che insieme avevamo la forza e le abilità tecniche, e che io avevo anche l'esperienza invernale necessaria per poter fare un tentativo ragionevole, che avesse buone possibilità di successo.

Il giorno seguente, il 27 gennaio, mentre eravamo ancora nel dormiveglia, sentimmo dei rumori quasi impercettibili intorno alla tenda. Non diedi loro molto peso, poteva essere qualsiasi cosa, finché non sentii sussurrare il mio nome e riconobbi la voce di Alex. Lo chiamai e lui entrò subito.

Era venuto fino a lì scalzo! Per questo non avevamo sentito nitidamente i suoi passi.

«Cosa fai senza scarpe?!» gli chiesi.

«Non volevo farmi sentire da nessuno, soprattutto da Daniele...»

Aveva passato una notte bruttissima dopo che Igone gli aveva riferito ciò che aveva detto anche a noi. Era rimasto così scioccato che, per il nervoso e la tensione, aveva anche vomitato. Quando gli raccontammo della conversazione che Daniele aveva avuto con Tamara, Alex ci pregò di scalare con lui perché a quel punto neppure lui si fidava più di Daniele. Le cose che aveva fatto erano talmente folli e schizofreniche, ci spiegò, che cominciava ad avere paura, sentiva minacciata la sua sicurezza. Ci raccontò che durante la spedizione Daniele non aveva dimostrato una grande forma fisica, tanto da partecipare in maniera marginale all'attrezzatura della via. Oltre al pranzo del giorno prima, anche in altre occasioni ci eravamo accorti che, mentre Alex e Ali attrezzavano la via o si allenavano nei dintorni del campo, lui preferiva stare al campo a fare altro perché non se la sentiva.

Non volevo però entrare – e non voglio farlo neppure adesso – nelle dinamiche di ciò che faceva o non faceva Daniele, dei problemi pregressi e di altri più recenti che con tutta probabilità c'erano stati già nella fase di acclimatamento in Sudamerica e che proseguivano al campo base. Ad Alex, che era venuto a sfogarsi con noi, dissi solo che avrei organizzato una nuova riunione con tutti, quello stesso giorno, però nella mia tenda, senza pranzo, tè o altri generi di conforto. In quell'occasione io e Tamara avremmo detto la nostra e avremmo annunciato la decisione presa.

61.
«Non mi fido di te»

Eravamo tutti seduti in circolo nella nostra tenda Dome: io, Tamara, Alex, Ali, Daniele e Igone. Ci eravamo accomodati sui materassi che usavamo per dormire. Fuori il tempo era tutto sommato buono: c'era solo vento in quota, al campo base si stava bene.

Spiegai subito il motivo per cui li avevo convocati: volevo comunicare lo stato d'animo e le impressioni che avevo maturato in seguito a tutto ciò che era successo il giorno precedente. Non feci giri di parole e non volli tenere nessuno sulle spine, perciò partii annunciando la decisione che avevamo preso.

«Alex, se tu non ci avessi invitato» dissi «probabilmente saremmo stati noi stessi a chiedervi di venire con voi... per cui puoi immaginare quanto ci abbia fatto felici la tua proposta. Però ci abbiamo riflettuto e abbiamo deciso di fare cordata a parte.»

Sempre andando dritto al punto e mostrando il mio lato pragmatico, chiesi ancora quanto dovevamo loro per l'utilizzo della via, il costo del materiale e del trasporto di quel materiale. Le mie parole lasciarono tutti sorpresi, dal primo all'ultimo, Daniele compreso; ma io continuai risoluto, senza lasciare spazio alle repliche che avrei accettato solo dopo: «Per me, fare alpinismo e certi tipi di scalata come l'invernale al Nanga Parbat richiede che tra i compagni di cordata ci sia un certo affiatamento. Ci deve essere l'amicizia, ma soprattutto la fiducia totale».

Continuai spiegando che già in condizioni normali facevo fatica a costruire un rapporto di fiducia in così poco tempo, ma in quel frangente e alla luce delle troppe cose che erano successe facevo ancora più fatica. Dicendo queste cose, rivolsi il mio sguardo su Daniele, lo fissai proprio negli occhi.

«Io non mi fido di te, Daniele!»

Lui mi guardò sbigottito.

Ma io continuai: «Non è perché non ti reputo un buon alpinista, anzi, la tua storia parla da sola, i tentativi che hai compiuto e il fatto che Alex ti abbia scelto come compagno di cordata testimoniano che meriti la mia stima, quella di Alex e di altri nel mondo dell'alpinismo... però sono successe troppe cose che hanno messo in discussione la mia fiducia nei tuoi confronti».

Cominciai a elencargli tutto ciò che non mi era andato giù, a partire dalla richiesta di rimuovere il post. Daniele tentò di difendersi, a questo proposito, cercando di cambiare le carte in tavola: non era più un problema di ufficio stampa, ma sarebbe stato bello comunicare insieme la notizia. Un'opinione al riguardo me l'ero fatta: in quella spedizione, in effetti, mi sembrava troppo concentrato sulla comunicazione, prima ancora che sulle gesta alpinistiche.

«Ma questo, Daniele, non è neppure il problema più grosso. Il fatto è che ieri ti ho visto mentre ci registravi: lo sai che fare una cosa del genere è illegale?» gli chiesi in modo secco.

Lui impallidì, vidi lo stupore nel suo sguardo. Era proprio convinto di non essere stato visto.

«È vero o no che ieri hai registrato la nostra conversazione?» lo incalzai.

«Sì... stavo registrando» ammise lui.

«Ma perché lo hai fatto? Perché non me l'hai detto? Sai che è una cosa molto grave e che non sono stato l'unico ad accorgermene? Anche Igone ti ha visto!»

Per Daniele fu un momento molto imbarazzante, ma non mi trattenni dal dire tutto quello che dovevo per rendere più chiare e comprensibili le nostre ragioni. Raccontai anche che avevo visto chi era la persona con cui aveva chattato a cena, ponendo l'accento sul fatto che tutti, lui compreso, sapevano che non era di certo in cima alla lista dei miei fan. Gli spiegai, inoltre, che parlare male di me a Tamara non era stata una grande mossa.

Daniele cercò di difendersi e di addurre le sue giustificazioni. Aveva capito che avrebbe potuto far parte di un team fortissimo e che invece aveva rovinato tutto con atteggiamenti che ancora oggi faccio fatica a comprendere e giustificare. Anche Alex cominciò a illustrare il suo punto di vista su tutta una serie di cose che non facevano molto onore a Daniele, ma io lo stoppai quasi subito: non volevo che quella riunione si trasformasse in un tribunale dell'inquisizione, non mi interessava mettere in cattiva luce Daniele nei confronti degli altri, volevo soltanto far capire loro che io e Tamara stavamo ritrattando la nostra partecipazione e che avevamo i nostri fondati motivi per farlo.

Non avevo messo in piedi quella riunione per creare disarmonia nel loro gruppo e isolare Daniele, ma Alex colse l'occasione per vuotare il sacco su tutta una serie di cose che magari avrebbe voluto dire prima. Per ben due volte, vedendosi attaccato, Daniele annunciò che se ne sarebbe andato, che capiva di non essere gradito e di non avere tutta la fiducia necessaria. Da parte mia, quella sera, ma anche nei giorni successivi, gli ribadii concetti che ormai reputavo abbastanza chiari: non lo disprezzavo affatto come alpinista, la mia non era un'imboscata ordita da altri o uno sgambetto per farlo cadere rovinosamente, ma solo il modo per dire limpidamente che si era comportato malissimo facendomi prendere la decisione di scalare per conto nostro. A conti fatti, forse, ci smenavamo più noi: loro rimanevano in tre, mentre noi eravamo in due, con una strategia tutta nuova da costruire.

62.
L'incidente di Alex

Due giorni dopo Alex, Ali e Igone andarono a riaprire la traccia verso il campo 1 che a causa del maltempo e dell'inattività legata ai nostri incontri si era nuovamente coperta di neve. Daniele era rimasto per l'ennesima volta al campo base e capii che la tensione che già c'era nel gruppo si era acuita ulteriormente. La scelta di non partecipare a quei lavori poteva essere imputata a questo oppure al fatto che non si sentisse particolarmente in forma, ma ebbi l'impressione netta che partecipasse ancora meno all'attività del gruppo e che le cose non andassero bene.

Oltre alla tensione, per il team di Alex quella del 29 non fu proprio una grande giornata; anzi, si rischiò il dramma. Alex, Ali e Igone si erano immessi sul ghiacciaio dopo il primo tratto di cammino lungo il pendio, quando una piccola valanga, comunque potenzialmente fatale, si staccò travolgendo Alex. La fortuna volle che rimanesse con la testa di fuori e soprattutto che Igone e Ali fossero nei paraggi, pronti a soccorrerlo e a liberarlo dal ghiaccio e dalla neve scavando con le mani. Si spaventò moltissimo, ma non si fece male. Decisero di abbandonare l'idea di arrivare fino al campo 1 e di ritornare al campo base.

Il 30 e il 31 di gennaio restammo tutti fermi, poiché le condizioni meteorologiche si erano guastate anche al campo base. C'erano le solite nevicate, ma il numero delle valanghe non si contava più, così come la loro durata: quelle che partivano dalla parte superiore del Nanga Parbat duravano più di un minuto, tanto che facevamo in tempo ad andare in tenda, cercare la macchina fotografica, uscire, puntare l'obiettivo, mettere a fuoco e scattare. Le più gigantesche alzavano un pulviscolo di neve che arrivava a coprire il campo base, collocato a parecchi chilometri di distanza dalla parete.

Il sole riapparve il primo febbraio e ne approfittammo per andare al campo 1 e aprire il percorso fino a 4900 metri. Per me e Tamara fu anche l'occasione per iniziare a muoverci sulla nuova via, prendere confidenza con l'itinerario e con i campi, entrare anche psicologicamente nel nostro nuovo itinerario per raggiungere la vetta.

Anche quel giorno Daniele decise di non venire, perciò in fila indiana con rotazioni alla testa del gruppo c'erano Tamara, Alex, Ali, il sottoscritto e Igone, che voleva darci una mano. Ero comunque ancora fortemente convinto che io e Tamara avremmo proceduto autonomamente, ma non potevo far battere la traccia solo ad Alex e Ali. Noi avremmo fatto delle rotazioni successive alle loro, ma non avrei mai permesso che si sobbarcassero da soli lo sforzo di tenere praticabile il tragitto. Anzi, mi ero ripromesso di offrire la mia massima disponibilità per quel tipo di incombenze. Fu quindi inevitabile che quel giorno si trasformasse nel primo atto di un lavoro comune, durante il quale potemmo sperimentare come ci trovavamo, qual era la nostra velocità e come ci scambiavamo in testa alla cordata per aprire il cammino.

Arrivammo al campo 1 abbastanza velocemente e trovammo la tenda mezza sepolta dalla neve. Cominciammo a spalare per rimuoverla, dopodiché mi riinfilai le racchette da neve per salire due o trecento metri più in alto, fino alla roccia dove in estate si colloca sempre il campo 1. Volevo aprire il cammino nella parte superiore e cercare di contribuire ulteriormente al lavoro della squadra con questo lavoro extra. Poco dopo aver raggiunto la roccia cominciai a scendere, ma a metà percorso incrociai Alex, Ali e Tamara che stavano salendo. Quindi mi fermai e tornai indietro con loro, e giungemmo tutti assieme sotto la roccia a cui ero appena arrivato e ripartito. Lo stesso giorno rientrammo direttamente al campo base.

Il giorno successivo sistemammo un po' il campo base e soprattutto livellammo la piazzola su cui era stata sistemata la tenda più di un mese prima. La superficie si era tutta rovinata e inclinata, poiché il calore del corpo aveva sciolto parzialmente la neve e scavato degli affossamenti che andavano ripianati. Svuotammo la tenda, la spostammo, risistemammo a suon di pala la superficie su cui poggiava, la rendemmo più piatta possibile e poi riposizionammo la tenda al suo posto, fissandola e ancorandola al terreno, o meglio alla superficie nevosa, in previsione delle forti raffiche di vento che erano sempre in agguato.

63.

Cosa succede al campo base?

Tomek ed Elisabeth erano andati via da più di dieci giorni. Se Elisabeth era rientrata in Francia con il primo volo da Islamabad, Tomek invece non si sapeva bene dove fosse; o meglio, correva voce che fosse andato a Gilgit e che stesse cercando uno spazio per mettere in piedi un'attività come autoriparatore. Detta così, può sembrare una follia, ma chi conosce l'alpinista polacco sa bene come sia capace di fare cose molto eccentriche. Certo, avendo in Polonia una famiglia con dei figli, e dovendo eventualmente far trasferire anche loro, era una scelta parecchio coraggiosa. Ma queste erano voci riportate, l'unica cosa certa era che Tomek si trovava ancora in Pakistan, nei paraggi del Nanga Parbat, anche perché non aveva il biglietto aereo di ritorno e tantomeno i soldi per acquistarlo. Venire a conoscenza del fatto che, anche se avesse voluto, non sarebbe potuto tornare in Polonia, mi rattristò. Mi misi allora in contatto con Arsalan Ahmed, un giornalista pakistano che si era unito al gruppo di Tomek pur rimanendo quasi sempre al campo base. Con Tomek era impossibile parlare perché non aveva un cellulare locale e il satellitare era sempre spento. Ad Arsalan dissi che mi offrivo di pagare il biglietto di Tomek, così sarebbe potuto rientrare e avrebbe riabbracciato la famiglia. Non ricevetti mai risposta.

I giorni passavano e le variabili condizioni del tempo avevano fatto sì che non ci fossero spazi per procedere in maniera alternata sulla via. Sebbene io e Tamara avessimo deciso di procedere separatamente, il meteo aveva dettato la sua tabella di marcia: tutte le volte in cui ci si poteva muovere, Alex e Ali, in maniera del tutto spontanea, venivano da noi per programmare le mosse successive. Loro ci credevano ancora: volevano che salissimo insieme, anzi si sentivano ormai di far parte di un gruppo unico.

Per quanto contenti, io e Tamara non riuscivamo a capire e interpretare la posizione di Daniele. Il nostro sentimento era contrastante, da una parte eravamo felici e dall'altra imbarazzati. Con tutta probabilità, anche lo stesso Daniele non sapeva più bene cosa fare: percepiva chiaramente di non sentirsi più parte di un gruppo, di stare insomma pagando un prezzo per ciò che aveva fatto, ma non finiva qui.

A suon di aggiornamenti sulle loro pagine web, emersero chiaramente i dissidi che c'erano da tempo tra Alex e Daniele. All'inizio la cosa aveva riguardato solo loro due, ma poi la diatriba si era estesa anche al terzo componente, che cominciò a fare emergere problemi nati addirittura l'anno prima. Alla fine, quello che era successo con me e Tamara sembrava la goccia che fa traboccare il vaso, poiché fu l'occasione che fece davvero uscire tutte le incomprensioni nel gruppo.

Dall'Italia e dal resto del mondo, immagino si facesse molta fatica a capire cosa stesse succedendo al campo base. Io e Tamara continuavamo il nostro silenzio, Daniele aggiornava il suo sito ma non partecipava mai alle azioni che venivano compiute da quello che aveva tutta l'aria di essere un nuovo team. Il post rimosso di Tamara non era di certo passato inosservato, e quindi era chiaro che qualcosa al campo base stesse succedendo...

Per noi furono giorni difficili. Io e la mia compagna di cordata eravamo davvero molto a disagio: se all'inizio di tutta quella faccenda lo eravamo stati per il timore di sembrare degli opportunisti, ora sentivamo che si erano rotti degli equilibri importanti all'interno della spedizione della Kinshofer e quella rottura, per quanto non fosse stata causata da noi, era però coincisa con l'abbandono della via Messner e il cambio dei nostri programmi.

64.
Daniele Nardi se ne va

Il 5 febbraio partii verso l'alto solo con Ali, perché Tamara non stava bene. Volevamo estrarre dalla neve le corde fisse che lui, Daniele e Alex avevano fissato alcune settimane prima e che per il brutto tempo nessuno aveva più utilizzato. Sapevamo che sarebbero state sommerse dalla neve e che avremmo dovuto lavorare sodo, utilizzando la forza delle nostre braccia, per dissotterrarle. Quel giorno Alex decise di riposare al campo base e per me fu una bella occasione per conoscere meglio Ali.

Con il pakistano cercammo di essere il più veloci possibile: arrivammo fino al campo 1 in un tempo sbalorditivo. Stavamo bene, eravamo allegri, pieni di energie, quindi ripartimmo subito verso l'alto, raggiungendo prima la roccia dove ciclicamente sia io sia gli altri avevamo tenuto aperto il cammino e da lì salimmo ancora più in alto, trovando quindi terreno vergine da battere.

Estrarre le corde dalla neve fu mostruosamente faticoso. Se la mattina il tempo fu clemente con noi, nel pomeriggio si fece ventoso, rendendo il compito più arduo. Cercammo però di stare concentrati al massimo, per riuscire a liberare il maggior numero di corde in modo da avere via libera fino al campo 2, dato che sulla parte più verticale della Kinshofer, quella formata solo da ghiaccio vivo, le corde non erano sepolte.

Lavorammo a rotazione: prima stava davanti Ali e poi io, alternandoci in maniera regolare. Scavavamo sia con le mani sia a colpi di piccozza, utilizzando tutta la nostra energia per arrivare fino a un metro sotto la neve, dove si trovavano le corde. Era un lavoro incredibilmente prezioso e questo ci diede l'energia e l'entusiasmo che ci servivano per ultimare la nostra missione senza curarci delle condizioni ambientali poco favorevoli.

Tamara, a metà giornata, decise di venirci incontro con un thermos di tè. La sua fu una piacevole sorpresa e un gesto importante, che denotava spirito di gruppo e amicizia. Senza tante parole, discorsi, annunci, senza nessuno che si inginocchiasse a chiedere qualcosa o a fare programmi, si stava formando un gruppo che voleva e sapeva di poter lavorare bene insieme. E quel gruppo aveva tutta l'aria di essere speciale, autentico, vero e affiatato.

Di questo gruppo avrebbe potuto fare parte anche Daniele, che purtroppo continuava a rimanere al campo base, molto indeciso sul da farsi, se cioè salire da solo, unirsi al gruppo magari chiedendo scusa oppure cercare una soluzione alternativa. Nessuno voleva lasciarlo fuori dai giochi, ma era lui stesso che si stava mettendo da parte o si era sentito messo da parte da Alex e Ali. Se anche fosse stata vera quest'ultima ipotesi, non potevo certo entrare io nella loro dinamica di gruppo e venire a capo di problemi che, a quanto pare, c'erano dall'anno precedente e sembravano insanabili.

Il giorno successivo, il 6 febbraio, Daniele ci disse che sarebbe tornato a casa. Ci salutò, e il commiato non fu per nulla freddo; sotto certi aspetti fu anche sincero, poiché eravamo tutti rammaricati per come erano andate le cose. Lo vedemmo incamminarsi e sparire dopo pochi minuti dietro un piccolo dosso; in quel modo si era concluso il suo quarto tentativo di scalata invernale al Nanga Parbat, che lo aveva visto partecipare come protagonista a quei trent'anni di tentativi. Lui aveva coltivato anche il grande sogno di salire lo sperone Mummery, una via che l'alpinista inglese aveva tentato nel 1895 rinunciando poco sopra i 6100 metri, la stessa via da cui ridiscese Messner nella tragica spedizione del 1970. Daniele era anche stato in grado di arrivare oltre 7700 metri sul Nanga Parbat nell'inverno precedente, e dunque aveva potuto sperimentare concretamente la possibilità di salire la vetta nella stagione fredda.

65.
Una valanga enorme

Al campo base era rimasta una nuova spedizione composta da quattro persone. Ed era successo tutto senza annunci, proclami, in modo quasi naturale.

Le nevicate costanti che potevano esserci di giorno come di notte e il vento forte che trasportava la neve fresca dall'alto per depositarla più in basso erano un freno, ma anche un incentivo per muoverci e tenerci in forma sulla nostra via, dove tornavamo a ripetizione per aprire il cammino e risistemare le bandierine che lo marcavano.

Due giorni dopo la partenza di Daniele, era l'8 febbraio, ci rimettemmo nuovamente in azione con l'obiettivo di raggiungere il campo 1 per controllare lo stato della tenda. Sebbene Alex e i suoi l'avessero collocata in un posto sicuro, dalla parete continuavano a staccarsi valanghe e volevamo essere certi che tutto quanto vi era stato riposto fosse integro. Infilammo le racchette da neve agganciandole agli scarponi, al gruppo si aggiunse di nuovo anche Igone, e in una giornata di cielo coperto, solo a sprazzi rotto da qualche raggio di sole, riaprimmo per l'ennesima volta la traccia per andare al campo 1.

Andare avanti e indietro, fare la traccia, rimettere le bandierine, ripestare la traccia, sostituirsi in una rotazione, fare sempre gli stessi spostamenti può sembrare noioso e ripetitivo, ma è esattamente ciò che fa un atleta che pratica uno sport di resistenza quando compie la sua preparazione quotidiana con la ripetizione costante di gesti, di movimenti, con il cuore che deve pulsare velocemente, sempre. Stare nella tendina a imprecare e ad aspettare che le condizioni meteorologiche migliorino non serve a niente perché, nel momento in cui arriva la finestra di bel tempo, a sfruttarla non sarebbe un alpinista in forma, ma una persona fiacca e molle, una persona che ha perso lo sprint, la motivazione e la massima forma fisica, con in più una condizione di acclimatamento deteriorata anziché implementata. Dunque era fondamentale muoversi avanti e indietro, anche dallo stesso campo se la tormenta impediva di fare di più; bisognava comunque fare.

Quel giorno tutti e cinque riuscimmo ad arrivare al campo 1, alternandoci alla testa della squadra per battere la traccia. Arrivati ai 4900 metri della tendina, scoprimmo che era completamente coperta di neve; per fortuna non si era danneggiata gravemente: aveva solo una cerniera rotta, la paleria era ancora integra.

Liberammo velocemente la tenda dalla neve e vi entrammo per controllare che vi fosse il materiale alpinistico, il sacco con il cibo e che tutto fosse utilizzabile. Il vento cominciò poi a farsi insopportabile e la neve a cadere più copiosa. Sapevamo che all'orizzonte non si prospettava un miglioramento nelle condizioni del meteo, perciò anche quel giorno interpretammo la missione come un indispensabile allenamento. Cominciammo a scendere: percorremmo la prima parte più ripida, attraversammo la conca glaciale e arrivammo nel punto in cui il ghiacciaio veniva abbandonato per salire un crinale detritico che immetteva alla prima zona coperta da neve. Proprio in quel punto, che in estate rappresenta il passaggio dal ghiacciaio alla roccia, sentimmo un boato gigantesco. Ci girammo di colpo e dalla parete, proprio nella sezione sovrastante il nostro campo 1, vedemmo staccarsi una valanga tra le più grandi che avessimo mai visto. Uno spettacolo della natura. Un'espressione di forza degli elementi del tutto dirompente e al tempo stesso paurosa. Era così enorme e veloce che pensammo subito al peggio, ovvero che il nostro campo 1 fosse andato completamente distrutto, devastato, coperto. Avemmo il tempo di prendere la macchina digitale e scattare delle foto. Era come un'onda oceanica che impattando sul suolo rimbalzava verso l'alto, creando una nube gigante di neve e pulviscolo. La vedemmo arrivare nella nostra direzione e capimmo che saremmo stati investiti non tanto dalla valanga, ma dal pulviscolo che sollevava. Ci chiudemmo velocemente la cerniera delle giacche, sollevammo il cappuccio e aspettammo di essere investiti.

Nel giro di un minuto ci trovammo in una specie

di bufera, passata la quale eravamo sagome umane imbiancate, sembravamo pupazzi di neve in movimento. Non ci eravamo spaventati più di tanto, poiché avevamo intuito che addosso ci sarebbe arrivato solo il pulviscolo: scherzandoci anche un po' su, ci ripulimmo gli indumenti. Il vento era calato e la nube di neve si diradò. Dopo una decina di minuti, quando riuscimmo a vedere il cielo, seppure coperto dalle nuvole, cercammo di scrutare verso l'alto per capire se la nostra tendina c'era ancora. Da lì, però, non si riusciva a vedere niente. Potemmo fare solo delle supposizioni e augurarci che non fosse stata completamente distrutta.

66.
Il pericolo valanghe continua

L'indomani il tempo non era migliorato: nevicava ancora molto e il vento a raffiche arrivava fino al campo base, dove eravamo rientrati la sera prima. Verso mezzogiorno sentimmo nuovamente un boato incredibile. Nonostante fossimo più lontani e in una zona sicura, il rumore era giunto in maniera distinta. Dal versante Diamir, ormai stracarico di neve, si staccò un'altra valanga che spazzò tutta la parete, si infilò nel budello iniziale del ghiacciaio proprio dove c'era il nostro campo 1 sollevando un'ondata di neve e di vento ancora più grande e più potente del giorno precedente. Se prima avevamo avuto solo dei timori che il campo 1 fosse stato spazzato via, a quel punto le possibilità di ritrovare qualcosa ci sembrarono ancora più remote.

Anche in quel caso, la valanga durò abbastanza da farci prendere videocamere e macchine fotografiche per filmare il fenomeno prima che la nube di pulviscolo raggiungesse il campo base. Ovviamente, prima di farci travolgere, ci eravamo riparati nelle tende, chiudendo tutto per bene; una volta passata l'onda, fuori trovammo tutto completamente imbiancato, anche i muri di pietra del bivacco.

Le previsioni di Gabl non lasciavano scampo: saremmo stati bloccati ancora per due giorni. Il primo, io e Tamara decidemmo di fare la classica uscita di allenamento facendo una corsa: una corsa vera, con le racchette ai piedi, fino al bordo del ghiacciaio e ritorno, praticamente l'equivalente di una corsa di un'ora e mezza in condizioni normali. Il secondo giorno invece ci riposammo.

Il 12 febbraio ci fu una piccola tregua che ci permise finalmente di rimetterci in azione. Eravamo dannatamente curiosi di capire cosa fosse successo al nostro campo 1 cosicché io, Tamara e Ali ci incamminammo facendo delle rotazioni di tre minuti alla testa della cordata per battere la traccia nella neve che in alcuni punti era arrivata fino al livello della vita. Non c'era solo la neve caduta dal cielo, ma anche quella trasportata dalle valanghe che era stata strappata dalle creste per essere depositata in fondo alla valle, sul ghiacciaio che dovevamo attraversare.

Il tratto iniziale filò via liscio, mentre affrontammo con apprensione il tratto di congiunzione tra la roccia e il ghiacciaio, il punto da dove si era staccata la piccola valanga che aveva travolto Alex. Di lì passammo uno alla volta, mentre gli altri osservavano attentamente per intervenire immediatamente nel caso qualcuno venisse travolto. Passato quel tratto, ci trovammo nella zona abbastanza pianeggiante del ghiacciaio, dopo il quale avremmo affrontato le pendenze della parete vera e propria che ci avrebbero portati in un'ora al campo 1. La coltre nevosa era veramente alta e pericolosa, e anziché procedere dentro il pendio cercammo di stare completamente a sinistra, dove sembrava ci fosse un po' meno neve, seguendo la linea di giunzione tra il ghiaccio e il pendio. Riuscimmo a salire in questo modo un centinaio di metri di dislivello, ma poi il percorso prevedeva un attraversamento obbligato in direzione della tenda. E quel passaggio aveva tutta l'aria di essere poco sicuro. Per valutarne la pericolosità, feci dei piccoli salti in un punto sicuro ma ideale per capire se sarebbe potuta partire una valanga. Cercavamo di sentire la consistenza della neve: io provavo a sondarla con la racchetta, per capire se c'era una base di slittamento. Era un test per valutare il pericolo di valanghe che avevo imparato nel 1996, al corso di guida alpina.

Ali volle mettersi in testa e, sprezzante del pericolo e delle nostre raccomandazioni, cominciò ad attraversare incautamente quel pezzo. Non feci nemmeno in tempo a provare a convincerlo a fermarsi e *whooommm*... Il rumore arrivò improvviso.

Un rumore come questo è in genere il segnale che la neve si sta assestando e che da un momento all'altro potrebbe staccarsi una valanga. È un suono che toglie il fiato. E lo tolse anche ad Ali, che indietreggiò lentamente per poi ritentare ancora di andare oltre.

Whooommm... Ancora una volta.

«Ali, basta, adesso torniamo indietro, qui è troppo pericoloso!» gridai.

Eravamo vicinissimi al campo 1, ma quell'attraversamento poteva trasformarsi in una trappola mortale. Se si fosse staccata una valanga, con tutta quella neve, saremmo stati travolti uno dopo l'altro. Grazie a Dio, anche Ali si era spaventato e aveva capito che era il caso di tornare indietro. Il pericolo era troppo, troppo alto.

67.
La volpe

Ancora un altro giorno di pausa, nulla di nuovo per nessuno, né per Tamara che l'anno precedente al Manaslu aveva sperimentato cos'era l'attesa dovuta alle condizioni del tempo, né tantomeno per Alex, Ali e me, che avevamo alle spalle altre spedizioni invernali, tra cui anche quelle al Nanga Parbat, la montagna sotto la quale eravamo pronti a giocare le nostre migliori carte. Quella situazione non coglieva impreparato nessuno di noi, ed eravamo disposti ad aspettare, tanto più che mancava ancora oltre un mese alla fine dell'inverno. Eravamo pazienti, certo, ma questo non toglie che avevamo tutti voglia di salire. Ne avevamo voglia ma anche bisogno, non solo per tenere aperta la traccia o per una questione di forma fisica: il nostro corpo aveva assolutamente bisogno di andare in quota, in modo da ricevere gli stimoli ipossici giusti per migliorare la condizione di acclimatamento. La forma fisica muscolare è infatti un'altra cosa rispetto alla condizione poliglobulica, ossia l'aumento dei globuli rossi che serve per andare in quota. Non bisogna avere solo un motore allenato e perfezionato, bisogna avere anche un sangue naturalmente arricchito di globuli rossi, e quindi un'aumentata capacità di trasportare ossigeno a ogni respiro. Per questo non era sufficiente andare avanti e indietro, tenerci allenati, ma dovevamo salire in alto e dormirci. Normalmente per fare una salita in una montagna di 8000 metri senza ossigeno, anche d'estate, bisogna passare "almeno" una notte sopra i 7000 metri. È il minimo per riuscire nell'obiettivo con una velocità e una prestazione soddisfacente.

Io e Tamara non avevamo mai dormito oltre i 5800 metri. Alex e Ali erano invece stati molto bravi ed erano riusciti a dormire più in alto, grazie anche al fatto di procedere su una via che guadagna quota più velocemente rispetto alla Messner. Erano perciò stati parecchie notti al campo 2, a 6100 metri, ed erano arrivati già fino a 6750 metri circa, fissando le corde fino a 6700. Il loro livello di acclimatamento era decisamente diverso dal nostro, ma come noi dovevano continuare a tenerlo stimolato andando in alto, magari ipotizzando una notte al campo 4, oltre i 7000 metri, prima di tentare la vetta.

Il 14 febbraio, dopo un giorno di pausa, decidemmo di rimetterci in marcia e provare ad andare al campo 2. Ovviamente, avremmo fatto una tappa al campo 1, necessaria per capire che cos'era successo dopo le valanghe. La speranza di ritrovare qualcosa però si era riaccesa quando avevamo fatto il tentativo di salita interrotto da quei due *whooooom* e dalla nostra ritirata. Nel punto in cui eravamo arrivati, osservando meglio in alto, avevamo potuto constatare che la valanga aveva risparmiato la nostra piazzola. Con tutta probabilità la tenda era stata coperta dalla neve di riporto, ma non direttamente dalla massa nevosa. Insomma, eravamo abbastanza ottimisti. Questo non toglieva che ci sarebbe stato comunque da spalare per riuscire almeno a entrare nella tenda stessa e recuperare quanto ci serviva per proseguire e passare la notte al campo 2.

Quel giorno Ali decise di rimanere al campo base: preferiva non frazionare il percorso in due tappe, ma raggiungerci direttamente al campo 2 il giorno seguente. Io e Tamara volevamo invece aumentare il numero di notti passate in alto e Alex decise di salire con noi.

Riuscimmo ad aprirci il camminamento fino al punto in cui, due giorni prima, avevamo fatto dietro front e a proseguire con un margine di sicurezza decisamente migliorato. Seguimmo la nostra traccia, che curiosamente si incrociava con quella lasciata da un animale: la cosa ci rassicurava, perché qualsiasi animale ha la capacità innata di muoversi intuendo i punti di passaggio giusti per evitare di finire in un crepaccio o dentro una valanga.

Quando raggiungemmo il campo 1, trovammo la tenda interamente coperta di neve, ma questo ce l'aspettavamo. Quello che non ci aspettavamo era altro... Su un lato di quello che sembrava quasi un igloo, ero stato scavato una specie di tunnel. Spalando via la neve, ci accorgemmo che c'era un bel buco e che, purtroppo, le tracce del nostro animale "guida" finivano nella nostra tenda. Era una volpe! Osservando la dimensione delle sue impronte e la scaltrezza del suo modus operandi, non poteva trattarsi di un altro animale. Era riuscito ad aprirsi un varco nella tenda e a rubare tutto il nostro cibo: qualcosa lo aveva consumato al riparo, il resto se lo era portato via direttamente nella sacca in cui era conservato. Sulla strada aveva abbandonato una scatoletta di tonno: con tutta probabilità aveva intuito che non sarebbe riuscita ad aprirla e sarebbe stata una fatica inutile trasportarla. Certo, con quelle temperature polari, una volpe doveva essere proprio in gamba per capire che a 5000 metri poteva esserci qualcosa di interessante per lei! Per noi, invece, c'erano solo cattive notizie: al campo 1 non avevamo più cibo né per la sera né per il giorno successivo: il nostro programma doveva cambiare, questa volta non per colpa del tempo, ma di una volpe! Chi l'avrebbe mai detto?

Lasciai Alex e Tamara a ripulire la tenda e io continuai verso l'alto, per riaprire nuovamente la traccia fin sotto la roccia a 5200 metri. Al mio ritorno, valutammo che la cosa migliore fosse quella di ritornare al campo base per prendere nuove provviste e risalire il giorno seguente. Lungo il percorso del ritorno la visita della volpe fu motivo di grande ilarità. Ci scherzammo parecchio, non bastava il meteo a complicare le cose, anche le volpi adesso! Eppure aveva quasi dell'incredibile, da dove poteva essere arrivata? E poi, come faceva a sopportare quelle condizioni disumane? Non solo era in grado di sopravvivere, ma di seguire i nostri odori e le nostre tracce alla ricerca di cibo. La natura è davvero incredibile, in tutte le sue manifestazioni. Anche quel giorno, al Nanga Parbat, avevamo imparato qualcosa.

68.
Il campo 2

Il vento ci bloccò al campo base il 15 febbraio, ma preparammo ugualmente tutte le provviste con le quali avremmo dovuto rifornire il campo 1. La sera di quel giorno Karl Gabl ci annunciò un miglioramento del tempo: io e Tamara avremmo avuto finalmente ventiquattr'ore per salire al campo 2 e dormire a 6000 metri. Sarebbe stata una tappa fondamentale e quindi eravamo elettrizzati dalla notizia.

La mattina seguente partimmo tutti di buon'ora e con gli zaini carichi per raggiungere direttamente il campo 2. Dovetti purtroppo constatare che le corde che avevamo dissotterrato con Ali giorni prima erano di nuovo coperte di neve, perciò fu necessario procedere liberi, senza quell'aiuto, fino al punto in cui la pendenza del canale si faceva decisamente più ripida e dove la neve, per effetto del vento e della gravità, non era riuscita a rimanere attaccata al ghiaccio. Da lì in poi potemmo finalmente riutilizzare le corde fisse.

La salita ci apparve tutt'altro che facile. Alex e i suoi compagni avevano fatto un gran lavoro, ma le corde erano rimaste inutilizzate per settimane e tutte le pietre che il vento, con le sue raffiche che raggiungevano anche i duecento all'ora, aveva fatto cadere dalla cresta potevano aver tranciato i cavi. Fummo così costretti a procedere con molta cautela, attaccandoci con i moschettoni ma senza appenderci, almeno fino a quando uno di noi non avesse raggiunto l'ancoraggio superiore e si fosse accertato che il tratto di corda fosse integro. Salire quel giorno fu decisivo per verificare lo stato dell'acclimatamento, ma anche quello della via attrezzata.

Sebbene procedessimo all'ombra e facesse freddissimo, eravamo molto motivati dalla possibilità di muoverci finalmente su un itinerario diverso. Non si trattava più solo di tenere aperta la via con le racchette da neve, ma il nostro obiettivo era quello di arrivare al campo 2, dormirci e rifornirlo di tutto ciò che sarebbe stato necessario durante un balzo ancora superiore. Al campo 2 volevamo rimanere il più a lungo possibile, magari anche due notti per riuscire ad acclimatarci e, tra una notte e l'altra, tentare di spingerci in alto. Non esisteva ancora un campo 3, neppure Alex e Ali erano riusciti ad attrezzarlo e a dormirci, ma le corde fisse erano state posizionate fino a 6700 metri circa. Non nascondevamo il desiderio di riuscire ad arrivare fino a quel punto e, magari, di completare con le corde il tratto che portava al plateau posto a 6800.

Quel giorno, in sole dieci ore e con gli zaini stracarichi, arrivammo tutti al campo 2 superando con successo anche il famoso muro Kinshofer che si trova nel passaggio tra i 5900 e i 6000 metri. Si tratta di una parete verticale di roccia piena di corde e di scalette, che rappresenta un po' la sintesi di cinquant'anni di alpinismo e di tentativi, da quando nel 1962 la via è stata aperta. Tutte le spedizioni che si sono susseguite in cinquant'anni hanno lasciato i loro segni e molte attrezzature non sono mai state rimosse, creando un incrocio fitto di corde di tutti i tipi, di tutti i colori, di tutti i materiali, da quelle vecchissime a quelle più moderne. Ovviamente c'era anche quella nuova messa da Alex e Ali, che fu preziosissima. Quello è un punto in cui l'utilizzo delle corde fisse è totale, e, sebbene cercassimo di arrampicarci con le mani e i piedi, nei momenti di pausa o quando era inevitabile ci appendemmo con le maniglie autobloccanti.

Facemmo quel tratto mantenendo una distanza di cinquanta metri l'uno dall'altro, evitando di usare insieme lo stesso ancoraggio per non caricarlo troppo e di darci noia vicendevolmente. Chi si trova sopra, infatti, quando qualcuno si appende alla corda sotto, muovendola, viene automaticamente sbattuto da una parte e dall'altra e salire diventa più complicato.

Arrivammo di buon passo al campo 2 e, una volta insieme, recuperammo la borsa che conteneva la tenda, due sacchi a pelo e due materassini che Alex e Ali avevano stivato lì nel loro precedente passaggio, mentre io e Tamara ci eravamo portati il necessario per il bivacco nello zaino. Sebbene la tenda che montammo fosse per tre persone, la piazzola a essa destinata era talmente piccola, una specie di nido d'aquila, che un lembo della struttura rimaneva sospeso nel vuoto. Ancorammo meglio la tenda usando corde aggiuntive e cercammo di compattare altra neve nel punto in cui c'era il vuoto.

Quando finimmo di montare, ci buttammo dentro e io mi sistemai nella parte più scomoda. Non ne soffrii particolarmente e per i miei compagni divenne addirittura un motivo di sfottò. «Dai, Simone, sei il più vecchio e ormai sei abituato alla scomodità della montagna!» mi dicevano ridendo. Nonostante fossimo al campo 2, a cena ci trattammo molto bene e mangiammo cibi preconfezionati a base di pesce che Alex aveva portato dalla Spagna. Il clima era davvero sereno, eravamo soddisfatti del lavoro fatto e di trovarci lì in condizioni fisiche che ci sembravano buone: nessuno infatti aveva mal di testa, nausea o altro.

Fu quello il giorno in cui Tamara dovette risolvere in modo creativo un piccolo problema fisiologico: la pipì. Se per noi maschi la cosa si risolve tranquillamente con una *pee bottle*, una specie di pappagallo, per una donna le cose sono più complicate. Visto che c'era ancora un po' di luce, decise di andare a farla fuori. Dopo nemmeno un minuto mi chiamò.

«Simone, scusa, ma mi devi aiutare.»

«Come "mi devi aiutare"?» le risposi.

«Sì, qui non c'è spazio per accovacciarmi e devo mettermi con il culo a sbalzo nel vuoto... ora che mi metto l'imbragatura e mi lego, me la faccio addosso! E poi con l'imbragatura mi spieghi come faccio a fare la pipì?»

Tecnicamente la faccenda si presentava un po' complicata e imbarazzante, ma ci provammo. Uscii dalla tenda, Tamara aprì la parte posteriore della sua tuta e mentre la sorreggevo per il bavero riuscì a liberarsi, nonostante l'imbarazzo e gli addominali contratti per il ridere. Era una scena troppo comica: sinceramente era la prima volta che mi ritrovavo a trattenere una ragazza per la collottola mentre urinava!

«Ma pensa te, devo farti anche da baby sitter!» le dissi ridendo.

In tenda continuammo a scherzarci sopra e Tamara rivendicò ancora una volta quanto più complicato sia per una donna scalare una montagna, anche da quel punto di vista!

Quella notte dormimmo tutti abbastanza bene, nonostante il vento non avesse fatto altro che aumentare.

69.

Discesa dal campo 2

Il vento e il nevischio, che si erano intensificati durante la nottata, al nostro risveglio non ci lasciarono molta scelta. Non potevamo aspirare ad andare più in alto e la cosa più saggia, considerando soprattutto il pericolo di valanghe che sarebbe aumentato lungo il canale Kinshofer, era ritornare al campo base. Rimanere oltre sarebbe stato un rischio.

Ci organizzammo quindi per scendere. Alex e Tamara partirono per primi, con il compito di liberare le corde dalla neve una volta arrivati alla base del Kinshofer. Era infatti fondamentale che fossero pronte all'uso in vista del successivo tentativo di andare al campo 2 e al campo 3. Io e Ali rimanemmo invece alla piazzola a smontare tutto, cercando di muoverci velocemente nelle manciate di minuti in cui il vento, tra una raffica e l'altra, perdeva di intensità. In quelle condizioni riuscimmo a chiudere la tenda, impacchettarla, metterla nella sua custodia, ancorarla al ghiaccio. Facemmo poi la stessa cosa con i sacchi a pelo e con i materassini. Per maggior sicurezza, e per evitare l'effetto vela, Ali strinse attorno ai due materassini più esposti un ulteriore cordino.

Poi scendemmo veloci e in modo efficace, guardandoci a vista. Eravamo molto cauti e, sebbene le avessimo controllate il giorno prima, stavamo attenti che le corde fossero ancora sicure. Fatto il canale Kinshofer, arrivammo all'inizio del cono di neve dove Alex e Tamara si erano già messi all'opera. Avevano già svolto gran parte del lavoro, un lavoro titanico che si era rivelato ancora più pesante rispetto a quando lo avevamo fatto io e Ali. Per riuscirci, Tamara aveva legato al proprio imbrago un moschettone rinviato dentro la corda fissa: quindi, puntando le gambe e facendo peso con il suo corpo, estraeva la corda dalla neve. Alex faceva la stessa cosa ma usando le mani, cercando di tirare a sé la corda che, unitamente allo sforzo di Tamara, rompeva la crosta di neve e riaffiorava. Quando li raggiungemmo, li aiutammo anche noi, ma il grosso era già stato fatto da loro.

Anche in quel momento ebbi la netta impressione di far parte di un team molto affiatato, che sapeva suddividersi i compiti senza badare alla fatica e all'impegno. Nessuno stava a guardare quello che faceva l'altro per rivendicare, magari, di aver dato di più. Tutti facevamo quello che andava fatto e nel momento in cui era necessario, punto e basta. Così deve funzionare in una spedizione! Un vero team è composto da persone che agiscono senza stare a guardare se una cosa gli compete o meno, senza stare a guardare quanto lo impegnerà e quanta fatica in più o in meno farà rispetto al suo compagno.

Alla fine, grazie anche al prezioso lavoro di Tamara e Alex, ridiscendemmo tutti assieme prima fino al campo 1 e poi, ancor più velocemente e in maniera rilassata, fino al campo base. Quella che avevamo appena fatto era una tappa importante, seppure non sufficiente, della fase di acclimatamento. Per me e Tamara, in particolare, erano infatti passati troppi giorni dall'ultima volta che eravamo saliti al campo 2 della via Messner, perciò la notte appena trascorsa fu per noi la prima vera fase alpinistica di salita lungo la via Kinshofer.

70.

Tomek è ancora in Pakistan

Rientrati dal campo 2, ci fermammo un giorno. Ne approfittammo per riposarci e per fare delle riparazioni. Il nostro generatore di corrente aveva cominciato a borbottare e a mostrare segni di stanchezza. Non potevamo permetterci che si bloccasse o che non fosse al top della sua efficienza; da due mesi funzionava giornalmente per alimentare le nostre apparecchiature elettroniche come il telefono satellitare, il modem, le radio, i walkie-talkie, il computer, le fotocamere e le videocamere, e dare inoltre luce alla cucina nel bivacco. Prima che se ne andassero, anche Tomek ed Elisabeth se ne erano serviti (anche se poco) per caricare la loro attrezzatura tecnologica, e pure i poliziotti e tutto lo staff del campo base venivano a caricare le loro apparecchiature. Di lavoro ne aveva fatto molto ed era arrivato il momento della manutenzione, che consisteva nell'aprirlo, ripulire il carburatore e il serbatoio, cambiare la candela e l'olio. In questo modo sarebbe tornato al suo splendore e avrebbe continuato a darci corrente, insieme ad alcuni piccoli pannelli solari portatili che potevamo sfruttare nelle poche ore di sole che il meteo concedeva.

Come altre volte, passammo la serata nella tenda di Alex e Ali a chiacchierare e a guardare qualche filmato. Il campo base era il posto dove recuperavamo sempre le energie sia mentali sia fisiche, ma in quella spedizione fu anche il posto dove si cementò ulteriormente lo spirito del gruppo. Tra noi c'era una sintonia che andava al di là delle azioni di montagna: stavamo bene anche oltre il nostro ruolo, eravamo diventati tutti amici e la nostra si stava rivelando una squadra eccezionale, da sogno. Raramente, nella mia esperienza, ho trovato un "amalgama" così ben riuscito di persone, prima che di alpinisti.

Dopo un paio di settimane lontano, il 19 febbraio, rientrò al campo base il nostro *sirdar* Faquir. Dovendo occuparsi degli approvvigionamenti, scendeva regolarmente al villaggio dal quale ritornava quando le condizioni del tempo non avrebbero reso il suo viaggio troppo faticoso. Anche quella volta lo avevamo tenuto aggiornato con le previsioni di Gabl e lo avevamo dissuaso dal salire, perché avrebbe rischiato di fare inutilmente un viaggio lungo e pericoloso, dato che non eravamo a corto né di viveri né di altri generi di prima necessità. Lui, però, stufo di starsene giù e curioso di vedere come andava la spedizione, si riunì con noi al campo.

Fu lui a confermarci alcune voci che già ci erano

arrivate dalla rete sul conto di Tomek. L'alpinista polacco non era rientrato nel suo Paese e aveva fatto una raccolta fondi tramite internet per cercare di rilanciare la sua spedizione al Nanga Parbat. Stando a quanto ci raccontò Faquir, che lo aveva anche incontrato, Tomek era riuscito a racimolare qualcosa, ma avendo già fatto il *debriefing*, che è l'atto formale di annullamento del permesso di scalata, non sarebbe potuto ritornare al campo base se prima non avesse ottenuto un nuovo permesso, una nuova scorta e una nuova logistica.

La conferma della notizia di un possibile ritorno di Tomek ci aveva sorpreso e anche un po' messo in allarme. Eravamo in Pakistan da due mesi e non avevamo più tante risorse per rifornire Tomek nel caso non fosse stato autonomo. E con tutta probabilità non lo sarebbe stato perché lui, e in seguito alcuni portatori, aveva svuotato il campo da tutto il suo materiale. Ritornando nel modo in cui immaginavamo tornasse, sarebbe riuscito a riattrezzare il suo bivacco solo con quanto poteva stare nel suo zaino, ovvero poco, e di certo non avrebbe avuto tutto ciò che gli serviva per la scalata. Ma quello che ci fece pensare maggiormente furono le informazioni riguardo al suo stato di salute: era debole e malconcio, probabilmente perché mangiava pochissimo o perché i giorni a Gilgit non gli avevano fatto bene...

La versione di Faquir ci fu confermata dal poliziotto che era salito con Tomek fino all'abitato di Kutgali, a poche ore dal campo base, dove il polacco aveva passato la notte. In pratica stava tornando al campo base con la scorta armata di un poliziotto e senza probabilmente avere tutte le carte in regola per farlo, sia formali sia fisiche. Il quadro che emerse dal racconto del poliziotto non era idilliaco: aveva una fame disperata perché nel tragitto aveva mangiato solo un po' di lenticchie. L'alpinista polacco non era quindi tornato a casa; evidentemente la mia offerta per il biglietto aereo non gli era arrivata, o forse non aveva proprio intenzione di rientrare in Polonia. Stando così le cose, pensai, avrebbe fatto meglio a non abbandonare mai il campo base.

Con Faquir si era ricomposta tutta la squadra iniziale che era salita al campo base del Nanga Parbat: io, Tamara, Faquir, Didar e Sherbaz. Rispetto all'inizio avevamo unito forze e strategie con Alex e Ali, ma mantenuto due logistiche differenti perché le tende e le cucine erano ormai montate, le persone erano state ingaggiate e retribuite per fare il loro lavoro. Non aveva quindi senso rivoluzionare tutto, ma ormai non c'era più nessun tipo di barriera, neppure formale, tra il nostro campo e il loro.

Il giorno successivo, era il 20 febbraio, Igone e Tamara decisero di fare un'escursione insieme, da sole. Avevano bisogno di starsene per i fatti loro, di parlare tra donne. Unirono l'utile al dilettevole e, con le racchette ai piedi, andarono a riaprire il camminamento fino al ghiacciaio. Rientrarono al campo base nel pomeriggio.

Mentre erano fuori, io riparai il magazzino con Sherbaz e Didar. La notte aveva nevicato molto e il peso della neve aveva sfondato e danneggiato la tenda. Con il nastro adesivo e dei picchetti cercammo di rimettere in sesto la paleria nei punti in cui aveva ceduto. Insomma, anche quel giorno non fu di puro relax... non era ovviamente nulla di complicato, ma era un lavoro che andava fatto, perché quel magazzino per noi era prezioso.

71.
Gabl: mai vista una finestra così

«Simone, dal 22 al 27 vedo una finestra di bel tempo che non ho mai visto da quando ci conosciamo e ti faccio le previsioni!» e io e Karl lavoravamo insieme dal 2003, perciò la telefonata lasciò me e Tamara di stucco.

A esclusione delle fasi più attive o di quelle meteorologicamente più instabili, sentivamo Karl regolarmente a distanza di tre o quattro giorni, non di più. Quella sera, il 20 febbraio, lo chiamammo, anche perché tranne la notte passata al campo 2, per il resto eravamo stati a dormire sempre a 4100 metri, al campo base, da ben trentadue notti consecutive! Non eravamo sufficientemente acclimatati e avevamo bisogno di continuare a dare stimoli al nostro organismo, anche perché mancava un mese esatto alla fine dell'inverno ed eravamo molto indietro nella progressione sulla montagna.

Conoscendolo da tanto, sapevo quanto Karl fosse realistico e obiettivo: non era certo uno che si sbilanciava, e sentirgli pronunciare quelle parole era qualcosa di eccezionale. Mi cambiò letteralmente l'espressione del volto, che divenne euforica al pari di quella della mia compagna.

«Sei giorni, Simone! Ben sei giorni, avrete vento fortissimo il secondo giorno, ma poi andate via abbastanza lisci con venti sopportabili. Farà comunque freddissimo» ci spiegò.

La finestra che ci aveva descritto non prevedeva ovviamente un meteo da spiaggia, ma era decisamente eccezionale rispetto ai quasi tre mesi precedenti. Il vento sarebbe stato forte ma soprattutto nella parte alta della montagna, perciò noi potevamo cominciare a salire. Gabl ci consigliò di trovare una strategia per gestire la seconda giornata di vento, che sarebbe stata il 23 febbraio, ma che per il resto avremmo dovuto sfruttare al massimo quella parentesi di bel tempo.

Appena la comunicazione con Innsbruck si interruppe, corremmo come due matti nella tenda di Alex e Ali gridando la bella notizia. Eravamo su di giri, anche il resto dello staff era entusiasta di quella previsione che aveva tutta l'aria di cambiare le carte in tavola. Dovevamo muoverci! Convenimmo che non c'era tempo da perdere, dovevamo prepararci per andare in alto.

Sì, ma a fare cosa? In linea teorica quei cinque giorni sarebbero stati sufficienti per un tentativo serio alla vetta, ma non mi era mai capitato di provare un ottomila senza ossigeno, tanto più in inverno, con una sola notte passata a 6100 metri. Non era capitato a me nella mia carriera, ma sono abbastanza sicuro che nella storia invernale dell'Himalaya non ci sia mai stato nessuno in grado di andare oltre gli 8000 dopo essersi acclimatato a una quota così irrisoria.

Avevo ben presente quali erano le difficoltà che il corpo si sarebbe trovato a sopportare in condizioni di ipotermia ancora più marcate. In inverno la richiesta di calore è maggiore e il corpo lo produce utilizzando l'ossigeno che serve nei processi biochimici che vanno a intaccare i substrati energetici sottocutanei, il grasso, o i "combustibili" assunti e metabolizzati dall'alimentazione. Non essere adeguatamente acclimatati rende più difficile questo tipo di compensazione. Ma a un mese dalla fine dell'inverno e con una finestra di bel tempo così lunga, la prima e unica per tutto il periodo durante il quale eravamo stati in spedizione, quei sei giorni andavano utilizzati senza nemmeno pensarci un secondo. E infatti: fummo tutti d'accordo che avremmo provato ad andare nel punto più alto raggiungibile con il nostro acclimatamento. Anche senza dirlo esplicitamente, tutti stavamo pensando alla vetta; ma se anche non fossimo riusciti ad arrivarci, sarebbe stata comunque una tappa fondamentale, un momento chiave della spedizione dopo la quale, incrociando le dita, sarebbe bastata solo un'altra piccola finestra di bel tempo per tentare la cima del Nanga Parbat con un coefficiente e un potenziale di riuscita più alto.

Il giorno successivo fu dedicato ai preparativi per

la partenza. Ognuno sistemò il suo zaino e, centellinando il peso, scegliemmo gli indumenti e i materiali che ci avrebbero permesso di essere più che efficienti in quota senza dover trasportare delle zavorre. Di lì a poche ore ci sarebbe stato il primo folle tentativo alla vetta... Era folle pensare di raggiungerla, ma realistico pensare di poter andare, anzi di dover andare il più in alto possibile.

72.

Sorpresa al campo 2

22 febbraio, ore 5:20, partenza. La sera prima avevamo concordato di non partire prestissimo, una o due ore di sonno in più sarebbero infatti state preziose perché sulla montagna ci aspettavano notti difficili, magari insonni. In più, nell'ora di buio prima dell'alba avremmo fatto un itinerario che ormai conoscevamo a memoria.

Mentre camminavamo sentivamo il vento in quota, ma il buio ci impediva di vedere gli sbuffi che creava lungo le creste. C'era solo il rumore del Nanga Parbat avvolto dal vento, che era come quello di un aereo che parte, segno manifesto di quanto potenti siano gli elementi della natura.

Il nostro ritmo era costante e spedito, ma cercammo di non esagerare, perciò procedevamo con il freno a mano un po' tirato. Dovevamo conservare le energie: ce ne sarebbero servite molte nei giorni a seguire. Nonostante la velocità fosse controllata, arrivammo al campo 1 nei nostri soliti tempi, né più né meno. E questo ci diede morale, anche se la strada fatta era niente in rapporto a ciò che ancora ci aspettava; ma il buonumore è sempre un fedele alleato, anche nelle prestazioni di lunga durata.

Superato il campo 1, ci dirigemmo sotto la roccia dove in estate si colloca il vero campo 1 e traversando a sinistra entrammo nel cono che conduceva all'inizio del canale. Non trovammo le corde fisse, sepolte per l'ennesima volta dalla neve, e ci trovammo a dover tracciare il cammino. Per una valutazione sbagliata da sotto – la superficie ci era parsa dura – avevamo lasciato le racchette alla base della roccia; peccato però che dopo quindici minuti avevamo cominciato già a sprofondare. Ali e Alex si misero in testa e fecero un lavoro straordinario: quando li sostituimmo io e Tamara capimmo che quello sforzo era immane, titanico. Cercammo allora un'alternativa, che non fu il lembo destro del canale, bensì il centro del canale stesso, proprio in quella parte dove i blocchi di ghiaccio caduti dal grande seracco sovrastante avevano scavato una specie di gola. Lì dentro si poteva camminare su neve molto più dura, o sul ghiaccio vivo, e questa era la bella notizia... quella brutta era che ci trovavamo all'interno di un imbuto, dove andava a infilarsi tutto ciò che cadeva dall'alto. Ci sembrò però l'unica alternativa praticabile per procedere più velocemente e risparmiare energie.

Percorremmo la gola cercando di essere velocissimi. Quando arrivammo più o meno all'altezza dell'inizio delle corde fisse riattraversammo a destra, incrociando la nostra traiettoria. Cominciammo a risalire la parte ripida e ghiacciata come la volta precedente, andando uno alla volta e partendo quando il compagno aveva raggiunto e superato l'ancoraggio sul quale era stato appeso fino a pochi secondi prima. Chi era in testa aveva il compito di controllare lo stato delle corde, perché potevano essere state danneggiate dalla caduta di pietre e ghiaccio, ma non faceva nessuno sforzo in più perché non c'era nessuna traccia da fare. Progredimmo a ritmo costante e cominciammo a intravedere il muro Kinshofer, quello di roccia, e che dà accesso all'ultima parte prima del campo 2. A mano a mano che salivamo, il vento diventava più forte e con esso la sensazione di gelo. Sul muro Kinshofer, però, saremmo stati baciati dal sole e questo avrebbe affievolito il tremore provocato dal freddo intenso. Superato il muro ci attese l'ultimo tratto ghiacciato e la cresta affilata che conduceva al nostro nido d'aquila.

Io e Ali arrivammo insieme alla piazzola del campo 2. Avevamo impiegato dieci ore circa, un tempo decisamente buono. Nell'attesa di essere raggiunti da Tamara e Alex, che erano subito dietro di noi, cominciammo a liberare la piazzola dalla neve e dal ghiaccio e a recuperare le nostre attrezzature.

Cavoli... togliendo la neve mi accorsi subito che c'era un problema. I cordini ai quali Ali aveva assicurato due materassini erano liberi e svolazzanti. I materassini non c'erano più, il vento li aveva strappati via.

«Ali, abbiamo una nuova sfida!» dissi io.

«Perché?» mi rispose lui che ancora non si era accorto di quel particolare infelice.

«Perché mancano due materassini, sono volati via!»

Vidi la sua faccia farsi seria, molto seria. Eravamo in quattro con due materassini, in una situazione in cui ogni minimo dettaglio sbagliato poteva vanificare tutto.

«Non preoccuparti, una soluzione la troviamo! Adesso sbrighiamoci a montare la tenda e prepariamo il campo, così quando arrivano Alex e Tamara è già pronto!» gli dissi per spronarlo.

In effetti dovevamo fare in fretta e avere la tenda pronta da usare, perché la piazzola era così minuscola che in quattro fuori non ci saremmo mai stati.

Fissammo il campo e cominciammo a buttare quello che ci serviva dentro la tenda proprio quando Tamara e Alex erano in dirittura d'arrivo. Sistemammo i materassini trasversalmente, in modo che ognuno di noi potesse appoggiarvi il sedere e la schiena. Sotto la zona delle gambe mettemmo gli zaini e delle corde, per la testa avremmo utilizzato gli scarponi e tutto ciò che rimaneva. Non era la situazione ottimale, ma non c'era alternativa.

Nessuno si arrabbiò o si mise a imprecare. Eravamo proprio dei grandi, insieme!

73.

Un souvenir del 1962

23 febbraio. La notte passò tranquilla e dormimmo abbastanza bene. Nonostante avessimo avuto già un inghippo e le giornate a venire si presentassero impegnative, il livello di tensione era basso rispetto a quello che avrei immaginato.

Esattamente come aveva previsto Gabl, il cielo era terso, ma il vento in quota fortissimo. Dalla nostra posizione potevamo guardare il plateau dove avremmo messo il nostro campo successivo, ed era un continuo sollevarsi di neve a causa delle raffiche: lassù saremmo volati via, perciò non potevamo pensare di salirci quel giorno. In compenso, il nostro nido d'aquila era protetto da una roccia ed eravamo abbastanza riparati.

Io e Tamara eravamo disposti ad aspettare, a rimanere lì in quota, ma non volevamo restarcene fermi in tenda. Decidemmo allora di andare a prenderci un souvenir. Simbolo di una salita epica, era lì da quasi sessant'anni, per la precisione dal 1962, quando ci fu la spedizione che aprì la via Kinshofer: la famosa puleggia a manovella usata per trasportare in alto i materiali era ancora nella stessa e identica posizione, ancorata con un cavetto d'acciaio e una serie di vecchi moschettoni. Si trovava un po' fuori dalla via di salita, e decidemmo di andare a vederla da vicino. Io e Tamara scendemmo lungo le corde fisse e poi risalimmo in arrampicata classica. Mentre lei mi faceva sicurezza, io salii spostandomi sulla sinistra, fuori dalla via, finché non raggiunsi quel marchingegno. A colpi di piccozza e tranciando alcuni cavi del groviglio che trovai, riuscii a liberare dal ghiaccio tre moschettoni. Erano moschettoni d'epoca e per noi rappresentavano un pezzo importante della storia dell'alpinismo. Fummo impegnati in quell'attività per qualche ora, dopodiché ritornammo alla tenda dove passammo tutto il pomeriggio a chiacchierare. I nostri tre cimeli li appendemmo a un chiodo nella roccia al quale era ancorata la tenda. Li avremmo recuperati durante la discesa (come in effetti facemmo tornando).

Il secondo giorno scivolò via così, senza un guadagno di quota, un po' di attività, tante chiacchiere, risate e una cena a base di pesce spagnolo in scatola e qualche leccornia italica.

74.
Campo 3

24 febbraio, ore 10:00, in azione. Il vento era calato, sembrava addirittura che dovesse essere il giorno migliore della finestra annunciata, perciò non c'erano scuse: dovevamo assolutamente stabilire il campo 3, che neppure Alex e Ali erano riusciti ad attrezzare. Ci erano andati vicini, ma sia per il duro lavoro con le corde sia per le condizioni meteorologiche non avevano mai dormito a quella quota.

Caricammo gli zaini con i sacchi a pelo, i materassini, le provviste e tutto quello che ci sarebbe servito al campo superiore. Ci portammo anche le corde, perché un ultimo tratto della via andava attrezzato, passando quindi da uno stile di salita classico che prevede l'utilizzo di corde già posizionate a uno stile alpino puro. Alex si ricordava tutte le corde che aveva utilizzato, il colore e i metri, e siccome io e Tamara non eravamo mai andati oltre il campo 2 ci istruì bene, affinché usassimo quelle giuste nei punti in cui ce n'erano molte altre, spesso lacerate e malconce, lasciate dalle passate spedizioni.

Non faceva freddissimo, ma nei tratti in cui stavamo all'ombra, nascosti dalle rocce o dai pinnacoli sotto i quali procedevamo, la differenza di temperatura si pativa moltissimo rispetto a quando eravamo irraggiati dal sole. Sebbene non fosse particolarmente complicata dal punto di vista tecnico, nella prima metà della via sopra il campo dovevamo prestare un'estrema attenzione. Lì non eravamo esposti al vuoto ma le corde, sfregando su torrioni rocciosi e salti di roccia, rischiavano di tagliarsi. Nell'ultima parte, invece, ci trovammo su un muro regolare di ghiaccio durissimo, dove non c'era neppure un appoggio per mettere i piedi di traverso. Con le punte dei ramponi conficcate nel ghiaccio, il peso degli zaini sulle spalle, c'erano alcuni momenti in cui i muscoli dei polpacci bruciavano per il dolore. Eppure bisognava stringere i denti, perché trovare anche una piccola sporgenza dove poter posare la pianta intera del piede e scaricarvi l'intero peso del corpo era come cercare un'oasi nel deserto. Quel tratto fu tutt'altro che facile, ma lavorando in sincrono e in modo efficace riuscimmo ad arrivare al punto dove finivano le corde fisse e quel muro. Ci inserimmo su una sezione di parete un po' meno inclinata e coperta da neve dura, che ci fece accedere a un terrazzino posto sopra un grande seracco: il posto ideale, sia come quota sia come superficie, per riuscire a mettere il nostro campo 3.

Quando arrivammo era già pomeriggio avanzato; però, rispetto alla partenza dal campo base, ci eravamo messi in marcia alle 10 anziché alle 5 per avere il sole già dal primo minuto, cercando così di evitare di congelarci. Approfittando delle poche ore di luce che rimanevano, io e Alex restammo ad allestire il campo, mentre Ali e Tamara continuarono a salire per cominciare a fissare almeno una parte delle corde che ci sarebbero servite il giorno dopo. Senza nessuna discussione o perdite di tempo, ognuno si mise a fare quello che doveva: due a montare il campo e due ad attrezzare la via.

La giornata si concluse con un tramonto mozzafiato. Non c'era stato vento e il cielo ci aveva fatto davvero un bel regalo, fosse anche solo una piccola pausa rispetto alle altre giornate che ci aspettavano. Quella prima notte a 6750 metri era davvero importante per tutti. Ciascuno di noi sperava di dormire bene e di non avere problemi legati alla quota. L'atmosfera continuava a essere buona, anche perché tutti sapevamo di non avere nulla da perdere. Alla fine, stavamo facendo un tentativo per capire quanto in alto, ognuno nei rispettivi limiti, capacità e acclimatamento, saremmo potuti andare, e questo ci sollevava anche mentalmente da uno stress eccessivo.

Dormimmo tutti e quattro discretamente. La tecnica dei materassini era stata affinata con i soliti zaini sotto le gambe e gli scarponi come cuscino. Forse solo Tamara soffriva un po' di più: essendo la più alta del gruppo non riusciva a poggiare completamente la schiena e il sedere sul materassino, ma non la sentii mai lamentarsi. Accettò quella situazione e cercò di concentrarsi per riuscire a riposare il più possibile.

A mano a mano che salivamo, l'escursione termica tra il giorno e la notte si faceva ancora più marcata. Se durante il giorno, con il sole e le tute d'alta quota, riuscivamo a tollerare bene il freddo, la notte, nonostante i sacchi a pelo, ci trovavamo a convivere con valori polari. Per fortuna eravamo in quattro e stando stretti l'uno all'altro riuscivamo a trasmetterci un po' di calore e a mantenere al meglio possibile il nostro.

75.
Campo 4

25 febbraio. Ci svegliammo, il tempo fuori era fedele alle previsioni di Karl: c'era più vento, ma tutto sommato era sopportabile. Quella doveva essere la seconda giornata migliore della finestra preannunciata e avremmo dovuto sfruttarla per completare il balzo verso l'alto, partito dal campo base a 4100, che in quel terzo giorno ci avrebbe dovuto permettere di arrivare 3000 metri più in alto, al nostro quarto e ultimo campo. Faceva freddissimo, e ce ne accorgemmo già in tenda mentre preparavamo la colazione. I movimenti erano lenti a causa dei muscoli ancora rattrappiti dalla notte sdraiati su due materassini, corde e zaini, con i sacchi a pelo che diventavano sempre più pesanti e ghiacciati.

La sera precedente avevamo deciso che saremmo partiti con il primo raggio di sole, non semplicemente con la luce. La giornata sarebbe stata fondamentale per studiare il percorso e la strategia giusta per l'eventuale attacco alla vetta dei giorni successivi. Avremmo dovuto capire quando si alzava il sole oltre la cresta, per quanto tempo irraggiava la parete, quanta autonomia di azione concedeva, tutti elementi che dal campo base avevamo cominciato a valutare ma che la visuale ravvicinata ci dava modo di correggere laddove le nostre osservazioni erano state imprecise.

Oltre all'ora della partenza, avevamo stabilito compiti e gruppi. Io e Ali saremmo andati avanti e avremmo cominciato a cercare l'itinerario e a fissare le corde, portando con noi tutto il materiale che serviva per questo lavoro e gli zaini con i nostri indumenti e i sacchi a pelo. Tamara e Alex sarebbero rimasti a impacchettare il campo e avrebbero portato tutto il resto del materiale, tenda compresa.

Oltre a definire i compiti, avevamo fatto dei ragionamenti attorno alla quota a cui avremmo posizionato il campo 4, se mai fossimo riusciti ad arrivare lassù. Durante le spedizioni estive, anche sulla base dei miei ricordi che risalivano al 2003, il campo 4 viene montato tra i 7400 e i 7450 metri, ovvero 650 metri sotto la vetta. Sapevamo di non essere assolutamente acclimatati e che già riuscire a procedere speditamente al quarto giorno consecutivo di salita era qualcosa di eccezionale, ma non dovevamo strafare. Non potevamo chiedere al nostro fisico di compiere un balzo tipico della stagione estiva e, onestamente, ero consapevole che quelli messi peggio eravamo io e Tamara.

Quel giorno, però, filò via tutto liscio, anche se fummo giustamente un po' più lenti. Dopo aver svolto ognuno la nostra mansione, ci ricongiungemmo tra i 6900 e i 7000 metri. Sempre mantenendoci a distanza di ancoraggio, eravamo più vicini e potevamo anche parlarci. Continuammo a mettere corde, anche in punti in cui non erano strettamente necessarie per la salita, ma fondamentali per la discesa, quando la nostra forza fisica avrebbe potuto essere precaria, avremmo potuto avere alle spalle una notte completamente insonne oppure ancora i primi sintomi del mal di montagna. Dovevamo essere pronti ad affrontare ogni situazione.

Più salivamo, più in tutti cresceva la consapevolezza che quello non sarebbe stato l'ultimo giorno di salita. Le nostre gambe, seppur più lente, giravano, avevamo ancora energia e nessuno stava male. Anche la motivazione era alta, come la sintonia e l'armonia del gruppo. Ci stavamo proprio godendo la salita... e quello di godere anche nella fatica è uno degli ingredienti segreti per una grande scalata.

A metà pomeriggio fissammo l'ultimo tratto di corda che avevamo a disposizione. Era un cordino in Dyneema da tre millimetri, fine come il laccio di una scarpa, ma con un carico di rottura intorno ai quattrocento chili. Con quest'ultimo scampolo di corda riuscimmo ad arrivare finalmente sopra il grande plateau Bazin, dal quale era possibile vedere finalmente l'ultimo tratto del trapezio che forma la parte sommitale del Nanga Parbat. Avevamo davanti una mole, un'altra montagna sopra la montagna.

Eravamo a 7100 metri, ancora distanti dal luogo

dove normalmente si piazza il campo 4 nella spedizione estiva, ma avevamo deciso di posizionarlo in quel punto e lo fissammo a 7150 metri circa. Alla vetta mancavano ancora 1000 metri, una distanza eterna rispetto a quella percepita! L'aria rarefatta e l'enormità della montagna infatti ti ingannano, dandoti l'illusione di essere ormai vicino; ma sul Nanga Parbat essere a 7000, 7200 o 7400 metri significa essere ancora dall'altra parte dell'oceano. Dopo aver superato un dislivello che ti permetterebbe di essere in cima a qualsiasi ottomila, Everest e K2 inclusi, al Nanga Parbat cominciano i giochi.

Arrivammo al sito dell'ultimo campo che era tardo pomeriggio, per primi Ali e Tamara, poi io e Alex. Con la fatica dei quattro giorni di salita, del lavoro di fissaggio delle corde, degli zaini pesanti, della notte passata a una quota dove non eravamo mai stati, procedevamo con una cadenza di quindici passi, al massimo venti, prima di fermarci un minuto per prendere fiato. La sequenza era sempre stata costante, così come la lunghezza delle pause.

La consistenza nevosa era particolarmente dura e non fu facile ricavare la piazzola. Sebbene l'inclinazione della superficie non fosse accentuata, non permetteva di posizionare comodamente la tenda da quattro posti che ci eravamo portati dal campo base e che, a parte al campo 2, avevamo sempre preferito utilizzare perché era il miglior compromesso tra peso, resistenza e capienza. Quella sera la mettemmo in un punto dal quale non sarebbe stata più rimossa, perlomeno non per guadagnare altri metri di quota. Lavorammo tutti e quattro, con pause e ritmi cadenzati. Dare colpi di piccozza per riuscire ad asportare piccoli centimetri di neve o di ghiaccio era uno sforzo veramente titanico, ma necessario, e andava fatto velocemente.

Al tramonto riuscimmo a saltare dentro la tendina. Eravamo stanchi, ma soddisfatti per quanto fatto, perché seppur esausti stavamo ancora bene, e perché a quella quota speravamo di riuscire a trovare un sonno che ci permettesse di avere un parziale recupero o al limite impedisse il dispendio di ulteriori energie fisiche.

Normalmente, quella sarebbe stata la quota da raggiungere preventivamente per poi ridiscendere al campo base ed effettuare il tentativo alla vetta in un secondo momento. Noi invece eravamo alla nostra prima visita e avevamo intenzione di andare in cima, senza ridiscendere, senza recuperare, senza dare al nostro corpo il tempo di produrre i globuli rossi necessari. Avremmo dovuto continuare a resistere per altri lunghissimi mille metri, quelli che ci separavano dal nostro obiettivo.

Perché era chiaro ormai che avremmo tentato la vetta. Stavamo tutti bene e avevo la netta sensazione che nessuno cercasse alibi o scuse per fermarsi, che nessuno fosse disposto a non giocarsi tutte le proprie carte pur mantenendosi in un coefficiente di sicurezza ampio. Quella sera cercammo di nutrirci bene e bere tanto, proprio in vista dello sforzo che avremmo fatto. Mangiammo le ultime buste di pesce immerse in un intingolo di nero di seppia di Alex e un po' di formaggio grana, pane altoatesino e speck portato da noi. Era fondamentale bere e il più bravo, quello cioè in grado di trangugiare quantità impressionanti di liquidi, era decisamente Alex, il peggiore... io. È sempre stato così, durante tutta la mia carriera, ho sempre fatto fatica a bere tanto, anche se è una delle cose più deleterie per l'alta quota. Quella sera, però, mi sforzai più del mio solito: non volevo essere io a incrementare i fattori di rischio o a trasformarmi nell'artefice dell'insuccesso.

Durante la cena, come avevamo fatto le sere precedenti, discutemmo la strategia del giorno successivo. Fissammo la partenza tardi, veramente tardi, se confrontata a qualsiasi altra spedizione. Nell'himalaysmo classico, infatti, la partenza dall'ultimo campo alla vetta di un ottomila viene sempre stabilita tra mezzanotte e le tre di mattina, a seconda di quanto è alta la montagna, della quota dell'ultimo campo e del dislivello da coprire. Partire alle sei di mattina, come avevamo convenuto noi, con mille metri di dislivello da affrontare e con un acclimatamento pessimo, poteva essere un autogol, ma le ragioni che mi spinsero a convincere i miei compagni erano più di una. Innanzitutto, non potevamo partire con il buio perché avevamo bisogno di vedere l'itinerario, dato che c'era una zona crepacciata da superare. Poi, essendo poco acclimatati, la nostra termogenesi, ovvero la capacità di produrre calore, sarebbe stata influenzata negativamente. Sul versante ovest, soprattutto a ridosso della parte sommitale della montagna, il sole di fatto arriva a metà mattina; perciò, partendo alle sei, avremmo chiesto al nostro corpo di resistere a temperature oltre i quaranta gradi sotto zero solo per quattro ore.

«Ragazzi, per quattro ore ce la facciamo tranquilli, di più sarebbe una sofferenza disumana!»

E lo sarebbe stato per davvero, non solo per le mani, i piedi e il corpo intero, ma anche per la testa, convinto come sono che il buio influenzi negativamente la psiche e la spinga a trovare mille alibi per fermarsi e scappare.

Le decisioni riguardarono anche la modalità della partenza: non saremmo partiti insieme, ma ognuno con i suoi tempi. L'esperienza mi ha insegnato che è fondamentale, soprattutto nei giorni di vetta, avere i propri tempi e lo spazio per prepararsi. È meglio, cioè, evitare qualsiasi tipo di stress. A causa delle temperature notturne bassissime e della reazione con i corpi caldi, sul nylon interno della tenda si crea sempre uno strato di ghiaccio e di condensa che ti cade addosso appena la tocchi. Ora, quattro persone che si muovono in uno spazio così ridotto rendono inevitabili questi urti e la conseguente pioggia di ghiaccio e neve. In condizioni normali, a un pezzo di ghiaccio nella maglietta o sui piedi caldi e asciutti che hai appena tirato fuori dal sacco a pelo non fai neppure caso, ma in un momento delicato come quello rischia di farti perdere proprio la pazienza, di allarmarti, di innervosirti con il compagno, insomma di rovinarti già la partenza.

Per avere il tempo e lo spazio di prepararci, stabilimmo dunque un ordine di partenza: Ali e Alex, poi Tamara e per ultimo io. Non sopravvalutavo le mie capacità e non pensavo di essere più veloce degli altri, anzi. Avevo deciso però di non utilizzare le solette riscaldate con batteria, tanto che le avevo prestate ad Ali: per questo avrei avuto bisogno di più tempo per riscaldare i piedi. I miei compagni usavano scarponi con questo tipo di solette, che riuscivano a mantenere il piede a una temperatura tale da prevenire i congelamenti, io invece vi avevo rinunciato per diversi motivi. Il principale era che non volevo dare appiglio a nessun tipo di polemica: se fossi riuscito a salire anche il Nanga Parbat in prima invernale, volevo evitare che ci fossero argomenti di discussione. Nelle mie quattro prime assolute in inverno avevo seguito uno stile di scalata rigoroso, senza ossigeno e nei tempi previsti dal calendario, con arrivi in vetta a gennaio e febbraio che non avevano lasciato adito a dubbi, polemiche o a interpretazioni strane. Anche se non dovevo rendere conto a nessuno, volevo mantenere fede alla mia etica e al mio modo di salire.

Condividemmo tutte queste decisioni in maniera rilassata e unanime, senza discussioni e senza appunti di nessun genere. Era la riconferma che il gruppo era forte e questo, a poche ore dal salto nel buio, ci dava ancora più sicurezza.

76.
Pronti, via!

26 febbraio, ore 4:30, sveglia. Il tempo di uscire dal torpore, preparare la colazione, mangiare e cominciammo a radunare le nostre cose, a prepararci per lasciare la tenda nella sequenza che avevamo stabilito. I primi furono Ali e Alex, dopo mezz'ora uscì Tamara e un quarto d'ora dopo iniziai la salita anche io. Nel tempo che passai da solo, cercai di riscaldare i piedi sulla fiamma del fornelletto sul quale avevamo appena sciolto la neve per fare colazione. Non utilizzando le solette speciali, dovevo partire con i piedi più caldi possibili: quindi, dopo averli riscaldati, li infilai velocemente negli scarponi, uscii e mi misi in cammino. Cercai di tenere una velocità che fosse abbastanza sostenuta da farmi produrre calore, ma non così eccessiva da portare all'esaurimento delle energie in poche ore.

Sarebbe stata una giornata intensa, lunghissima, estenuante. Mi concentrai solo sulla sequenza di passi che dovevo fare prima di ogni pausa: all'inizio, soprattutto sulle pendenze meno ripide, ogni sequenza era formata da venti o venticinque passi, poi con l'aumentare dell'inclinazione della parete mi regolai tra i quindici e i venti passi. Con questa alternanza di passi e pause, riuscii a raggiungere Tamara.

«Come va?» le chiesi appena fummo abbastanza vicini per parlarci.

«Non sono al cento percento!» mi rispose.

Nessuno di noi lo sapeva, e io l'avrei scoperto in seguito, ma quello era il primo giorno del ciclo mestruale di Tamara. Già fortemente provata dai giorni precedenti, non poteva quindi essere nelle nostre stesse condizioni, ma non ci disse nulla del ciclo e di come si sentisse realmente. La mattina, appena uscita dalla tenda, aveva vomitato e ogni volta che cercava di ingerire qualcosa, che fossero liquidi o barrette energetiche, vomitava subito. E vomitando perdeva anche quei pochi liquidi preziosi che avrebbe voluto e dovuto tanto trattenere dentro di sé.

Le feci coraggio, le dissi di concentrarsi sulla sequenza di passi.

«Come vanno i piedi?» le chiesi.

«Direi bene! Li sento ancora, i piedi non mi preoccupano!»

Io invece cominciavo già a sentire troppo freddo, quindi mantenni la mia sequenza di passi veloci, altrimenti mi sarei congelato. Dopo alcuni minuti raggiunsi prima Alex e poi Ali e chiesi anche a loro come stavano. Andava tutto bene, anche ai piedi nessun problema. Solo io li sentivo freddi. Dovevo assolutamente arrivare quanto più velocemente possibile nel punto in cui sarebbe caduto il primo raggio di sole.

Sapevo che intorno ai 7600 metri il sole avrebbe cambiato, e anche molto, le mie sensazioni riguardo alla temperatura percepita. Quel giorno c'erano trentaquattro gradi sotto zero e il vento soffiava a una velocità di quaranta chilometri all'ora: la combinazione di questi due elementi, che in meteorologia si chiama *wind chill*, portava la temperatura percepita a cinquantaquattro gradi sotto zero. Il freddo entrava dappertutto! Per questo, la mattina ci eravamo messi i cerotti in tessuto, il *tape*, sulle guance e sul naso, proprio per evitare di congelarci quelle parti del viso. L'avevo imparato dai grandi alpinisti polacchi, osservandoli nelle loro spedizioni invernali precedenti. Avevo imparato che basta poco, insomma, per evitare problemi molto gravi come l'amputazione di parte del naso. Cose capitate nella storia dell'alpinismo e neppure raramente. Il freddo combinato al vento causa pericolose ustioni da gelo, per cui le parti colpite diventano dapprima bianche, poi violacee, poi nere e infine cominciano ad andare in necrosi.

77.
7600 metri e il primo raggio di sole

26 febbraio, ore 9:58, arrivo a 7600 metri. Mantenni costante la mia sequenza di passi e pause, era il metodo migliore per conservare la massima efficienza e presentarmi il prima possibile all'appuntamento con il sole. Riuscii ad arrivarci nei tempi che mi ero prefissato, e puntuale arrivò anche lui. Fu un momento che non dimenticherò mai: quando il primo raggio mi illuminò e in pochi secondi lo sentii da piccolo, finissimo, farsi sempre più forte e potente. Cambiò di netto la sensazione che sentivo nel corpo. Mi sembrò di passare da un gelo insopportabile che avrebbe potuto ammazzarmi a un freddo polare sì, ma comunque gestibile. Come se qualcuno avesse fermato la discesa continua della temperatura, settandola a un valore certamente estremo ma sopportabile.

Uno a uno mi raggiunsero i miei compagni e sopra quel cocuzzolo tutti e quattro ci fermammo solo qualche minuto a beneficiare di questo cambiamento di temperatura. Per quanto mi riguardava, c'era solo un punto in cui la situazione era rimasta invariata: i piedi. La sensibilità e la percezione delle dita continuavano a diminuire e avevo preso già da un po' a muovere ossessivamente le dita dentro gli scarponi, per stimolare la circolazione. Arrivando, Tamara si era fatta un video con la sua fotocamera. «Questo raggio di sole merita una lacrima» aveva detto piangendo. E poi aveva spiegato che da quattro ore stava pregando Dio affinché facesse calare il vento così assurdamente gelido. Per le condizioni in cui si trovava, Tamara stava patendo tantissimo quella salita, e quell'ondata di calore meritava davvero una lacrima. D'altronde, era quello che sognavamo tutti dal primo momento in cui eravamo usciti dalla tenda.

Dopo quattro ore ci trovavamo a 7600 metri, ma ne mancavano ancora più di 500. Eravamo solo a metà percorso e, più in alto andavamo, meno ossigeno c'era. Meno ossigeno c'era, più avremmo sofferto per la fatica e la mancanza di acclimatamento, soprattutto io e Tamara. L'aumento di quota stava cominciando a farsi sentire, ma sapevamo che quello era un momento decisivo, perciò stringemmo i denti, rimanemmo vigili sulle nostre condizioni fisiche e sulla velocità, e continuammo a tenere monitorato il meteo e il nostro ritmo.

78.
Ci dividiamo

26 febbraio, ore 10:15. Rimettiamo in moto le gambe e pensiamo solo al passo successivo, cadenzato, preciso. Ali si mise davanti, seguito da Alex, me e Tamara. La mia compagna di cordata stava soffrendo, lo vedevo, e io stesso sentivo che avrei dovuto diminuire la mia velocità, non tanto perché lo volevo ma perché le condizioni del momento non mi permettevano di fare più passi: sapevo che l'aumento di quota avrebbe messo a dura prova le mie capacità muscolari e atletiche.

Passò un po' di tempo, non saprei dire quanto, di quel procedere in fila indiana. A un certo punto, e in modo imprevisto, Ali prese una direzione verticale, dritta verso la vetta, cominciando ad affrontare una serie di roccette che erano tutt'altro che logiche rispetto al canale più facile che si apriva sulla sinistra su cui, di fatto, proseguiva la via normale della Kinshofer. Avevamo analizzato a lungo il percorso sulle fotografie. Io lo avevo fatto anche nei mesi e negli anni precedenti, ed ero abbastanza certo che l'itinerario, come suggeriva anche la logica, a quel punto doveva prendere proprio questo canale a forma di banana, che prima deviava a sinistra e poi rientrava verso destra puntando sulla vetta.

Io e Alex chiamammo Ali ad alta voce, gli gridammo che stava sbagliando, ma lui era convintissimo che fosse la strada giusta, anzi la più facile, perché rimanendo sulle rocce non sarebbe sprofondato nel caso ci fosse stata neve fresca. Se non fosse stato per il fatto che l'anno precedente la decisione di stare dritto e poi obliquare a destra avesse vanificato, a circa 7800 metri, il tentativo di Ali, Alex e Daniele, gli avrei forse dato retta. Seppur d'estate, Ali era già stato due volte in vetta al Nanga Parbat e sapeva dunque di cosa stesse parlando; eppure questa conoscenza della vetta, nel tentativo del 2015, non gli era servita. Ora stava commettendo lo stesso errore. Era così convinto che fece venire i dubbi anche a noi. Per toglierci ogni scrupolo, chiamammo Igone al campo base, dove lei e tutto il resto dello staff, poliziotti compresi, ci stavano seguendo con gli occhi, i binocoli e gli zoom puntati senza tregua sull'ultimo lembo della montagna.

«Il canale che prosegue sulla sinistra è quello giusto!» ci disse alla radio. Igone ci rassicurò sul fatto che il percorso corretto, quello salito da Toni Kinshofer nel 1962, e dopo di lui da molti altri alpinisti, era quello che avevamo individuato noi.

Cercammo di spiegarlo ad Ali, gridammo ancora più forte, ma lui non volle sentire ragioni. Lo lasciammo allora proseguire per la sua strada, mentre noi cominciammo a salire imboccando il canale. La nostra velocità continuava a diminuire a vista d'occhio e i passi per ogni sequenza non superavano più i dieci, anzi facevamo una fatica boia ad arrivare a questo numero. Tamara ci seguiva stringendo i denti. La sua distanza restava confortante, non tale comunque da fare presagire un calo drastico della sua prestazione.

I passi diventarono otto per una decina di sequenze, poi divennero sette, poi cercammo disperatamente di non farli calare ulteriormente, altrimenti sarebbe stato un supplizio e i tempi si sarebbero dilatati pericolosamente. Quei cinquecento, quattrocento, trecentocinquanta, trecento metri e via dicendo, con una sequenza di sette o otto passi, si sarebbero trasformati in una via crucis, sia per la mente sia per il fisico. Progredire così lentamente su una distanza che a guardarla sembrava percorribile in qualche minuto era un massacro, un gioco psicologico devastante.

La distanza con Tamara si mantenne abbastanza regolare, ma quando la vidi ancora più in difficoltà, per non lasciarla troppo indietro, decisi di rallentare un po'. E poi anch'io sentivo sempre di più la fatica. Eravamo nell'aria sottile, alle quote di volo di un Jumbo, senza acclimatamento ed esposti al freddo polare. Quello che stavamo affrontando era uno sforzo mostruoso.

79.

Verso la vetta

26 febbraio: il tempo si dilata. Ormai era così che lo percepivamo: aumentato, surreale, lento. Ognuno di noi era diventato un automa, focalizzato esclusivamente sul proprio ritmo, sulla propria fatica, sui propri problemi. Il mio restava quello dei piedi: avevo perso quasi del tutto la sensibilità, ma percepivo ancora di avere delle dita, anche se ibernate, e questo mi dava la consapevolezza che il congelamento non era ancora gravissimo e che potevo per il momento gestire la situazione.

Eravamo oltre i 7800 metri. Nessuno parlava più da tempo, in tutto il giorno le parole furono veramente pochissime, concentrati come eravamo a mettere un passo davanti all'altro (sette per l'esattezza), fermarci, guardare verso l'alto, nella speranza che quei sette passi avessero fatto il miracolo di avvicinare la vetta che invece sembrava rimanere inesorabilmente lontana da noi. Anzi, addirittura invisibile ai nostri occhi, perché il canale ci impediva di fatto la sua visione, lasciando scoperto solo il lembo superiore. Capimmo però, osservandolo, che il canale avrebbe perso gradualmente inclinazione e ci avrebbe portato più dolcemente verso l'ultima zona di rocce, e infine, forse, verso la vetta.

Arrivarono anche i 7900 metri. Eravamo 200 metri sotto la vetta e, oltre a verificare le nostre sequenze, ci controllavamo a vista. Ali era sparito da tempo, io temevo che avesse fatto la scelta sbagliata e che fosse andato troppo a destra, completamente fuori dalla direttiva della vetta. Potevo solo vedere Alex e Tamara, che come me restavano concentrati. Da ore, oltre che di parlare, avevamo smesso anche di fare fotografie e filmati. Con noi avevamo un thermos di tè a testa, ma faceva talmente freddo che solo il pensiero di toglierci lo zaino e provare ad aprire il tappo, sicuramente congelato così come l'intero contenitore, ci costava fatica. Eravamo in una ghiacciaia, messi a dura prova sotto ogni punto di vista: organico, muscolare, fisiologico e mentale. Eravamo impegnati in una battaglia psicologica logorante tra la parte che avrebbe voluto rinunciare e l'altra consapevole che la vetta fosse ormai vicina e che valesse la pena soffrire.

Arrivammo sopra i fatidici 8000 metri. Chiamammo con la radio Igone che ci confermò la quota e decisi allora di fermarmi per aspettare Tamara. Volevo dirle che tutti i suoi sforzi stavano per essere premiati, di tenere duro.

«Tamara, mancano 100 metri, solo 100 metri alla vetta!» le dissi ansimante, rimanendo appoggiato alla mia piccozza.

Lei stava salendo molto lentamente, con sequenze di quattro o cinque passi, e sentendo quelle parole accennò un sorriso che mi illuse per un istante.

«Simone, se anche arrivo in cima, dovete darmi una mano a scendere» disse lapidaria.

Chi conosce Tamara, la sua capacità atletica, la sua forza psicologica, la sua grinta sportiva, avrebbe pensato che a parlare non era lei, ma qualcun altro impossessatosi del suo corpo. Io per primo stentai a credere che quelle parole uscissero proprio dalla sua bocca. Invece le aveva pronunciate, per la prima volta aveva detto qualcosa che suonava più o meno come un: «Non ce la faccio»! Erano state la quota da crociera di un aereo intercontinentale, gli oltre cinquanta gradi sotto lo zero e lo sforzo fatto in una condizione fisiologica non ottimale a farglielo dire.

La sua condizione fisica era debilitata, ma anche la mia era maledettamente peggiorata. Soffrivo per la mancanza di ossigeno e continuavo a procedere con una frequenza di passi che si aggirava ormai tra sei e sette, il minimo accettabile. Con quella velocità anche fare 50 o 100 metri sarebbe stato uno sforzo che avrebbe potuto richiederci da quarantacinque minuti a oltre un'ora, a seconda di come si sarebbero mantenute o cambiate le pendenze.

Non mi aspettavo da Tamara una risposta entusiastica, ma quella frase era il peggio che potessi sentire: presupponeva che ci fosse qualcuno di noi in grado, eventualmente, di darle un aiuto, anche piccolo. L'unico aiuto che in quel momento riuscii a darle fu però verbale.

«Stai tranquilla,» le dissi «vai alla tua velocità, gestisci lo sforzo come hai fatto finora, rimaniamo vicini e vedrai che arriviamo in cima.»

Mi girai e ripresi la mia sequenza di sei, sette passi. Alex davanti a me andava alla stessa velocità, non si era fermato a parlare con Tamara, ma restava comunque a vista, a poche decine di metri sopra di me.

Continuammo così, metro dopo metro, guardando sempre avanti. Ogni tanto mi giravo per controllare dove fosse Tamara e mi accorgevo che la distanza che ci separava aumentava in modo inesorabile.

Prima Alex e poi io arrivammo in prossimità del cambio di pendenza e procedemmo imperterriti a contare i passi, sempre quelli, sei-sette, poi pausa per respirare. Imboccato il cambio di pendenza e percorso il primo tratto più dolce, persi il contatto visivo con Tamara. Lei era ancora nella parte ripida, io e Alex ci trovavamo nella parte sommitale e già vedevamo il profilo di cresta. Oltre quel profilo non c'era più nulla. La vetta era lì. Ci sentivamo quasi arrivati, sentivamo che nessuno ci avrebbe più separato da quel risultato.

A un certo punto scorgemmo la sagoma di Ali, praticamente una visione. Ormai ce lo immaginavamo chissà dove, forse sulla vetta, forse ritornato sui suoi passi, forse dietro di noi. E invece era lì, fermo a pochi metri sotto la vetta che ci stava aspettando in una zona sufficientemente riparata dal vento. Si muoveva per mantenersi caldo, ma stava aspettando noi! Lo raggiungemmo, prima Alex e poi io. Ci fermammo, rimanendo piegati per qualche attimo sulle ginocchia e sulle piccozze, spossati dalla fatica, ansimanti. Contemplammo quei quattro o cinque metri che ci separavano dalla cima, ci guardammo e ripartimmo insieme.

80.

La vetta

26 febbraio, ore 15:37, il tempo si è fermato.

Per la prima volta nella storia dell'alpinismo, una spedizione riusciva a calcare la vetta della montagna nuda a 8126 metri, completando un sogno sognato trent'anni. E quella spedizione era formata proprio da un team di sognatori, di alpinisti che avevano saputo lavorare insieme, unirsi e fondere le loro capacità per perseguire un obiettivo comune, dando ognuno il massimo di sé.

81.
La felicità

Sulla vetta arrivammo con le ultime gocce di energia, almeno all'apparenza. Sembrava che fossimo stati programmati per portare a termine quello sforzo e basta. Invece eravamo perfettamente coscienti di dover mantenere una riserva di energia per riuscire a ridiscendere. La vetta, infatti, è sempre e solo il giro di boa, è la metà del percorso di qualsiasi scalata. Anche se scendere, in linea teorica, richiede meno energie, non significa che sia più semplice, soprattutto dal punto di vista tecnico e specialmente sul Nanga Parbat, che ci avrebbe riproposto un percorso a ritroso complicatissimo, sicuramente tanto quanto lo era stata la salita.

L'esplosione di gioia non fu immediata: ci vollero alcuni istanti, il tempo di fare una pausa per riprenderci e di guardarci intorno. Quando mi drizzai sulle gambe, mi trovai di fronte una distesa oceanica di montagne, a perdita d'occhio. Si scorgevano molto distintamente il K2, il Broad Peak, il Gasherbrum, a centinaia di chilometri di distanza; sotto di noi si apriva tutta la parete Rupal e alla base della parete riconoscevo distintamente il lungo ghiacciaio che avevo visto due anni prima durante il tentativo di salita al Nanga Parbat d'inverno proprio da quel versante; girandoci di centottanta gradi era possibile ammirare le montagne dell'Hindu Kush. Insomma, c'erano il vento e il gelo, ma il cielo terso ci stava regalando una vista mozzafiato.

La gioia mi stava esplodendo dentro. Mi girai verso i miei compagni, ci guardammo e ci abbracciammo calorosamente dandoci grandi pacche sulle spalle. Tornai a guardarmi attorno, ero incredulo, non riuscivo a realizzare di esserci riuscito, di essere veramente sul punto più alto del Nanga Parbat. Ai nostri piedi, inconfondibile, c'era il chiodo da roccia piantato proprio sulla vetta, molti anni prima, con alcune bandiere tibetane lasciate da chissà quale spedizione. Sempre nello stesso punto, c'era appoggiato il fittone in alluminio semicoperto dalla neve, visibile in tutte le fotografie di vetta. Eravamo in tre sul punto più alto della montagna, eravamo inequivocabilmente sulla vetta tanto sognata in trent'anni di tentativi.

Distolsi lo sguardo per chiamare i miei compagni e li vidi che avevano cominciato a scendere. All'inizio pensai che stessero scendendo solo un pochino per ripararsi dal vento o per chissà quale altro motivo, ma quasi subito mi resi conto che stavano per intraprendere la discesa.

Cacciai un urlo e si fermarono a guardarmi interrogativi.

«Ragazzi e la fotografia? Non facciamo neppure una fotografia di vetta?» gridai.

«No, no, via, andiamo via! È troppo pericoloso!»

«Ma come "troppo pericoloso"? Per cosa?»

«Fa troppo freddo! Se ci togliamo le moffole per cercare di scattare le fotografie ci congeliamo subito le mani e poi è troppo tardi. Andiamo! Andiamo!» ribadì Alex.

Non volli sentire ragioni: «Non se ne parla nemmeno, al massimo mi prendo io il rischio di congelarmi le mani. Tornate subito indietro! Io voglio fare le foto di vetta».

Forse potevo sembrare un bambino che puntava i piedi, ma era anche quella parte di bambino che ognuno ha dentro di sé che mi aveva permesso di cullare un sogno, di crederci fino allo sfinimento. E anche quella parte di me, più fanciullesca, andava premiata.

"Ma che mondo strano," pensai "passiamo le giornate a farci selfie ogni trenta secondi, una foto di qui, una foto di là. Adesso siamo nel punto in cui per trent'anni, in inverno, in tanti hanno sognato di essere, dove generazioni intere di alpinisti hanno sognato di essere, dove noi stessi abbiamo sognato di essere nei nostri precedenti tentativi, siamo qui, abbiamo le macchine fotografiche, e non facciamo neppure uno straccio di foto?"

I miei compagni si decisero ad assecondare la mia richiesta e a fatica fecero di nuovo i passi in salita per arrivare sulla cima. Feci una fotografia ad Alex e Ali, e quest'ultimo ne approfittò per estrarre una bandiera rossa con una preghiera in urdu. Con la stessa bandiera si era fotografato poco più sotto, mentre ci aspettava. Stavano cominciando a ridiscendere e io li bloccai di nuovo: «Ma scusate! E io? Dai, la voglio anch'io la foto! Fatemela anche a me!».

Diedi la macchina ad Ali che fece una foto a me e Alex. Insomma, non volevo andarmene dalla vetta senza le mie foto ricordo, senza le prove che eravamo stati lì. Non erano prove che servivano a dimostrarlo a qualcuno, ma prove per la mia memoria, per la storia dell'alpinismo. Seppure ci fossero un sacco di testimoni oculari al campo base, volevo la fotografia che immortalasse il coronamento di un sogno così difficile e grande. Non potevo ancora credere di esserci riuscito con un acclimatamento praticamente nullo. Non ricordavo di aver mai fatto uno sforzo così grande per arrivare in cima a una montagna.

In tutto, rimanemmo sulla vetta una quindicina di minuti, dopodiché cominciammo a scendere: Ali in testa, poi Alex e infine io.

82.
E Tamara?

Dov'era Tamara? Perché non stava arrivando? Sebbene con passo più lento, il tempo che eravamo stati sulla cima avrebbe dovuto permetterle di arrivare almeno a vista, di sbucare dalla parte ripida su quella più dolce che conduceva in vetta.

Nella testa mi risuonarono però le parole che mi aveva rivolto: «Se anche arrivo in cima, dovete darmi una mano a scendere». E realizzai solo in quel momento il senso autentico della sua frase: si era fermata! Capii che quelle parole non erano state dette a caso o con superficialità. Con quelle parole lapidarie Tamara aveva palesato che era arrivata al limite. Scendendo, mi aspettavo però di rivederla di lì a pochi secondi, pochi minuti, magari di schiena mentre si dirigeva verso valle. E invece Tamara non c'era.

Noi stavamo procedendo molto lentamente, in maniera sorprendentemente lenta. È sempre stata una mia caratteristica quella di riuscire a scendere a velocità dieci volte superiore rispetto a quella di salita, di riuscire a concentrarmi e buttarmi a capofitto, seppur in sicurezza, verso l'ultima tenda, o il campo base.

Qui invece facevo una fatica boia e non ero in grado di andare oltre i quindici o i venti passi, la stessa frequenza che avevo tenuto appena partito dalla tenda a 7100 metri.

Capii che la nostra discesa sarebbe durata molto, troppo, sfiorando un limite orario quasi inammissibile per lo sforzo che avevamo fatto. Quando avevamo progettato la salita, ci eravamo imposti come tempo massimo di arrivo le 15.30, arrivati a quel punto saremmo tornati indietro, vetta o non vetta. I sette minuti di dilatazione rispetto al *time limit* preventivato ci avevano portati un po' oltre, ma quella discesa così lenta non l'avevamo messa in conto.

Continuavo a scrutare verso il basso, ma Tamara non c'era.

"Ma come ha fatto a scendere così veloce? Se è scesa così veloce, aveva l'energia anche per salire!" pensai.

Nessuno di noi poteva immaginare che cosa le era successo.

83.
Arrivo al campo 4

Tamara si era fermata a pochissimo dalla vetta. A circa 70 metri massimo, intorno agli 8040 metri. L'avevano vista anche dal campo base.

Quando si era trovata sola con se stessa, senza me vicino che la motivavo a tenere duro, a dare ascolto non solo alle sue sensazioni fisiche ma anche alle evidenze, quando non ci fu più la mia presenza a influenzarla, ebbe un momento di lucidità profondo, realizzò pienamente dove fosse e cosa stesse facendo. Ragionò in modo chiaro e mi raccontò di aver sentito come una voce interiore che, nitidamente, le aveva detto: "Tamara, o ti fermi qui e torni indietro o altrimenti dal Nanga Parbat tu non torni più a casa".

Aveva dato ascolto a quella voce, si era fidata e, incurante del punto in cui si trovasse, si era fermata, aveva girato le spalle alla montagna, guardato il panorama e cominciato a scendere.

Anche lei si era accorta di procedere troppo lentamente. Anche lei si sentiva esausta e sfinita. Era forse quella messa in condizioni peggiori: come me non era molto acclimatata e in più aveva avuto problemi di stomaco legati al freddo e al ciclo mestruale, che aveva deciso di arrivare proprio nel giorno più sbagliato.

Scendeva quindi lentissima. A un certo punto, per superare un piccolo crepaccio, fece un salto e atterrò male, sbilanciandosi e prendendo una storta alla caviglia. Perse l'equilibrio e cadde con la testa verso valle. Per l'impatto la berretta le scese sugli occhi e in un nanosecondo si trovò sdraiata, senza la possibilità di vedere, a scivolare sempre più veloce a testa in giù. Cercò di puntare la piccozza, ma fu tutto inutile, quella scivolata era incontrollabile. Lottò qualche secondo ancora, ma quando capì che era tutto vano si lasciò andare rassegnata.

"È finita" pensò.

Aspettava di rivedere il film della sua vita, di vivere quell'esperienza di cui tanti sopravvissuti raccontano. E invece non ci fu nessun *rewind* ad altissima velocità. Si sentiva solo cadere, si lasciò andare, totalmente abbandonata, quasi rilassata, perché quello ormai era il suo momento, non c'era più nulla da fare. Scivolò per quasi duecento metri, per poi arrestarsi miracolosamente nell'unica chiazza di neve fresca di tutta la porzione superiore della parete. Con il cuore che andava a mille, riuscì a tirare indietro la berretta e a mettersi seduta. Sentiva male a una spalla e alla caviglia (si riveleranno poi traumi ai legamenti e ai tendini), ma era viva. Appena si riprese, si ritrovò davanti uno spettacolo indescrivibile, un tramonto mozzafiato dai colori unici, come dipinti nel cielo. Lo interpretò come un regalo tutto per lei, come il miglior modo di ritornare alla vita.

Quel tramonto era incredibile, ma presto non ci sarebbe stata più luce e sarebbe arrivata la notte. Nonostante i dolori, si rimise in piedi e anziché risalire per riprendere la via di salita, decise di puntare direttamente verso la tenda con un lunghissimo traverso in direzione est. Sapeva di poter ottimizzare i tempi, ma era angosciata dalla paura di finire in un crepaccio perciò ogni suo passo era ben calibrato.

Anche noi, intanto, continuavamo a scendere. Ali era in testa, leggermente più veloce di noi. Io e Alex andavamo piano e il nostro passo, seppur costante, non accennava a migliorare neppure con l'abbassamento di quota. Non doveva essere così... In alta montagna, con l'aumento proporzionale e costante dell'ossigeno, migliorano le capacità fisiche anche da stanchi. Non era il nostro caso, sebbene fosse evidente che dovevamo accelerare, perché il tramonto stava ormai lasciando anche la linea dell'orizzonte e i suoi colori infuocati si attenuavano sempre di più. Stava arrivando la notte.

Passai allora davanti ad Alex: dovevamo aumentare la velocità, ma io non ce la facevo. A un certo punto mi resi conto che dovevo concentrarmi non solo sui passi, ma anche sulla posizione del campo. Dov'era? Vidi lontano il puntino nero rappresentato dalla nostra tenda e sapevo che presto sarebbe stato inghiottito dalle tenebre. Quando sarebbe calata la notte, ci saremmo dovuti muovere come in una stanza buia, nella quale hai memorizzato il percorso per non andare a sbattere. Allo stesso modo avevo cercato di imprimermi nella testa la traiettoria da seguire.

Quando arrivò, il buio fu totale. Accesi la mia pila frontale, che però poteva illuminare solo fino a pochi metri intorno a me. Ogni volta che alzavo la testa per guardare lontano, la spegnevo, perché comunque avrei avuto più chance di capire dove stessi andando. Alex mi seguiva, vedevo un po' distante da me la luce della sua pila. Ali ormai lo avevo perso di vista, perché scendeva davvero velocemente.

Camminammo così ancora per qualche tempo, fino a quando in lontananza, nel mezzo del buio, si accese una luce all'interno della tenda. Era la cosa più bella che ci potesse succedere in quel momento, il più grande aiuto di cui avevamo bisogno. Qualcuno era già arrivato alla tenda, ad accendere la luce doveva essere stata per forza Tamara.

Mentre noi camminavamo nel buio, Tamara era riuscita a fare tutto il suo traverso, arrivare esausta alla tendina, entrare, togliersi gli scarponi e saltare nel sacco a pelo. Per farlo, aveva acceso la luce frontale, anche perché sapeva che ne avevamo dannatamente bisogno. Il suo aiuto si rivelò vitale. Prima Ali, poi il sottoscritto e per ultimo Alex, ormai a tarda sera e sfiniti, entrammo nella tenda. Tutto il gruppo si ritrovò di nuovo compatto e salvo, a 7150 metri, nel nostro ultimo campo.

84.
Notte al campo 4

Eravamo sfiniti, ma felici. Una volta nella tenda seguirono però alcuni momenti di imbarazzo. Sebbene fossimo alle stelle, ci metteva a disagio gioire di fronte a Tamara. Anche lei da parte sua, anche se per pochi minuti, congratulandosi con noi ci apparve davvero triste. Era normale, in quel momento aveva realizzato che, dopo averla sfiorata, non era arrivata alla cima del Nanga Parbat. Non doveva essere una bella sensazione.

Furono però minuti brevi, sia quelli di imbarazzo sia quelli di tristezza. In fondo, c'era la gioia comune a tutti di essere salvi! E comunque non potevamo festeggiare: non eravamo ancora arrivati al campo base.

Ci togliemmo gli scarponi e ci infilammo con le tute d'alta quota nei sacchi a pelo. La temperatura di notte ritornò polare e la nostra capacità di produrre calore era praticamente nulla. Tamara tremava come una foglia: nella mia vita non avevo mai visto nessuno tremare così tanto. Tremò in quel modo per tutta la notte. A un certo punto le misi una mano sulla gamba e le dissi di stare tranquilla, ma fu inutile. Non ci aveva raccontato ancora della sua caduta, dei dolori che aveva in tutto il corpo; non ci aveva detto ancora nulla, e non si era neppure lamentata, seppur forse sperasse o avesse bisogno che qualcuno la consolasse di più. Noi non lo facemmo, forse per insensibilità o forse per incapacità, non lo so... di sicuro in quel frangente non avevamo capito quanto grande fosse stato lo sforzo che aveva sostenuto nelle sue condizioni, quanto male alla spalla e alla caviglia si fosse fatta cadendo.

Cercammo di bere qualcosa, ma la stanchezza ci faceva sembrare disumano anche solo lo sforzo di prendere la neve e scioglierla, perciò rimanemmo sdraiati nel tentativo di dormire. Era la quinta notte consecutiva che passavamo in quota, sempre solo con due materassini messi trasversalmente, in condizioni decisamente scomode. E c'era ancora un mondo tra noi e la salvezza. Sapevamo che dovevamo rimanere concentrati e pensare già al giorno dopo.

85.

Discesa al campo 2

La mattina ci svegliammo abbastanza presto e aspettammo il primo raggio di sole. Eravamo dei mostri di ghiaccio! I sacchi a pelo erano diventati pesantissimi, il doppio rispetto all'inizio, dopo cinque giorni che erano stati esposti al gelo, avvolti e riavvolti, bagnati dalla condensa che durante il giorno si scioglieva per tornare ghiaccio la notte.

Preparammo una colazione veloce, misera, dopodiché saltammo fuori dalla tenda. Il nostro unico pensiero era scendere, scendere, scendere. E volevamo farlo in giornata. Non potevamo permetterci un'altra notte lontano dal campo base, non sapevamo se saremmo stati capaci, anche fisicamente, di resistere senza conseguenze.

La fortuna volle che la giornata fosse limpida, anche le previsioni più ottimistiche di Gabl erano state centrate. Ognuno ripiegò il proprio sacco a pelo, radunò il materiale personale e lo sistemò nel suo zaino, poi ci occupammo delle attrezzature comuni. Smontammo la tenda e ci suddividemmo equamente i carichi. E anche in quell'occasione Tamara non chiese di portare meno di noi. Chiusi gli zaini, ci apprestammo a mettere i ramponi sugli scarponi. Di lì a pochi minuti saremmo partiti.

Per fare più in fretta, posizionai la talloniera del rampone in modo impreciso sull'inserto posteriore dello scarpone, tirai forte e sentii *crack*. Cazzo, questo non ci voleva! Proprio quassù, adesso! Mi si era spaccata la plastica della talloniera, che è più o meno come rompere l'attacco posteriore dello sci. E cosa mi misi a fare? Mi misi a ridere, davvero. Ricordo che Ali mi guardò e mi chiese cosa avessi da ridere.

«No, niente, mi si è solo spaccato un rampone!» dissi.

«Ma hai una talloniera di ricambio?» mi chiese, vedendomi ridere.

«No, rido per non piangere. Adesso devo assolutamente aggiustarlo, e chissà cosa devo inventarmi... ma una soluzione la trovo, la devo trovare. Meglio essere ottimisti!»

Grazie a Dio, basandomi un po' sulla mia esperienza, mi ero portato alcuni metri di cordino sottile e anche del *tape* che in genere avvolgo intorno all'impugnatura della piccozza. Con quei due materiali avrei dovuto trovare la soluzione, e infatti mi bastò il solo cordino, con il quale feci una specie di intreccio, una gabbia di corda che inglobava scarpone e rampone; praticamente me lo legai addosso, cercando di stringere parecchio, tirando al massimo il cordino. Non potevo permettermi di perderlo: quella che mi aspettava non era una camminata sul nevaio, ma una vera e propria scalata a ritroso, a tratti spaventosa, soprattutto nei punti in cui sarei dovuto stare solo sulle punte del rampone.

Iniziammo la discesa, che fu decisamente più veloce rispetto al giorno precedente. In qualche modo eravamo riusciti a riposare e i benefici della quota cominciavano a farsi sentire. Ci abbassammo sotto i fatidici 7000 metri. Dopo circa un'oretta vedemmo la piazzola dove avevamo posizionato il campo 3 e fu forse il ricordo del bellissimo tramonto privo di vento che avevamo visto qualche giorno prima, unito alla comodità di quel luogo, a darci una maggiore sicurezza e la consapevolezza che eravamo più vicini alla salvezza.

Arrivati a 6750 metri avemmo proprio la sensazione che il campo base, seppur 2700 metri più sotto, fosse più vicino, più a portata di mano. Non era solo una questione psicologica, ma anche tecnica: da lì in poi avremmo trovato le corde fisse e scendere sarebbe stato meno complicato.

Facemmo una breve pausa sulla piazzola del campo 3, dopodiché proseguimmo senza perdere altro tempo. La giornata che avevamo davanti era lunghissima e non dovevamo essere sorpresi dal buio in parete.

La discesa dal campo 3 al campo 2 fu straordinariamente veloce, addirittura più rapida di quanto avessi pensato, e nel giro di un paio d'ore eravamo già nel nostro nido d'aquila. In quella piazzola eravamo arrivati solo due volte, ma in entrambe lo avevamo fatto in dieci ore per la salita, mentre a scendere ci avevamo messo tre ore. Avevamo sì 2000 metri di dislivello da coprire, ma in tre o al massimo quattro ore, considerando la fatica, saremmo arrivati da Didar, alla nostra tenda, ai nostri materassi comodi, ai nostri indumenti asciutti, alla doccia, al cibo e alla cucina. Seppur lontano, percepivamo il nostro punto d'arrivo.

86.

Il campo base: vittoria!

Arrivati al campo 2 ci togliemmo gli zaini, ci sedemmo sullo spiazzo che aveva ospitato il nostro bivacco quattro giorni prima, bevemmo dai thermos e provammo anche a mangiare qualcosa. La tensione calò e cercammo di rilassarci. I cinque giorni di fatica forsennata che avevamo alle spalle avevano lasciato i loro segni: eravamo veramente al limite delle energie, ma mentalmente ci ricaricavamo con la consapevolezza che il tour de force e anche quella discesa non-stop stavano per terminare. Anche il risultato storico conseguito e la voglia di portarlo a casa ci regalavano una capacità muscolare aggiuntiva.

Da quel punto in avanti, però, i nostri zaini divennero più pesanti. Dovevamo riportare verso il basso tutto quello che avevamo lasciato lì, inclusi i moschettoni recuperati dalla carrucola Kinshofer e che erano in parete da quasi sessant'anni. Ancora in maniera equa, ci dividemmo il peso delle provviste di cibo avanzate, di una tenda e dell'attrezzatura extra che non ci era servita per salire.

La cresta affilata sotto il campo 2 poteva essere

fatale in caso di errore e per questo la percorremmo piano piano, finché non raggiungemmo le corde fisse attraverso le quali saremmo arrivati nel punto verticale del muro Kinshofer. Ci calammo uno a uno, dopodiché ci ritrovammo nella parte superiore del canale dove c'erano una serie di corde doppie, lungo le quali ci abbandonammo. Non dovevamo più stare attivamente sulle nostre gambe e fu forse il tratto di discesa più gradevole e facile, nonostante in alcuni punti fossero necessari dei pendoli di traverso, perché le corde erano messe in trasversale e in diagonale.

Giungemmo all'ultima calata del canale Kinshofer, dove muovemmo i primi passi sul pendio finale che si appoggiava alla parte ghiacciata che avevamo appena lasciato. In quella zona la temperatura era più calda o, meglio, era ancora abbondantemente sotto lo zero, ma a venti gradi di più rispetto a quella che ci aveva accompagnato negli ultimi due giorni. Avevamo perciò una sensazione di calore che, mischiata alla stanchezza, ci faceva camminare un po' come ubriachi. Bastava infatti sprofondare nella neve con una gamba e cadevamo per terra.

Al campo 1 ci stava aspettando Sherbaz, che ci era venuto incontro con un regalo dal valore inestimabile: una bottiglia di due litri di limonata, che non ho mai capito dove avesse recuperato. Non era fatta in casa, era proprio una bottiglia comprata in un negozio, che probabilmente era arrivata con uno dei portatori salito quando noi eravamo in alto. Il contenuto di quella bottiglia sparì nel giro di pochi secondi. Tutti e quattro bevemmo quella bevanda ricca di zuccheri che allietava il nostro palato dopo cinque giorni di cibo buono, ma non sufficiente per supplire al dispendio di calorie e alla sottoidratazione. Anche al campo 1 c'era da smontare una tenda, ma Sherbaz ci diede una grossa mano per trasportare una parte del carico.

Finito di impacchettare, non volemmo rimanere un minuto di più, sognavamo solo il campo base. Partimmo in fila indiana, superammo il primo tratto, il più ripido, per poi immetterci sul pianoro del ghiacciaio. Ci costò maggiore fatica camminare in piano che andare in discesa, perché ci richiedeva una fase muscolare più attiva ed energie che ormai avevamo perso; ma più si avvicinava il campo base e più aumentava la consapevolezza che presto sarebbe finita. L'ultimo immane sforzo lo facemmo nel punto di congiunzione tra il ghiacciaio e il pendio, la morena: dovevamo salire non più di venti metri di dislivello per poi farne altri dieci o quindici su un piano inclinato. Praticamente ci sembrò una parete di 1000 metri e ogni tre passi dovevamo fermarci, piegarci ansimanti sulle nostre ginocchia appoggiate alla piccozza e poi riprendere con ancora tre o quattro passi al massimo. Era l'ultimo tratto di salita di tutta la spedizione e mi concentrai solo su quello: "Simone, sono gli ultimi passi di salita, gli ultimi di questa invernale".

Pensai solo a mettere un piede davanti all'altro finché salii sul bordo della morena, e da quel punto vidi in lontananza la direzione del campo base. Camminammo per altri venti minuti e notammo finalmente i colori delle nostre tende.

Eravamo ancora insieme, con le batterie delle forze fisiche a zero, ma con quelle della mente che avevano conservato l'energia necessaria per farci arrivare fino a quel punto. Eravamo a pezzi, ma avevamo la forza mentale che comanda tutto. Comanda anche le sensazioni di fatica.

L'ultimo tratto ripido fu un sollievo per le gambe, e ci lasciammo cadere guadagnando gli ultimi metri. Ci fermammo al bivio dove ci eravamo incontrati cinque giorni prima alle 5:20. C'erano due strade: da una parte si andava alla tenda di Alex e Ali, dall'altra alla nostra. Proprio in quel punto ci abbracciammo forte facendoci i complimenti. Eravamo arrivati sani e salvi, dopo aver fatto una cosa eccezionale e unica. Appena arrivò Igone, ci chiese di metterci uno di fianco all'altro per una foto. Tamara fece il tentativo di togliersi.

«No, io non c'entro, non sono arrivata in cima» disse.

Non le lasciammo nemmeno il tempo di finire la frase, e la tirammo subito nel gruppo.

Tamara era stata in cima con noi. Sapevamo cosa aveva fatto, come aveva lavorato, dove si era fermata e come si era comportata in discesa. Non erano certamente quei 70 metri che cambiavano l'opinione che avevamo di lei e della sua eccellente scalata. La mettemmo quindi tra noi e Igone scattò la fotografia che è il simbolo di quella spedizione.

Ci sono quattro persone: un basco, un pakistano, una altoatesina e un italiano, con età e culture diverse, con storie e anche programmi iniziali diversi, che sono riusciti, al di là delle convenienze, a formare una squadra affiatatissima dove tutti hanno dato e hanno voluto dare il massimo, senza guardare chi c'era in testa, chi lavorava di più, chi portava di più, chi eventualmente faceva una cosa invece di un'altra. Tutti però hanno avuto un unico obiettivo: arrivare sul Nanga Parbat e tornare al campo base sani e salvi. Ebbene, in quel momento, potevamo dire di averlo fatto.

Backstage

Questo libro è stato sicuramente il più rocambolesco dei sette che ho fatto. Seppur abituato a scrivere ovunque, in situazioni, luoghi, temperature e orari decisamente poco ordinari, questo è stato davvero il più difficile, esattamente come il Nanga Parbat in inverno.

Come nelle precedenti esperienze, il libro lo volevo scrivere io senza delegare qualcuno, per poi mettere la mia firma in copertina, come è sempre più usanza. Per essere coerente con una scelta di questo genere, bisogna però essere in grado di sedersi, staccare con il mondo, riportare il cuore e la mente ai fatti e alle emozioni che si vogliono narrare e iniziare a scrivere.

Ebbene, non è proprio andata così, anzi è andata esattamente nel senso opposto. Dopo la spedizione al Nanga Parbat, anche in virtù dell'elicottero che avevo acquistato in accordo con i miei partner nepalesi, sono entrato in un vortice di problemi logistici, tecnici, finanziari che avrebbero richiesto una squadra di persone per poterli risolvere. La squadra però era composta da un solo elemento, il sottoscritto, e mi sono dunque ammazzato di ore di lavoro, telefonate, acrobazie di vario genere per fare in modo di portare il prima possibile l'elicottero in Nepal e iniziare l'attività professionale di soccorso che da qualche anno è diventata la mia vita parallela e complementare a quella alpinistica. Poter salvare vite, aiutare la popolazione locale, sorridere del proprio lavoro è un obiettivo importante che mi sono posto e che non posso fermare una volta dichiarato e intrapreso. Non è come una scalata che in qualsiasi momento ci si può bloccare e tornare indietro.

Negli impegni economici e professionali, fermarsi significa far pagare anche ad altri il prezzo della resa e spesso questo prezzo può essere devastante, soprattutto se il motore della missione non è il denaro ma il cuore. Due cose che fanno sempre fatica ad andare d'accordo, e che spesso sono addirittura in antitesi. Ho incontrato un mondo (quello finanziario) che per la seconda volta mi ha girato le spalle, non mi ha aiutato, mi ha quasi deriso. Oggi rido io di loro, perché l'elicottero in Nepal è arrivato lo stesso e ha cominciato a volare. I nomi e i volti di coloro che non mi hanno sostenuto li ho ben presenti nella mente e avrò modo di "ringraziarli".

Il libro sul Nanga però doveva e voleva essere scritto e consegnato, ma non sapevo realmente dove e quando fuggire per avere la tranquillità di farlo. Il successo generato dall'esperienza che vi ho raccontato in queste pagine, mi ha impegnato piacevolmente in una serie di interventi e conferenze nelle quali ho narrato e mostrato con le immagini quella scalata compiuta con un gruppo fantastico. Per questa attività, ho viaggiato tantissimo in Europa e ringrazio i miei sponsor, tutti, per essermi sempre stati vicini in ogni mia passione.

La mia famiglia, a cui non smetterò mai di essere riconoscente, rivendicava ovviamente il suo spazio lecito e prioritario e la mia paranoica volontà di allenarmi tutti i giorni mi richiamava incessantemente all'ordine. Ho così rubato il più possibile tempo al sonno per scrivere, ma in realtà questo libro è stato principalmente narrato al mio cellulare mentre percorrevo in auto, con l'autoradio spenta, i trentamila chilometri degli ultimi sei mesi. Tra un autogrill e un casello stradale, in coda o nella mezz'ora scarsa di tempo mentre preparavo la valigia, parlavo al mio telefono e trasformavo in voce i miei ricordi. Questa voce è stata fedelmente trascritta dalla squadra che l'Editore mi ha messo a disposizione. Con loro, come al Nanga Parbat, abbiamo realizzato questa scalata editoriale, sicuramente perfettibile e migliorabile da parte mia, ma che è stata la dimostrazione di come saper e voler lavorare in gruppo per un unico obiettivo, fa spesso superare difficoltà oggettive che si pensano impossibili. Per completare il lavoro di integrazione fotografica del libro non è mancato l'impegno di Marianna, la mia "manager" (definizione impropria) che ha spulciato tra i giganteschi file fotografici del mio archivio e proposto gli scatti più significativi.

Ho riletto e aggiustato la mia narrazione a Katmandu, in Nepal, mentre i tecnici rimontavano l'elicottero che ho spedito in questo Paese via cargo oppure nelle ore rubate al sonno quando, durante il giorno, ero impegnato a volare, a sbrigare le mille pratiche burocratiche necessarie o ad allenarmi.

Avrei voluto spiegare più dettagli, essere più sentimentale e riflessivo nella descrizione di alcuni momenti. Avrei voluto regalarvi una narrazione più appassionante e portarvi emozionalmente con me sul Nanga Parbat. Con i "se" e con i "ma" si farebbero tante cose, non si sbaglierebbe mai, sarebbe sempre tutto un successo; se però si desse sempre retta ai timori, agli ostacoli, alla perfettibilità del nostro lavoro, alla precarietà degli strumenti o al tempo che si ha a disposizione, non si farebbe mai nulla e ci si proteggerebbe dietro l'alibi del "non riuscivo a farlo". E invece NO! Come al Nanga, come per il progetto dell'elicottero, come i libri e la storia personale che ho scritto autonomamente, ho deciso di realizzare questo libro senza curarmi a tutti i costi della perfezione.

Prendete dunque il Nanga Parbat e questo libro come una pillola motivazionale, piccola e genuina. Sappiate che c'è sempre tempo ed energia per realizzare i vostri obiettivi e i vostri sogni. Non saranno le banche, il tempo, gli impegni, i doveri e le persone cattive che potranno fermarvi, anche se di tutte queste cose dovete e dovrete curarvi. La forza dirompente della motivazione personale e della positività con cui affrontate le sfide, sarà il segreto del vostro successo. Se non diverrete persone ricche, famose o affermate, sappiate che accadrà qualcosa di più grande e di più importante ancora. Diventerete persone felici.

garanzie che potranno fornirvi, anche se di tutte queste cose – denaro e divertimento (?), [illegible] – [illegible] della motivazione personale e delle persone con cui affrontate la sfida, [illegible] il segreto del vostro successo. [illegible] non diventate persone di [illegible], sap-piate che avrete qualcosa di più grande e di più importante ancora. Diventerete persone felici.

Indice

Finito di stampare nel mese di novembre 2016
presso ELCOGRAF S.p.A., Stabilimento – Cles (TN)
Printed in Italy